股票卖空机制的公司治理效应研究

基于中国融资融券的自然实验证据

刘 飞◎著

the Research on the Corporate Governance Effects of Security Short Selling Mechanism

中国经济出版社
CHINA ECONOMIC PUBLISHING HOUSE
·北 京·

图书在版编目(CIP)数据

股票卖空机制的公司治理效应研究：基于中国融资融券的自然实验证据/刘飞著．--北京：中国经济出版社，2021.4

ISBN 978-7-5136-6428-8

Ⅰ.①股… Ⅱ.①刘… Ⅲ.①证券投资-关系-上市公司-企业管理-研究-中国 Ⅳ.①F832.51 ②F279.246

中国版本图书馆 CIP 数据核字(2021)第 064869 号

责任编辑　牛慧珍
责任印制　马小宾
封面设计　任燕飞

出版发行　中国经济出版社
印 刷 者　北京建宏印刷有限公司
经 销 者　各地新华书店
开　　本　710mm×1000mm　1/16
印　　张　16.25
字　　数　200 千字
版　　次　2021 年 4 月第 1 版
印　　次　2021 年 4 月第 1 次
定　　价　78.00 元
广告经营许可证　京西工商广字第 8179 号

中国经济出版社 **网址** www.economyph.com **社址** 北京市东城区安定门外大街 58 号 **邮编** 100011
本版图书如存在印装质量问题，请与本社销售中心联系调换（联系电话：010-57512564）

本研究受中国博士后科学基金(2018T110720、2016M592273)和河南省重点研发与推广专项(软科学)(212400410278)资助

前言

PREFACE

自2008年全球金融危机爆发以来，关于卖空交易对金融市场的影响再度引起关注。反对者认为，卖空者的恐慌性抛售导致证券价格逆转，加剧了市场的波动，并降低了市场的流动性，打击了投资者的信心；赞成者则认为，卖空者积极的信息搜寻工作和对公司管理的监督作用，促进了负面信息及时反映在股票价格中，实际上改善了市场效率，抑制了企业高管的不端行为。

中国于2010年3月正式推出融资融券试点制度，逐步放开了股票的卖空管制，允许符合条件的投资者向证券公司借入证券(融券)并卖出。作为中国股票市场一项重要的制度创新，融券卖空制度的启动不仅改变了股票市场的定价效率、流动性和波动率，也对企业的行为产生了深刻的影响。那么，融券卖空制度究竟是优化还是扭曲了企业的行为？其能有效发挥外部治理的作用，还是对企业高管造成过度的压力？本书基于中国新兴的资本市场和转型的制度环境，拟研究中国融券卖空机制与上市公司治理效应的相关问题，并反思发挥治理效应的外在运行条件与制度障碍因素等问题。

本书共包括八章，每章的主要内容如下：

第一章为导论。本章将论述本书的研究背景与意义、研究对象的界定、研究框架与内容、研究方法与创新点。

第二章为文献综述与中国的制度背景分析。首先，对股票卖空机制的价格发现功能及对企业行为的影响进行文献述评。其次，结合中国的融资融券试点制度，讨论中国股票卖空制度的发展进程与特点。

第三章为股票卖空机制与企业信息透明度。首先，利用中国上市公司财务数据，以上市公司股价同步性作为企业信息透明度的代理变量，研究放松卖空管制对企业信息透明度的效应。其次，在此基础上，根据机构投资者持股比例和盈余管理水平，检验股票卖空机制对企业信息透明度效应的异质性。最后，进一步研究股票卖空机制影响企业信息透明度的作用渠道。

第四章为股票卖空机制与高管在职消费。首先，以中国上市公司财务数据为样本，基于融资融券制度的自然实验环境，采用双重差分模型检验股票卖空机制对高管在职消费的治理效应。其次，检验股票卖空机制抑制高管在职消费的作用渠道。最后，根据地区市场化进程和行业竞争程度，检验股票卖空机制对高管在职消费效应的异质性。

第五章为股票卖空机制与高管薪酬辩护。首先，以中国上市公司财务数据为样本，在多时点双重差分模型检验的基础上，检验股票卖空机制对高管超额薪酬的效应。其次，检验股票卖空机制对高管薪酬辩护行为的影响。最后，检验股票卖空机制对上市公司盈余管理方式选择的影响。

第六章为股票卖空机制与企业研发投资。首先，以中国上市公司财务数据为样本，基于中国融资融券制度的自然实验环境，采用双重差分模型检验股票卖空机制对企业研发投资的效应。其次，根据公司治理机制的不同，检验股票卖空对企业研发投资效应的异质性；在此基础上，进一步检验股票卖空机制影响企业研发投资的作用渠道。最后，检验股票卖空机制对企业研发投资效率的影响。

第七章为股票卖空机制与企业金融化行为。首先，以中国上市公司财务数据为样本，基于中国融资融券制度的自然实验环境，采用多时点双重差分模型检验股票卖空机制对企业金融化行为的效应。其次，根据企业特征及所处区域和行业的不同，检验股票卖空机制对企业金融化效应的异质性；在此基础上，进一步检验股票卖空机制影响企业金融化行为的作用渠道。

第八章为研究结论与政策建议。本章针对本书的分析结果提出结论和政策建议。

本书的主要研究结论如下：

第一，股票卖空机制的治理效应能够显著提升企业的信息透明度。本书研究了股票卖空机制对上市公司股价同步性的影响，检验了股票卖空机制对公司信息透明度的治理效应。实证结果发现，卖空机制能够显著地降低上市公司的股价同步性，增强其信息透明度。同时本书研究发现，在机构投资者持股比例较低、盈余管理水平较高的上市公司，股票卖空交易对企业股价同步性的降低效应更加显著；进一步的研究发现，股票卖空机制通过吸引证券分析师跟踪和投资者关注等作用渠道，降低了企业的股价同步性。

第二，股票卖空机制能够显著抑制上市公司高管攫取非货币性私有收益的行为。本书研究了股票卖空机制对上市公司高管非货币性私有收益的影响，检验了卖空机制对公司高管的治理效应。通过对高管在职消费的检验发现，与不能卖空的上市公司相比，允许卖空的上市公司高管在职消费水平显著降低，说明股票卖空压力能够抑制公司高管攫取非货币性私有收益的行为。进一步的研究发现，在信息不对称程度和委托代理问题较严重的上市公司，在市场化程度较高的区域和产品市场竞争程度较低的行业，股票卖空机制对高管在职消费的抑制效应更加显著，进一步说明股票卖空机制对公司来说是一种潜在的外部治理机制，而这种机制能否发挥作用有赖于外部的市场环境。

第三，股票卖空机制不能抑制上市公司高管攫取货币性私有收益的行为，而且卖空所施加的价格压力效应会导致企业高管利用真实的盈余管理为自身的薪酬正当性进行辩护。在对高管在职消费检验的基础上，本书继续研究股票卖空机制对上市公司高管货币性私有收益的影响，发现允许卖空的上市公司，其高管的超额薪酬水平相比不能卖空的上市公司高管会显著提高。进一步的研究发现，被卖空上市公司的高管会通过提高薪酬—业绩的敏感度为自身的薪酬进行结果正当性辩护，而这种辩护行为更多的是通过真实的盈余管理进行的，具体表现为：卖空对高管薪酬—业绩敏感度的影响在真实盈余管理程度较高的上市公司更加显著，在应计盈余管理程度较高的上市公司则没有显著差异；允许卖空的上市公司与不能卖空的上市公司相比，其剔除了应计操作性业绩之后的薪酬—业绩敏感度仍显著上升，而其剔除了真实操作性业绩之后的薪酬—业绩敏感度则没有显著差异。本书也检验了卖空对上市公司盈余管理方式选择的影响，结果发现，允许卖空的上市公司与不允许卖空的上市公司相比，其应计的盈余管理显著下降，而真实的盈余管理则显著上升。因此，本书的结论表明股票卖空机制不能抑制高管利用超额薪酬攫取私有收益的行为。

第四，股票卖空机制所施加的价格压力效应会抑制企业的研发投资。在对高管私有收益(在职消费与超额薪酬)检验之后，本书又研究了股票卖空机制对上市公司研发投资的影响。结果发现，在融资融券制度实施前后的观测期内，允许卖空的上市公司，其研发投资的增长水平显著低于不允许卖空的上市公司，这表明股票卖空机制抑制了中国企业的研发投资。同时本书发现，在股权集中度较低、董事长和总经理两职合一等治理机制不完善的上市公司，股票卖空交易对企业研发投资的抑制效应更加显著。进一步的研究发现，股票卖空机制通过提高企业被收购的威胁，促使企业采取真实的盈余管理等作用渠道抑制企业的研发投资。最后，本书检验了卖空机制对研发投资效率的影响，发现允许卖空的上市公司更可能出现研发投资不足。

第五，股票卖空机制会导致企业的金融化水平上升。本书研究了股票卖空机制对企业金融化的影响。结果发现，在融资融券试点制度实施以后，与不允许卖空的公司相比，融资融券标的企业的金融化水平显著上升。同时发现，股票卖空机制对企业金融化的促进效应在非国有、高管持股比例较高、股权集中度较低、市场化进程较低和行业竞争度较低的样本中更显著。进一步的研究发现，股票卖空机制通过提高企业的融资约束和被收购的威胁等作用渠道，促使企业更多地进行金融资产配置。

本书研究的创新点主要体现在以下五个方面：

第一，本书从上市公司股价同步性的视角，扩展了卖空对企业信息透明度影响的研究。许多实证研究显示，卖空交易具有信息发现功能，卖空者能够识别被高估的股票，但鲜有直接讨论卖空影响企业信息透明度的文献。本书则以股价同步性作为上市公司信息透明度的代理变量，全面研究放松卖空管制对中国上市公司信息透明度的影响及其作用机制，扩展了卖空对企业信息透明度影响的研究，为分析卖空机制在资本市场上扮演的角色提供了新的证据。

第二，本书从高管在职消费的视角为股票卖空治理效应的研究提供了新的补充。目前只有较少的文献关注股票卖空机制下高管私有收益的问题，而本书则重点关注股票卖空影响下上市公司高管通过在职消费这种隐性激励获取私有收益的问题，结果发现，股票卖空压力能够抑制上市公司高管的在职消费，从而为股票卖空机制的相关研究提供了新的补充。

第三，本书从高管薪酬辩护的视角为股票卖空下企业高管行为的研究提供了新的补充。关于股票卖空效应的实证证据曾经长期集中于证券价格和资本市场等方面，近期的一些文献则以不同的视角研究卖空交易对企业高管决策行为的作用。但目前还没有文献从高管薪酬契约的视角进行讨论，而本书则基于高管薪酬辩护的行为与方式，为股票卖空机制下企业高管行为的相关研究提供了新的证据。

第四，本书基于中国融资融券试点的自然实验框架，首次检验了在中国这样一个转型制度国家，股票卖空机制对企业研发投资的影响。相关的文献均是以发达国家成熟的资本市场作为背景，而本书则以中国新型的资本市场为背景，为股票卖空机制影响企业决策行为的研究提供了新的补充证据。

第五，本书从上市公司金融化投资的视角，扩展了卖空对企业投资影响的研究。实证表明，股票卖空机制能够影响企业的投资决策，但相关研究主要集中在企业的固定资产投资和研发投资等方面，本书则以企业金融资产配置的相对规模和绝对规模衡量金融化投资水平，全面研究股票卖空机制对中国上市公司金融化的影响及其作用机制，扩展了卖空对企业投资影响的研究，也为分析卖空机制在资本市场上扮演的角色提供了新的证据。

本书是作者对中国资本市场股票卖空机制相关问题的思考与探索，希望能够为政策制定部门、证券监管机构、相关上市公司和投资者的决策提供一些参考和建议。本书在写作过程中得到了众多专家学者的指导和帮助，也听取了相关同行的意见和建议，但本书仍难免存在不足之处，甚至错误，恳请广大专家学者批评指正。

目 录

CONTENTS

第一章

导　论

一、研究背景与意义

（一）研究背景

自2008年全球金融危机爆发以来，关于卖空交易对金融市场的影响再度引起关注，随着危机的加剧，美国、英国和德国等欧美主要资本市场的监管机构相继变更了之前允许市场卖空（特别是裸卖空）的法规，采取了完全或部分限制卖空的措施。而中国2015年6月的股市暴跌，也被认为是做空势力刻意打压资本市场的结果，其罪魁祸首就是股指期货、ETF等一系列做空金融工具[①]。这些事件都引起学术界、实务部门和监管机构对卖空交易的激烈争论。反对者认为，卖空者的恐慌性抛售导致证券价格逆转，加剧了市场的波动，并降低了市场的流动性，打击了投资者的信心；赞成者则认为，卖空者积极的信息搜寻工作和对公司管理的监督作用，促进了负面信息及时反映在股票价格中，实际上改善了市场效率，抑制了企业高管的不端行为。

大量研究发现卖空交易不仅能够影响股票的价格，而且能够直接影响企业的行为，发挥其对企业高管的公司治理效应（Massa et al.，2015b），相关的研究认为，股票卖空交易能够对企业盈余操纵的约束（Fang et al.，2015；Massa et al.，2015b）、过度投资的抑制（Chang et al.，2015）、公司治理的改善（Massa et al.，2013；

① 打击恶意做空刻不容缓[N]．金融时报，2015-07-03.

Angelis et al., 2015)、研发创新的促进(He & Tian, 2014; Massa et al., 2015a)和信息披露的加强(Li et al., 2015; Cinch et al., 2015)产生正面影响,因此股票卖空机制能够对企业高管的行为产生治理效应(Massa et al., 2015b; Fang et al., 2016);另外,由卖空造成的股票下跌压力会对市场预期造成负面影响,因此,也有研究认为,企业高管不会被动地应对股价下跌压力,而是会主动采取各种措施应对这种压力,如融资、投资甚至有可能是价格操纵等违规行为,这被称为价格压力效应。

中国2010年3月正式推出融资融券试点制度,逐步放开了股票的卖空管制,允许符合条件的投资者向证券公司借入证券(融券)并卖出。作为中国股票市场一项重要的制度创新,融券卖空制度的启动不仅改变了股票市场的定价效率、流动性和波动率,也对企业的行为产生了深刻的影响。那么,融券卖空制度究竟是优化还是扭曲了企业的行为?其能有效发挥外部治理的作用,还是对企业高管造成过度的压力?本书基于中国新兴的资本市场和转型的制度环境,拟研究中国融券卖空机制对上市公司治理效应的相关问题,并反思发挥治理效应的外在运行条件与制度障碍因素等问题。

(二)研究意义

由于经济诱因对独立性的冲击以及认知和行为偏差对客观性的冲击,长期以来,有关股票卖空机制对金融市场以及实体经济的影响并没有得到一致的结论,对卖空交易的支持与反对形成了两种截然不同的态度,引发了对卖空机制的广泛争议,卖空交易者在股票市场上的角色定位显得错综复杂,对于中国融券卖空治理效应的角色判断更是难以一概而论,需要我们重新梳理、仔细辨析,为后续研究的开展搭建更为扎实的理论框架。我们需要考虑,在中国特殊情境下,治理假说的理论预期是否同样适用?国外的研究结论是否同样成立?具体而言,我国融券卖空机制是否发挥了公司治理的效应？如果是，其到底发挥了多大的作用？相比于西方成熟市场，这样的作用是否存在不同？上述问题需要我们对卖空机制所处的中国情境做更加全面的剖析，多视角地展开细致入微的考察，以期对卖空机制在中国股票市场上的角色扮演有更为清晰的描述。有助于从理论上澄清有关股票卖空机制的争议，为进一步推进和优化中国资本市场的机制设计提供理论依据。因而，本书的研究具有重要的理论意义与学术价值。

早在融资融券试点之初，政策制定者就期望通过放松卖空管制，改变中国股票市场"单边市"的局面，起到价格发现、稳定市场、增强流动性和管理风险的作用。在这种背景下，如果卖空机制能够发挥外部治理的效用，规范和优化内部治理尚不完善的上市公司行为，将从根本上提高股票定价效率，促进资本市场的平稳健康发展。因此，研究中国融券卖空机制的治理效应，检验其生效还是扭曲，反思其在中国情境下的约束条件，并探讨其经济后果，这不仅是一个重要的理论问题，也是一个重大的实践问题。而本书从股票卖空交易机制的视角，探讨如何从机制设计上抑制企业高管的过度在职消费，规范企业的薪酬体系设计，改善公司治理机制，无疑为进一步从机制上约束企业高管的行为、加强投资者保护提供了政策参考。基于发挥外部治理效应的视角，本书的研究也为进一步优化融资融券制度、完善公司治理机制，并推进股票市场规范运行提供了选择的路径和发展的方向。因而，本书的研究也具有重要的实践意义与应用价值。

二、研究对象的界定

本书立足于金融学、会计学、委托代理理论、信息不对称理论和公司治理理论，以中国股票市场实行的融资融券试点制度作为聚焦点和切入点，主要研究融券卖空机制对中国上市公司治理效应的相关问题。

股票卖空机制对企业来说是一种来自外部的基于(负面)信息传递和交易的治理机制，且这种治理机制通过卖空的“事前威慑”和“事后惩罚”对企业内部人的行为产生治理效应。“事前威慑”效应是指即使卖空交易没有真正发生，对潜在卖空的预期也能够促使企业强化内部管理，监督和约束企业高管的不端行为，这种效应的产生取决于是否引入卖空机制以及卖空限制的放松程度；“事后惩罚”效应是指一旦卖空者实施实际的卖空攻击，就能导致负向的市场反应和对高管的惩罚措施，包括职位、名誉或薪酬上的损失，其强度取决于实际的卖空交易量。另外，卖空交易者的交易行为往往在投资者中传递悲观情绪，导致股票被恐慌性抛售，而且无论事前还是事后，不受限制的卖空活动都可能加大股票价格的下跌压力，使关注短期股票价格并将其作为经营绩效的企业高管在压力之下行为扭曲，损害企业的利益，这被称为压力效应。股票卖空机制的治理效应与压力效应如图 1-1 所示。

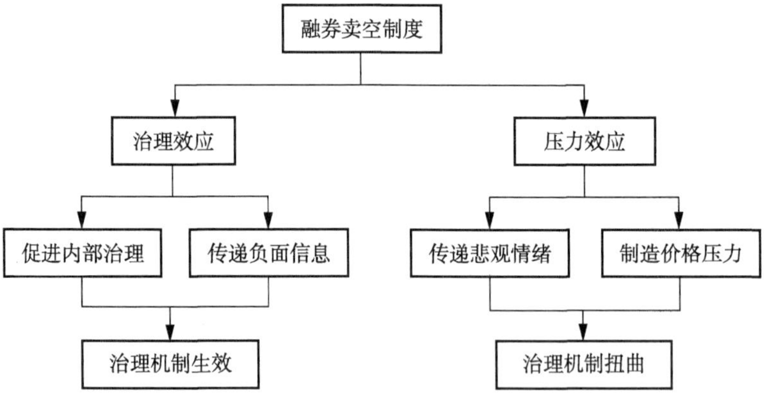

图 1-1　股票卖空机制的治理效应与压力效应

围绕研究对象，本书将基于上市公司行为来检验股票卖空机制的公司治理效应，由于卖空交易制度会引起股东与高管、大股东与中小投资者、公司内部人与外部卖空交易者行为模式的改变以及相互之间的博弈，如果用单一指标进行检验将可能导致实证结论的偏差，不足以全面考察股票卖空制度的效应。因此，本书选取了企业信息透明度、高管在职消费、高管薪酬辩护、企业研发投资和企业金融化行为等指标，力求多维度、全方位地检验中国融券卖空治理效应的有效性、异质性，以及生效条件和作用机制。需要说明的是，除企业信息透明度外，本书重点关注了公司高管的私有收益及其决策行为，对于衡量公司治理效应的另外两类指标：盈余管理和投资效率，由于已有大量国内文献进行研究，本书并没有专门讨论①。

三、研究框架与内容

本书共包括八章，每章的主要内容如下：

第一章为导论。本章将论述本书的研究背景与意义、研究对象的界定、研究框架与内容、研究方法与创新点。

第二章为文献综述与中国的制度背景分析。首先，对股票卖空机制的价格发现功能及对企业行为的影响进行文献述评。其次，结合中国的融资融券试点制度，讨论中国股票卖空制度的发展进程与特点。

第三章为股票卖空机制与企业信息透明度。首先，利用中国上市公司财务数据，以上市公司股价同步性作为企业信息透明度的代理变量，研究放松卖空管制对企业信息透明度的效应。其次，在此基础上，根据机构投资者持股比例和盈余管理水平，检验股票卖空机制对企业信息透明度效应的异质性。最后，进一步研究股票卖空机制影响企业信息透明度的作用渠道。

第四章为股票卖空机制与高管在职消费。首先，以中国上市公

① 本书在第五章对上市公司应计盈余管理和真实盈余管理的替代有所讨论，在第六章对股票卖空机制对研发投资效率的影响有所讨论。

司财务数据为样本，基于融资融券制度的自然实验环境，采用双重差分模型检验股票卖空机制对高管在职消费的治理效应。其次，检验股票卖空机制抑制高管在职消费的作用渠道。最后，根据地区市场化进程和行业竞争程度，检验股票卖空机制对高管在职消费效应的异质性。

第五章为股票卖空机制与高管薪酬辩护。首先，以中国上市公司财务数据为样本，在多时点双重差分模型检验的基础上，检验股票卖空机制对高管超额薪酬的效应。其次，检验股票卖空机制对高管薪酬辩护行为的影响。最后，检验股票卖空机制对上市公司盈余管理方式选择的影响。

第六章为股票卖空机制与企业研发投资。首先，以中国上市公司财务数据为样本，基于中国融资融券制度的自然实验环境，采用双重差分模型检验股票卖空机制对企业研发投资的效应。其次，根据公司治理机制的不同，检验股票卖空对企业研发投资效应的异质性；在此基础上，进一步检验股票卖空机制影响企业研发投资的作用渠道。最后，检验股票卖空机制对企业研发投资效率的影响。

第七章为股票卖空机制与企业金融化行为。首先，以中国上市公司财务数据为样本，基于中国融资融券制度的自然实验环境，采用多时点双重差分模型检验股票卖空机制对企业金融化行为的效应。其次，根据企业特征及所处区域和行业的不同，检验股票卖空机制对企业金融化效应的异质性；在此基础上，进一步检验股票卖空机制影响企业金融化行为的作用渠道。

第八章为研究结论与政策建议。本章针对本书的分析结果提出结论和政策建议。

本书的逻辑框架和研究思路如图 1-2 所示。

四、研究方法

本书将主要采用规范研究与实证研究相结合、定性研究与定量研究相结合的方法。具体研究方法如下：

(1)文献归纳法。在对以往关于股票卖空机制与企业决策行为的研究文献进行综述的基础上，归纳出本书希望研究和解决的问题。

(2)逻辑演绎和归纳方法。运用演绎和归纳法从理论上分析股票卖空机制对上市公司治理效应与价格压力效应的作用机制，得出相关研究框架。

(3)实证研究方法。运用上市公司财务报表数据实证检验中国融券卖空制度对上市公司高管行为与企业决策的影响，并得出相关结论，本书中所有的数据整理、计算与实证检验均利用 Stata 15 软件完成。具体的实证研究模型包括：①采用自然实验方法与双重差分模型研究股票卖空机制对上市公司的影响问题；②采用倾向得分匹配法(Property Score Matching，PSM)来减弱实证过程中的内生性和样本选择偏误问题；③采用工具变量方法检验卖空头寸和可贷出证券数量对上市公司的效应；④采用中介效应模型检验相关的作用机制；⑤采用多项 Logit 模型分析股票卖空机制对上市公司研发投资效率的影响问题。

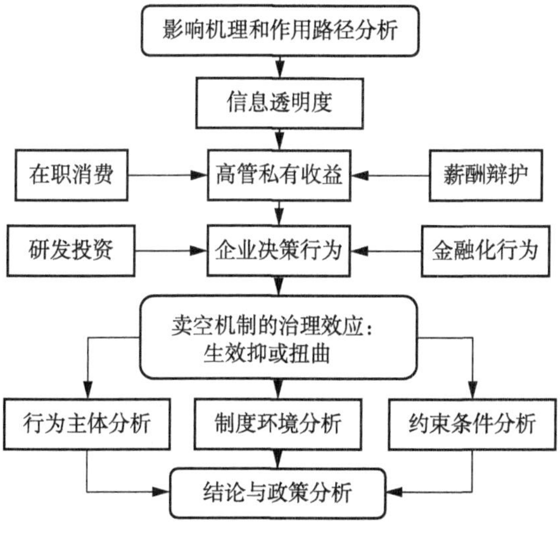

图 1-2 本书的逻辑框架和研究思路

五、创新点

本书的创新点主要体现在以下五个方面：

第一，许多实证研究显示，卖空交易具有信息发现功能，卖空者能够识别被高估的股票，但鲜有直接讨论卖空影响企业信息透明度的文献。本书则以股价同步性作为上市公司信息透明度的代理变量，全面研究放松卖空管制对中国上市公司信息透明度的影响及其作用机制，扩展了卖空对企业信息透明度影响的研究，为分析卖空机制在资本市场上扮演的角色提供了新的证据。

第二，本书从高管在职消费的视角为股票卖空治理效应的研究提供了新的补充。在相关文献中，除了 De Angelis et al.（2015）关注了股票卖空对高管股票期权授予的影响外，还没有文献关注股票卖空机制下高管私有收益的问题，而且 De Angelis et al.（2015）主要研究的是高管的货币性收益（股票期权），而本书则重点关注股票卖空影响下上市公司高管通过在职消费这种隐性激励获取私有收益的问题，从而为股票卖空机制的相关研究提供了新的补充。

第三，本书从高管薪酬辩护的视角为股票卖空下企业高管行为的研究提供了新的补充。关于股票卖空效应的实证证据曾经长期集中于证券价格和资本市场等方面，近期的一些文献则以不同的视角研究卖空交易对企业高管决策行为的作用。但目前还没有文献从高管薪酬契约的视角进行讨论，而本书则基于高管薪酬辩护的行为与方式，为股票卖空机制下企业高管行为的相关研究提供了新的证据。

第四，本书基于中国融资融券试点的自然实验框架，首次检验了在中国这样一个转型制度国家，股票卖空机制对企业研发投资的影响。在相关的文献中，He & Tian（2014）利用美国 Regulation SHO（证券卖空规则）试点项目作为自然实验，发现卖空交易能够通过减少信息不对称和约束经理行为来激励企业进行创新，而且卖空对企业创新的正向效应在代理问题和信息不对称程度更严重的企业更显著；Massa et al.（2015a）的跨国分析同样认为卖空交易者的出现能够减少企业的短期行为，增加长期（研发）投资，但两者均是以发达国家成熟的资本市场作为背景。本书则以中国新型的资本市场为背景，为股票卖空机制影响企业决策行为的研究提供了新的补充证据。

第五，本书从上市公司金融化投资的视角，扩展了卖空对企业投资影响的研究。实证表明，股票卖空机制能够影响企业的投资决策，但相关研究主要集中在企业的固定资产投资和研发投资等方面（如 Grullon et al.，2015；靳庆鲁等，2015；Chang et al.，2015；Nezafat et al.，2015；王仲兵和王攀娜，2018；Massa et al.，2015a；刘飞等，2020）。本书则以企业金融资产配置的相对规模和绝对规模衡量金融化投资水平，全面研究股票卖空机制对中国上市公司金融化的影响及其作用机制，扩展了卖空对企业投资影响的研究，也为分析卖空机制在资本市场上扮演的角色提供了新的证据。

第二章

文献综述与中国的制度背景分析

第一节　股票卖空机制的文献综述

根据美国证券交易委员会 SEC3B－3 规则的规定，卖空交易(Short Sales)是指投资者出售自己并不拥有的证券的行为，或者投资者用自己的账户以借来的证券完成交割的任何出售行为(廖世光和杨朝军，2005)。与监管者普遍希望限制卖空的态度相反，学术界则对卖空活动持支持的观点(Singer et al.，2013)，大量研究发现卖空者能够识别被高估的股票，因而能够向市场其他参与者及时有效地传递有关负面消息的信号。卖空者作为信息交易者，其交易活动也有助于企业的信息反映在股票价格当中，从而提高了股价的信息发现功能和市场的定价效率，甚至还能阻止企业管理人员一些不端行为的发生(Miller，1977；Desai et al.，2002；Christophe et al.，2004；Diether et al.，2008；Christophe et al.，2010；Karpoff & Lou，2010；Liu et al.，2012)。有关卖空机制的研究异常丰富，由于篇幅所限，在这里我们仅分析与本书密切相关的研究文献。下面我们分别从卖空机制的价格发现功能和对公司决策行为的影响两方面对相关文献进行简要分析。

一、股票卖空机制的价格发现功能

Miller(1977)研究了卖空限制对股票价格的影响，提出了“股价高估”假说：在卖空存在限制的情况下，悲观的投资者只能选择离开资本市场，而对卖空限制的解除则能够减少股价高估的问题。基于Miller(1977)的研究，许多实证证据也显示，卖空交易有助于负面信息反映在股价当中，许多研究也证明，卖空交易具有价格发现功能，卖空者能够识别被高估的股票。

Dechow et al.(2001)研究了企业盈余重述前后卖空者的行为，发现卖空者会将那些股价高于基本价值的企业作为攻击目标，在企业盈余重述前几个月就构筑空头头寸，而在股票价格由于重述导致下降之后减少空头头寸；Engelberg et al.(2012)结合卖空数据和新闻发布数据的研究，发现相当比例卖空者的交易优势来源于他们对公开信息能做出更有效的分析。Pownall & Simko(2005)发现当企业存在负的异常回报时，空头头寸就会异常增加，特别是在企业有较少的分析师追踪的时候，这一结果显示卖空者通过他们的交易发挥了补充信息的作用；Boehmer et al.(2008)也提供证据认为卖空交易者能够搜集信息并预测负面的盈余；Diether et al.(2009a)利用美国Regulation SHO数据研究了卖空与回报的短期关系，发现卖空者似乎是利用了股票价格短期的过度反应，选择卖空交易的时机是在较高的正回报之后和负的回报之前，卖空交易能够提前五个交易日预测负的回报。Christophe et al.(2004)、Christophe et al.(2009)和Liu et al.(2008)则发现在亏损公告发布之前、分析师评价降级之前和抵押贷款相关资产减记之前，卖空交易都会增加。Bris et al.(2007)对全球46个市场卖空监管情况进行了对比研究发现，在允许卖空的市场上，股价能够较快吸收负面信息，与监管者所认为的卖空约束能够防止市场恐慌的观点相反，不能卖空导致市场崩盘的概率增大。

与另一类能够发挥信息中介作用的重要市场参与者——证券分析师相比，卖空交易者有比较明显的优势，Drake et al.(2011)比较了卖空交易者与证券分析师在信息使用方面的差别，发现卖空者能够从财务报告、新闻发布等公开渠道挖掘大量信息以建立卖空头寸，但不同于分析师会遭遇众所周知的激励偏差和利益冲突，卖空者有很强的激励通过交易使自己掌握的信息充分反映在股票价格中。卖空者对于公司特有信息如何影响未来的回报是高度信息灵敏的，而分析师即使在有信息会负向影响未来回报时，仍倾向于正面评价股票。Boehmer et al.（2012）发现，卖空者在分析师下调评级和向下修正盈余预测前的星期交易量大增，表明卖空者能够预测分析师的行为，同时也证明卖空者比分析师更了解企业的基本面信息。Ljungqvist & Qian（2014）发现，不同于卖方分析师报告缺乏新的证据，绝大部分卖空者的报告都揭示了包含有像电话记录、视频照片等确凿证据的新信息。

此外，相关研究还集中于有盈余操纵和公司丑闻的企业，结果显示，卖空者会在盈余重述（Efendi et al.，2005；Desai et al.，2006）、被指控证券欺诈（Efendi & Swanson，2009）或 SEC 对财务违规的判决执行（Karpoff & Lou，2010）之前积累空头头寸；Karpoff & Lou（2010）、Hirshleifer et al.（2007）发现，卖空交易者能够察觉公司的财务不端行为和可疑企业的欺骗行为；空头净额的增加表明接下来会有显著的负回报（Desai et al.，2002；Diether et al.，2009b），而且这会经常出现在公司负面事件以前（Desai et al.，2006；Drake et al.，2011）。因此，空头净额的改变具有传达公司基本面新信息到资本市场、降低投资者与企业之间信息不对称、促进对经理行为监督的潜能。

基于中国资本市场背景的研究，李科等（2014）和李志生等（2015a）以中国融资融券制度作为自然实验的对象，发现融资融券交易的推出有效地改善了中国股票市场的价格发现机制，融资融券标的股票的定价效率得到了显著提高；但许红伟和陈欣（2012）则认为融资融券试点对定价效率的改善仍然较弱；肖浩和孔爱国（2014）、李志生等（2015b）认为，融资融券交易降低了标的证券股价特质性波动，提高了我国股票价格的稳定性。

虽然有大量的研究表明，卖空者作为信息交易者，其交易活动有助于企业信息体现在股票价格当中，但是也有研究得到了相反的结论，如 Daske et al.（2005）没有发现卖空交易具有可预测性的证据；Henry & Koski（2010）则以日卖空数据研究了企业增发新股前后的卖空交易，但没有发现卖空者是信息交易者的证据，卖空交易更可能是操纵交易，在这种情况下，卖空实际上降低了价格效率。

二、股票卖空机制对公司决策行为的影响

许多研究表明卖空者能够作为重要的信息中介发挥作用，但是检验卖空交易对公司决策行为影响的实证文献相对较少，许多研究实际上都假设卖空不会对公司决策产生实质影响（Massa et al.，2015b）。近期的一些文献开始以不同的视角研究卖空者对公司管理者决策行为的作用，研究表明卖空能够直接影响企业高管的行为（Massa et al.，2015b），主要的研究包括：

1. 股票卖空机制与公司盈余管理

Massa et al.（2015b）的跨国分析显示，卖空威胁和盈余管理之间存在显著的负相关关系，证明了卖空交易能够减少盈余管理，发挥约束企业高管的外部治理机制功能；与卖空者约束角色的结论一致，Fang et al.（2016）则利用美国 Regulation SHO 试点项目①造成的部分企业卖空成本下降作为自然实验，发现卖空成本的外生下降将降低企业进行盈余管理的倾向，而当卖空成本意外增加时，企业又会增加盈余管理，表明预期的卖空有助于约束经理盈余操纵的激励；陈晖丽和刘峰（2014）发现，在成为中国融资融券试点的标的证券后，

① 2005—2007 年，美国证券交易委员会实施 Regulation SHO 试点项目，针对特定股票取消了 uptick rule（提价交易规则，即在股价下跌时不允许卖空，以此限制卖空交易）的限制。

融资融券公司的应计盈余管理和真实盈余管理显著降低；Chen et al.(2015)对中国上市公司的研究也支持这一结论；张璇等(2016)发现中国上市公司加入融券标的后，相比不能被卖空的公司，发生年报重述的可能性显著降低，这种抑制作用在金融市场欠发达和治理水平较差的公司更加明显，进一步研究发现，卖空机制可以通过吸引更多的分析师跟踪来抑制年报重述，进而发挥其公司治理效应。但Liu et al.(2019)则发现股票卖空压力在抑制企业应计盈余管理的同时，却导致真实的盈余管理上升。

2. 股票卖空机制与公司投资决策

Grullon et al.(2015)同样利用美国Regulation SHO试点项目作为自然实验，结果显示卖空约束的外生变化将导致股票价格下跌，融资约束企业将会减少股票发行和投资来应对股价下跌；Chang et al.(2015)研究了卖空威胁对企业兼并收购决策的约束作用，发现卖空机制能够有效抑制企业在兼并收购过程中的过度投资问题，而且这种抑制作用在高管财富绩效敏感度高和容易被敌意收购的企业更显著；但是Nezafat et al.(2015)的模型和实证结果则认为卖空交易会造成公司的过度投资，而这一效应对具有较低效率和较高短期激励的企业高管更明显；靳庆鲁等(2015)则发现中国资本市场在放松卖空管制以后，当面临较差的投资机会时，可卖空公司的大股东有动机监督管理层及时调整投资决策；王仲兵和王攀娜(2018)同样发现中国放松卖空管制有助于上市公司抑制过度投资、缓解投资不足。

3. 股票卖空机制与公司治理

Jensen(2005)认为卖空交易者能够为公司治理提供有价值的信息；Massa et al.(2013)发现卖空威胁能够通过提高股东的退出成本改善公司内部治理；Deng et al.(2014)研究发现，放松卖空管制降低了企业的股票崩盘风险，这一结果表明，卖空机制补充了金融市场的监督作用，而且对代理问题严重和信息不对称程度更高的企业监督作用更大；Angelis et al.（2015）同样利用美国 Regulation SHO 试点项目作为自然实验研究了卖空对高管激励契约设计的影响，结果发现，放松卖空管制通过增加价格下降风险改变了企业的缔约环境，试点企业会通过授予高管更多的股票期权和采取新的反收购措施来减少高管在价格下降风险中的暴露。

4. 股票卖空机制与公司研发创新

He & Tian（2014）发现卖空交易能够通过减少信息不对称和约束经理行为来激励企业进行创新，而且卖空对企业创新的正向效应在代理问题和信息不对称程度更严重的企业更显著；Massa et al.（2015a）也发现作为短期投资者，卖空交易者并不会加剧企业的短视问题，相反，卖空者的出现会增加企业的长期（研发）投资；李春涛等（2015）发现相比于不能被卖空的公司，中国上市公司加入融券标的后，其创新数量和创新质量都有显著提高；权小锋和尹洪英（2017）发现中国融资融券制度的实施并没有显著影响公司的创新投入，却显著提升了公司的创新产出；而刘飞等（2020）研究发现，中国融资融券制度实施以后，允许卖空的上市公司相比不能卖空的上市公司，其研发支出显著减少，表明卖空压力加剧了中国企业高管的短期行为。

5. 股票卖空机制与公司信息披露

Li et al.（2015）也利用美国 Regulation SHO 试点项目作为自然实验，研究了卖空压力和随后的股票价格行为对公司经理自愿信息披露的影响，结果发现，卖空造成股票价格对负面信息的敏感性增加，而企业高管会降低负面信息盈余预测的准确性来应对这种股票价格行为；Chen et al.（2014）同样研究了 Regulation SHO 试点项目放松卖空管制后对企业信息披露的影响，结果发现，放松卖空管制会增加企业正面信息的披露，负面信息的发布频率则没有改变；而 Cinch et al.（2015）研究发现，卖空增加了企业高管负面信息预测的可能性，而且会更及时地披露负面信息；关于股票卖空机制对企业信息透明度的影响后果，Ke et al.（2015）发现放松卖空管制能够减少分析师的乐观盈余预测，提高了企业的信息透明度；李春涛等（2017）同样发现中国引入卖空机制能够显著提高试点公司的信息披露质量。此外，Liu & Swanson（2015）还发现公司在面临卖空时会通过股票回购支撑被高估的股票价格；而Massa et al.（2015c）发现卖空会改变对内幕交易的激励，为了抢占卖空者的先机，卖空交易实际上加快了内部人的信息处理过程和交易活动，使内部减持无论在规模还是在速度上都得到了加强。

第二节　中国融券卖空的制度背景分析

一、中国融券卖空制度的实践历程

融资融券在《证券公司监督管理条例》中的定义是“在证券交易所或者国务院批准的其他证券交易场所进行的证券交易中，证券公司向客户出借资金供其买入证券或者出借证券供其卖出，并由客户交存相应担保物的经营活动”，所以融资融券制度是一项信用交易制度。日常生活中，人们所说的“买空”就是指融资交易，而“卖空”是指融券交易。2010 年 3 月 31 日起，我国融资融券业务正式启动，这是近年来我国证券市场的一次重大创新与突破，结束了我国证券市场 20 多年的单边市场状态（权小锋和尹洪英，2017），拓展了投资者的盈利模式（黄俊等，2018），开启了我国股票市场的信用交易时代（张俊瑞等，2016）。我国融资融券制度的实践历程大致可以分为以下四个阶段：

1. 全面禁止阶段（1990 年 12 月至 2005 年 10 月）

在我国资本市场建立初期，卖空是一直被禁止的。以 1990 年上海证券交易所、深圳证券交易所的成立为标志，中国的资本市场基本形成。建立初期的资本市场因法律、法规尚不健全，监管部门监督和管理效率较低，投资者的风险处置意识不强，监管层出于市场稳定的考虑对使用杠杆策略的卖空交易采取规避的态度。1998 年东南亚金融危机的爆发和蔓延使中国监管层重新审视系统性金融风险的危害，1999 年 7 月 1 日起施行的《中华人民共和国证券法》明确规定"证券公司不得从事向客户融资或者融券的证券交易活动"，从而以法律的形式对卖空交易做了明令禁止的规定，这项严格的监管规定在当时特定的环境中对新兴资本市场的确起到了一定的保护作用。因此，1990 年 12 月至 2005 年 10 月《中华人民共和国证券法》修订之前，我国明令禁止融资融券交易。

2. 法律法规修订与交易测试阶段(2005 年 10 月至 2008 年 10 月)

由于融资融券交易具备价格发现功能、市场稳定功能、流动性增强功能以及风险管理功能，大多数西方发达国家在 20 世纪 90 年代之前就放开了对卖空的限制。我国是在 2005 年 10 月新修订的《中华人民共和国证券法》中规定："证券公司为客户买卖证券提供融资融券服务，应当按照国务院规定并经国务院证券监督管理机构批准。"这说明我国从法律上正式允许融资融券交易的开展。随后，全国人大、国务院和中国证监会相继推出关于融资融券制度实施的法律法规。2006 年，证监会发布《证券公司融资融券试点管理办法》，沪、深交易所发布《融资融券交易试点实施细则》，中证登发布《中国证券登记结算有限责任公司融资融券试点登记结算业务实施细则》，证券业协会制定并公布《融资融券合同必备条款》《融资融券交易风险揭示书必备条款》。2008 年，国务院出台《证券公司监督管理条例》《证券公司风险处置条例》，证监会出台《证券公司风险控制指标管理办法》《关于进一步规范证券营业网点若干问题的通知》《证券公司分公司监管规定(试行)》，并于同年宣布启动融资融券试点。

2008年10月和11月，中国证监会、沪深证券交易所及中国证券登记结算有限责任公司先后两次组织11家证券公司参与了联网测试。

3. 正式启动试行阶段(2008年10月至2011年10月)

2008年10月5日，经国务院同意，中国证监会宣布启动融资融券试点。2008年10月31日证监会发布《证券公司业务范围审批暂行规定》。2010年1月8日，国务院原则上同意了开设融资融券业务试点，这标志着融资融券业务进入了实质性的启动阶段，2010年3月19日，证监会公布融资融券首批6家试点券商。2010年3月30日，上海、深圳证券交易所正式向6家试点券商发出通知，将于2010年3月31日起接受券商的融资融券交易申报。2010年3月31日，我国融资融券交易试点正式启动，沪深证券交易所公布了融资融券标的证券共90只，分别为上证50指数成分股和深证成指指数成分股。由此，融资融券交易正式进入市场操作阶段。

4. 渐进式改革与常规扩容阶段(2011年10月至今)

2011年10月26日，中国证监会发布《转融通业务监督管理试行办法》，启动的转融通业务即证券公司作为中介将来自银行、基金、保险公司等金融机构的资金和证券提供给融资融券客户，扩大了融券来源，在一定程度上缓解了当时融资融券比例不协调的问题，促进了卖空机制作用的发挥。2011年10月28日，中国证券金融股份有限公司成立。同年11月25日，沪深证券交易所修订发布《融资融券交易实施细则》，标志着融资融券业务由试点转入常规阶段。从2010年3月31日我国融资融券业务正式启动到现在，融资融券标的股票已历经6次扩容，具体扩容过程如表2-1所示。最近一次是在2019年8月，融资融券标的股票数量由950只扩大至1600只。标的股票扩容后，市场融资融券标的市值占总市值比重由约70%提升到80%以上，中小板、创业板股票市值占比大幅提升。

表 2-1 中国融资融券标的股票的历次扩容

单位：只

时间	原有标的股票数量	新增后标的股票总数
正式启动(2010 年 3 月 31 日)	0	90
第一次扩容(2011 年 12 月 5 日)	90	278
第二次扩容(2013 年 1 月 31 日)	278	500
第三次扩容(2013 年 9 月 16 日)	500	700
第四次扩容(2014 年 9 月 22 日)	700	900
第五次扩容(2016 年 12 月 12 日)	900	950
第六次扩容(2019 年 8 月 9 日)	950	1600

数据来源：中国证监会官网。

二、中国融券卖空制度的特点

相对于大多数西方发达国家来说，中国制定融资融券制度起步比较晚，现在仍然处于制度发展初期。我国从 2005 年 10 月新修订的《中华人民共和国证券法》发布开始，正式允许融资融券交易的开展，随后一系列关于融资融券制度实施的法律法规相继推出，为我国融资融券制度的推行创建了良好的法律环境。结合具体实践，中国融资融券制度具有以下特点：

1. 制度设计上的特点

我国融资融券制度设计上的特点：严格的融资融券标的选择标准以及严格的融资融券参与标准。

首先，严格的融资融券标的选择标准，使标的股票普遍为市值与市场影响力大、股价稳定、财务表现优秀的企业。《上交所融资融券交易实施细则》中规定的条件：①在本所上市交易超过三个月。②融资买入标的股票的流通股本不少于 1 亿股或流通市值不低于 5 亿元，融券卖出标的股票的流通股本不少于 2 亿股或流通市值不低于 8 亿元。③股东人数不少于 4000 人。④在过去三个月内没有出现下列情形之一：日均换手率低于基准指数日均换手率的 15%，且日均成交金额低于 5000 万元；日均涨跌幅平均值与基准指数涨跌幅平均值的偏离值超过4%；波动幅度达到基准指数波动幅度的5倍以上。⑤股票发行公司已完成股权分置改革。⑥股票交易未被本所实行特别处理。⑦本所规定的其他条件。最后选出来标的股票普遍为市值与市场影响力大、股价稳定、财务表现优秀的企业，一方面反映了监管层在试行融资融券交易时谨防市场风险的考虑（林志帆和龙晓旋，2019），但是另一方面使标的股票本身股价崩盘风险较小，融券交易难以获利，一定程度上限制了卖空机制发挥作用（褚剑和方军雄，2016）。

其次，严格的融资融券参与标准，使我国融资融券交易在参与者方面呈现出明显的不均衡状态。在2011年10月证监会发布的《证券公司融资融券业务管理办法》中，证券公司申请融资融券业务资格应当具备诸多严格条件，所以，最终拥有融资融券权限的证券公司只是部分资质优秀、风控能力强的公司；同时，证券公司在投资经验和资金规模等方面也对融资融券的投资者设置了较高的门槛（权小锋，2017）。所以，能够参与融资融券交易的主要是具有较强资金实力、较丰富投资经验和掌握金融投资知识的专业机构投资者，中小散户投资者非常少。因此，我国融资融券交易在参与者方面呈现出明显的不均衡状态。

2. 具体实施过程的特点

我国融资融券制度具体实施过程的特点：先试点后推广，渐进式扩容，卖空机制的作用逐渐增强。根据上述中国融资融券制度的实践历程，2010年3月19日，中国证监会公布首批6家试点证券公司名单。2010年3月31日，融资融券交易试点启动，标的证券共90只，然后才开始推广，根据市场情况逐渐开启转融通业务，进行6次渐进式扩容融资融券标的股票等改革措施，试点证券公司和融资融券标的股票都逐渐增加。这种实施过程有利于防范市场风险，保护投资者权益，而且通过逐步扩大标的股票范围、降低投资者准入门槛、开启转融通业务等，融资融券制度中卖空机制的作用逐渐增强（林志帆和龙晓旋，2019）。

3. 交易数量上的特点

我国融资融券交易数量上的特点：总体呈现上升趋势，但融资与融券交易存在明显的非对称性。如今，我国融资融券交易已经进行了10年左右，根据国泰安数据库整理的数据可知，我国融资融券业务发展迅速，融资融券交易量和余额都在不断攀升，具体过程如图2-1所示。沪深两市的融资融券余额在2010年3月为0.066亿元，融券余额为0.00095亿元，约占1.4%；2014年12月，融资融券余额达到了10256.56亿元，突破万亿元大关，其中融券余额为82.83亿元，约占0.81%；2015年5月融资融券余额达到有史以来的峰值20795.47亿元，融券余额为75.9亿元，约占0.36%。最新统计显示，截止到2020年8月，融资证券余额为14626.84亿元，其中融资余额为14005.96亿元，约占95.8%，融券余额为620.87亿元，约占4.2%。根据统计数据可知，我国融资融券业务虽然发展迅速，但是存在明显的非对称性，融券交易规模一直以来占比极小。

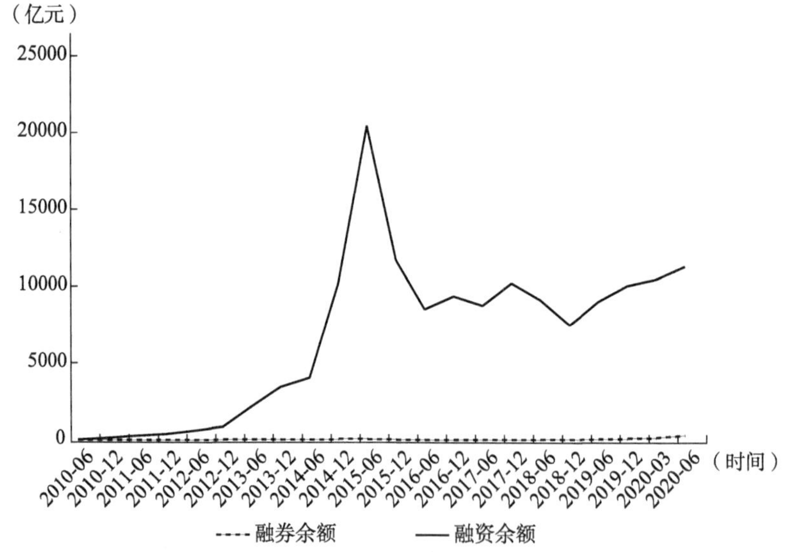

图2-1 中国融资融券业务的规模变化

数据来源：国泰安数据库。

第三章

股票卖空机制与企业信息透明度

第一节　股票卖空机制影响企业信息透明度的理论分析

一、问题的提出

大量研究表明，卖空机制赋予悲观投资者发表自己看法的权利，促进负面信息的吸收和传递（Miller，1977），改善了公司治理（Massa et al.，2013；De Angelis et al.，2017），提高了资产定价效率（李志生等，2015），增强了资本市场的有效性，但也有一些研究认为放松卖空管制并未实质上改善股票的定价效率（许红伟和陈欣，2012），甚至卖空交易者利用私人信息、杠杆交易和市场委托指令等行为有可能加大市场波动（Keim & Madhaven，1995），在市场下跌时加剧恐慌，增加了公司的股价崩盘风险（褚剑和方军雄，2016），不利于金融市场的稳定和效率。可见，对于放松卖空管制能否优化企业的行为，提高资本市场信息效率，起到价格发现、稳定市场、增强流动性和管理风险的作用，学术界并未得出一致的结论。在此背景下，本章基于中国的资本市场环境，以上市公司的股价同步性作为研究对象，希望从企业信息透明度的视角来研究放松卖空管制对中国资本市场信息效率的影响。

股价同步性是指个股收益的变动与市场平均变动之间的关联性，即所谓的股价“同涨同跌”现象。如果上市公司所有的信息都来源于整个市场，而没有该公司的个体信息，那么该公司股票的价格波动也应该与市场的波动相同，股价同步性就相对较高。如果信息是来自于上市公司的基本面信息，影响每只股票价格波动的因素各不相同，则同步性就会下降，基于 Morck et al.（2000）、Fernandes & Ferreira（2009）、Gul et al.（2010）、李春涛等（2013）的研究和证明，股价同步性可以作为上市公司信息透明度的表征指标，股价同步性越低，信息透明度越高。许多研究都指出，中国资本市场的股价同步性较高（Morck et al.，2000；李春涛等，2013），远高于大多数发达国家，凸显了上市公司信息不透明的特征。因此，研究中国新兴资本市场环境的股价同步性无疑具有重要的现实意义，但遗憾的是，目前鲜有文献关注资本市场交易机制，如股票卖空机制与股价同步性的关系。因此，本章拟分析和检验中国融资融券制度放松卖空管制对股价同步性的影响。具体来讲，我们想要回答以下三个问题：第一，放松卖空管制怎样影响上市公司的信息透明度？第二，放松卖空管制对信息透明度的效应在不同类型企业之间是否存在差异？第三，放松卖空管制影响信息透明度的作用机制是什么？

本章使用 2007—2016 年中国 A 股上市公司的数据，借助中国证监会 2010 年实行的融资融券试点制度，研究了在中国新兴的资本市场背景下，放松卖空管制对上市公司股价同步性的影响及其作用机制，与许多文献强调卖空制度引入的“事前威慑”效应不同，本章同时也结合相关的融券变量检验了卖空交易的“事后惩罚”效应。结果发现，与不允许卖空的公司相比，放松卖空管制的公司股价同步性显著降低。同时发现，在机构投资者持股比例较低和盈余管理水平较高的样本中，卖空降低股价同步性的效应更显著。进一步的研究发现，股票卖空机制是通过吸引更多的分析师跟踪和投资者关注等作用渠道降低了股价同步性，增强了信息透明度。在进行一系列内生性处理和稳健性检验的基础上，实证结果依然显著。本章在以下方面丰富了已有文献：

第一，本章从上市公司股价同步性的视角，扩展了卖空对企业信息透明度影响的研究，许多实证研究显示，卖空交易具有信息发现功能，卖空者能够识别被高估的股票，但鲜有直接讨论卖空影响企业信息透明度的文献。一些研究从证券分析师预测的角度验证卖空机制对信息透明度的影响（Ke et al.，2015；李丹等，2016；王攀娜和罗宏，2017；黄俊等，2018），但证券分析师也可能会受到券商压力、目标公司管理层压力和经济利益诱导等利益冲突的影响而发生行为的偏差，而且这些实证研究也并没有得到一致的结论。本章则以股价同步性作为上市公司信息透明度的代理变量，全面研究放松卖空管制对中国上市公司信息透明度的影响及其作用机制，扩展了卖空对企业信息透明度影响的研究，为分析卖空机制在资本市场上扮演的角色提供了新的证据。

第二，本章的研究也丰富了对股价同步性影响因素的研究，在对股价同步性的相关研究中，自 Morck et al.（2000）首次利用 CAPM 模型的拟合优度（R^2）衡量股价同步性以来，大量文献围绕着股价同步性的影响因素展开研究，相关研究分别从公司治理与股权结构（Ben－Nasra & Cosset，2014；Boubaker et al.，2014；王立章等，2016；Sila et al.，2017）、机构投资者（An & Zhang，2013；侯宇和叶冬艳，2008）、证券分析师覆盖（Chan & Hameed，2006；Xu et al.，2013；伊志宏等，2015）、制度环境（Hasan et al.，2014）和新闻媒体（黄俊和郭照蕊，2014；胡军和王甄，2015）等多个视角讨论了对股价同步性的影响。然而，这些都是从内部治理和外部环境的角度出发，鲜有学者研究资本市场的交易机制对股价同步性的影响。本章重点考察卖空机制对股价同步性的作用，丰富了股价同步性影响因素的研究。

第三，从实证方法上，目前国内关于卖空效应的研究大多是基于融资融券试点的自然实验，讨论卖空机制引入的“事前威慑”效应对企业的影响，却较少关注卖空交易“事后惩罚”的效应，缺少对卖空交易量影响企业行为的定量分析。仅有李春涛等(2017)利用融券交易量讨论了卖空与信息披露的关系，但限于数据的可得性，该研究的样本仅为在深交所上市的公司。本章在基于自然实验框架检验卖空对股价同步性“事前威慑”效应的同时，也结合相关的融券变量检验了卖空交易的“事后惩罚”效应，在一定程度上拓展和深化了融券卖空机制影响企业行为的相关理论与实证研究。

本章的研究结论也具有重要的政策含义：首先，长期以来，有关股票卖空机制对金融市场以及实体经济的影响并没有得到一致的结论，对卖空交易的支持与反对形成了两种截然不同的态度，引发了对卖空机制的广泛争议，本章以放松卖空管制对公司股价同步性的影响为主要研究对象，系统地分析和比较股票卖空机制下的企业信息透明度问题，有助于从理论上澄清有关股票卖空机制的争议，为进一步推进和优化中国资本市场的机制设计提供理论依据。其次，Morck et al.(2000)指出，我国股价同步性显著高于世界平均水平，而且这一现象至今并没有改变，居高不下的股价同步性不仅反映了我国资本市场定价效率低下，还表明我国证券市场对上市公司信息披露程度的不足，会对企业经营活动以及投资者的利益造成损害。本章从股票卖空交易机制的视角，探讨如何从机制设计上降低上市公司的股价同步性，无疑为进一步增强企业的信息透明度、缓解股票市场的信息不对称、提高资本市场的定价效率提供了政策参考。

二、理论分析与研究假设

1. 企业信息透明度的文献回顾

Roll(1988)首先提出股价同步性反映了股票价格中所包含的私人信息或公司个体信息的含量，是资本市场信息效率或企业信息透明度的重要指标。Morck et al.（2000）则首次利用 CAPM 模型的拟合优度（R^2）来衡量股价同步性，并认为由于较弱的投资者保护，发展中国家股票市场的股价同步性普遍高于发达国家；Jin & Myers（2006）则从信息不透明的角度对 Morck et al.（2000）的发现进行了新的理论解释，认为较高的信息透明度和较低的私有信息获取成本可以降低股价同步性。在此之后大量文献围绕着股价同步性的影响因素展开研究，Boubaker et al.（2014）发现，大股东对公司的控制能够显著提高股价同步性，从而证明股权结构也能够影响股价同步性；Ben-Nasra & Cosset（2014）则认为国有股权性质伴随着较高的股价同步性；王立章等（2016）认为中国上市公司中两权分离度高、股权制衡度低等股权结构特征会降低股价中公司特质信息的含量，从而导致较高的股价同步性水平。在股权结构中，机构投资者参与度越高的公司，其股价同步性越低（An & Zhang，2013）。Piotroski & Roulstone（2004）发现，机构投资者的存在使市场上有信息含量的套利交易增多，将更多的公司层面的特质信息反映到股价上，降低了股价同步性。侯宇和叶冬艳（2008）也认为，机构投资者增加了股价中的公司特质信息含量。Sila et al.（2017）发现独立董事的声誉机制能够促使公司股价同步性降低。

除了内部的公司治理、产权结构与机构投资者等因素外，在外部因素中，证券分析师、制度环境和新闻媒体等也能对股价同步性产生影响。其中，证券分析师作为资本市场重要的信息中介，其对股价同步性的影响并没有取得一致的结论。朱红军等（2007）基于中国的数据，认为证券分析师能够搜集更多的公司股票价格的信息，降低公司的股价同步性。但 Piotroski & Roulstone（2004）、Chan & Hameed（2006）的研究表明，分析师提供的更多的是宏观市场和行业的信息，被较多分析师跟踪的公司，其股价同步性反而更高。伊志宏等（2015）和 Xu et al.（2013）则分别基于分析师性别和声誉的视角，发现女性分析师和明星分析师可以向市场提供更为丰富的公司特质信息，从而降低股价同步性。此外，市场环境和法律制度越完善，股价同步性越低。Hasan et al.（2014）通过中国上市公司的数据，基于制度发展的视角，发现产权制度的完善和高效的执法有助于增加公司的特质信息，从而降低股价同步性。最新的研究表明，新闻报道和社交媒体等信息释放渠道也是影响股价同步性的重要因素。黄俊和郭照蕊（2014）发现，媒体报道越多，越造成股价同步性的降低；胡军和王甄（2015）认为上市公司通过微博可以披露更多的优质信息，从而使公司股价同步性降低。

2. 研究假设

放松卖空管制对上市公司股价同步性的影响可能存在两种相反的效应。第一，放松卖空管制能够发挥治理效应，降低股价同步性。首先，卖空者自身的信息收集和信息媒介功能有助于改善资本市场的效率，降低股价同步性。卖空者为了获利，更有动力积极收集、挖掘公司负面信息，促进公司负面信息及时反映在股票价格当中，实际上改善了资本市场信息效率。此外，作为信息中介，卖空者的交易活动及时向外界释放有关公司经营的信号，在一定程度上促进特质信息的释放传递，使公司股票价格中蕴含更多公司层面的特质信息。因此，放松卖空管制提高了股票价格的信息含量，改善了资本市场的效率，有助于降低个股与大盘走势的同步性。

其次，放松卖空管制有助于改善公司治理，进而降低股价同步性。卖空交易加大了股票价格下跌的潜在压力，这会引导投资者“用手投票”并促使股东采取措施加强内部管理（Massa et al.，2015b），改善公司治理机制。Massa et al.（2013）的实证结果表明，即使卖空交易没有真正发生，对潜在卖空的预期也能够促使企业强化内部管理，实际上，股东将这种潜在的可能卖空视为一种“事前威慑”，它激励投资者对经理层的行为加强监管和治理。一方面，良好的公司治理机制有助于改善公司信息环境；另一方面，完备的信息披露和较高的透明度也是股东治理公司的前提。两方面的作用均要求经理层提高上市公司信息披露的准确性和透明度，促使经理层如实、准确地披露公司方面的信息，从而使更多公司层面的特质信息融入股价，降低股价同步性。

最后，卖空机制还会通过影响市场参与者的行为进而影响股价同步性。已有文献表明，卖空交易提高了分析师盈余质量（黄俊等，2018），降低了分析师乐观性偏差（Ke et al.，2016；李丹等，2016）。证券分析师的信息修正工作保证其向市场提供更为有效、可靠的信息，进一步改善了资本市场信息效率，使公司股价中蕴含更多公司层面的信息，从而降低股价同步性。

第二，放松卖空管制也有可能降低上市公司的信息透明度，提高股价同步性。卖空交易者的主要工作就是识别绩效差的企业，卖空这些股票以反映负面信息，并获取交易利润（He & Tian，2014）。而卖空者经常被指责给企业高管带来了过度的压力（Mitchell et al.，2004），实际上，美国卖空机制中的 uptick rule 就是为了防止卖空被作为操纵市场下跌的工具而设计的。因此，不受限制的卖空活动加大了股票价格的下跌压力（Goldstein & Guembel，2008），甚至会增大公司被恶意收购的风险。出于对自身财富、职业生涯和声誉的考虑，允许卖空公司的高管通常会格外重视短期业绩，甚至通过造假、不实披露（只披露对自己或公司有利的信息）或降低财务报表可读性的途径，极力阻止公司负面信息的释放，这会进一步恶化资本市场信息环境，提高公司的股价同步性。

虽然放松卖空管制可能会提高上市公司的股价同步性，但我们也应当看到，中国新兴资本市场的特点可能在某些方面削弱了这一效应的实际效果。这些特点主要包括：第一，中国还没有形成完善和足够的职业经理人队伍，缺少竞争性的职业经理人市场，有能力的职业经理人供给存在不足，这在一定程度上减轻了高管由于职业竞争带来的业绩压力；第二，不同于美国上市公司股权高度分散的情况，中国上市公司通常股权较为集中，有一个实际的控股股东，股权集中的结果就是减少了股价低估企业被恶意收购的可能性。因此，中国资本市场的这些特点可能使卖空机制对股价同步性的提升效应受到抑制，而更多地表现为降低效应。基于以上分析，本章提出如下假设：

假设 3-1：放松卖空管制有助于改善企业信息透明度，降低股价同步性。

机构投资者作为证券市场上重要的投资主体，在市场中具有信息发现与信息交易的作用，其交易行为对股价的变动具有重要影响（潘婉彬等，2013）。Piotroski & Roulstone（2004）发现美国大机构投资者的出现对股票价格中体现的公司特定信息含量有净增加影响，增加了公司股价的异质性波动。侯宇和叶冬艳（2008）也发现，中国上市公司的股价同步性会随着机构持股比例的提高而降低。An & Zhang（2013）则发现机构投资者持股比例的提高加速了股票价格对新信息的调整和吸收，增进了股票市场的信息效率，从而降低了股价变动的同步性。可见，机构投资者对资本市场上的信息释放和传递具有重要的影响，机构投资者持股比例较低的公司，其股价同步性相对更高，面对卖空攻击时同步性下降的空间也越大。

Nagel（2005）和 Hirshleifer et al.（2011）指出，机构投资者持股比例较低的公司，其股票被卖空的限制和约束较多，卖空的效应也相对较小，原因在于，机构投资者是被卖空股票的主要供给方，机构投资者持有的股份越少，其能够提供给卖空者的股票也就越少，因此，Ke et al.（2015）认为，卖空的影响可能在机构持股比例较高的公司更显著。基于以上分析，本章提出如下两个对立的假设：

假设 3-2a：放松卖空管制降低股价同步性的效应在机构持股比例较低的公司更显著。

假设 3-2b：放松卖空管制降低股价同步性的效应在机构持股比例较高的公司更显著。

此外，已有的研究也认为卖空者喜欢攻击有盈余操纵和公司丑闻的企业，Karpoff & Lou（2010）、Hirshleifer et al.（2011）均发现卖空交易者能够察觉公司的财务不端行为和可疑企业的欺骗行为，实证结果也显示，卖空者会在盈余重述（Efendi et al.，2005；Desai et al.，2006）、被指控证券欺诈（Efendi & Swanson，2009）或 SEC 对财务违规的判决执行（（Karpoff & Lou，2010）之前积累空头头寸。因此，卖空交易者会攻击那些存在盈余管理或盈余操纵的公司，而且盈余管理水平越高，卖空交易获利的可能性越大，卖空的效应也越强（Fang et al.，2016）。另外，盈余管理水平越高的公司，为掩盖其盈余操纵的行为，信息透明度相对较低，股价同步性则较高，面对卖空攻击时同步性下降的空间也越大。基于以上分析，本章提出如下假设：

假设 3-3：在盈余管理水平较高的公司中，放松卖空管制降低股价同步性的效应更显著。

第二节　股票卖空机制影响企业信息透明度的实证研究

一、实证研究设计

（一）模型设置与变量定义

中国证券市场的融资融券试点制度，为本章的实证检验提供了一个良好的“自然实验”环境，融资融券试点制度开始于 2010 年 3 月，在此之前，所有上市公司的股票都不允许卖空，融资融券制度开始实行以后，进入融资融券试点的上市公司股票允许卖空，而没有进入试点的上市公司，其股票仍然不允许卖空。与发达的资本市场不同，融资融券试点只允许部分股票作为标的证券，这为本章的研究提供了天然的实验组和控制组。本章通过检验进入融资融券试点的上市公司与没有进入融资融券试点的上市公司在该制度实施前后股价同步性水平是否存在显著差异，来验证股票卖空机制怎样影响企业的股价同步性。

但是，融资融券试点制度采取分阶段扩容的方式，标的证券由2010年3月试点制度开始启动时的90只，逐渐扩大至2016年12月的971只。由于很多上市公司进入融资融券试点的时间并不一致，并且试点过程中标的证券还会进行多次调整（调入或调出），这些都是针对于不同的个股发生在不同时点上的。因此融资融券试点是一个多时点的外生的冲击，本章借鉴 Bertrand & Mullainathan（2003）的方法，构造多时点双重差分模型（Multi-Period DID）进行检验，具体的计量模型如下：

$$Synch_{i,t}=\alpha+\beta Short_{i,t}+RZ_{i,t}+\gamma' X_{i,t}+\varepsilon_{i,t} \tag{3-1}$$

模型（3-1）中的解释变量 *Short* 是表示卖空与否的虚拟变量，如果一家公司的股票在 t 年可以被卖空，则 *Short* 取值为 1，否则 *Short* 取值为 0。如果假设 3-1 成立，则 *Short* 的系数应当显著为负。*RZ* 为融资量，由于中国融资融券制度的特征是试点公司同时可以进行融资与融券，如果不控制融资量的话，则 *Short* 的系数既包含融券（卖空机制）的效应，也包含融资的效应，但融资和融券会对市场产生截然不同的作用（Wang，2014；Chen et al.，2016），因此，我们需要对融资效应进行控制，以准确衡量融券卖空对股价同步性的作用。

模型（3-1）中的被解释变量 *Synch* 代表上市公司的股价同步性，关于股价同步性的衡量，本章在 Morck et al.（2000）和 Durnev et al.（2003）研究的基础上建立如下模型：

$$r_{i,t,w}=\beta_0+\beta_1 r_{M,t,w}+\varepsilon_{i,t,w} \quad (3-2)$$

其中，$r_{i,t,w}$为公司 i 第 t 年第 w 周的收益率，$r_{M,t,w}$为市场 M 第 t 年第 w 周的收益率(为了避免周末效应，我们选取本周四至下周三的股票收益率)。对于公司 i 的任意年度 t，根据模型(3-2)总会得到每次回归的拟合优度 R^2，R^2 越高，表明在该年度内，该股票的价格变动与市场指数变动越趋近，因此同步性越高。由于 R^2 的取值在(0，1)之间，不能直接作为 OLS 回归的因变量，所以，我们按照 Morck et al. (2000)的方法，对 R^2 进行如下变换：

$$Synch_{i,t}=\ln\left(\frac{R^2}{1-R^2}\right) \quad (3-3)$$

经过变换，股价同步性 *Synch* 的取值就介于(-∞，+∞)之间。

模型(3-1)中的 X 是由多个控制变量构成的向量，主要包括企业规模、资产收益率、杠杆率、销售收入增长率、有形资产比例、企业年龄、独立董事比率、两职合一、企业第一大股东持股比例、管理层持股比例、股票收益率、董事会规模等。

除了利用融券试点的自然实验检验卖空制度引入对股价同步性的“事前威慑”效应，本章还参照 He & Tian (2014)、Massa et al. (2015b)的方法，使用可贷出证券数量(*Lendable*)和卖空头寸(*Short-Interest*)作为卖空数量的代理指标，来具体测度卖空对股价同步性的“事后惩罚”效应。具体模型如下：

$$Synch=\alpha+\beta Lendable(ShortInterest)_{i,t}+\gamma' X_{i,t}+\varepsilon_{i,t} \quad (3-4)$$

其中，*Lendable* 代表可贷出证券数量，用融券余量与流通股股数的比值表示，*ShortInterest* 代表卖空头寸，用融券卖出量与流通股股数的比值表示，这两个变量越大，代表卖空势力越强。

表 3-1 是主要的变量设置及定义。为了检验假设 3-2 与假设 3-3，我们在假设 3-1 的检验基础上，将整体样本按照机构投资者持股比例和应计盈余管理与真实盈余管理水平之和的中位数分为两个

子样本，然后分别检验卖空在两个子样本中对股价同步性的差异影响。

表 3-1　变量定义

变量名称	变量符号	定义
股价同步性	*Synch*	按照模型(3-2)、模型(3-3)计算得到
卖空虚拟变量	*Short*	如果上市公司在 *t* 年能够被卖空则为 1，否则为 0
可贷出证券数量	*Lendable*	融券余量/流通股股数
卖空头寸	*ShortInterest*	融券卖出量/流通股股数
融资量	*RZ*	融资余额/流通股市值
企业规模	*Size*	总资产的自然对数
杠杆率	*Lever*	企业总负债/总资产
有形资产比率	*Col*	有形资产总额/总资产
资产利润率	*Roa*	净利润/资产平均值
企业年龄	*Age*	(公司成立时间+1)的自然对数
第一大股东持股比例	*Top*1	第一大股东持股数量/企业股份总数
管理层持股比例	*Mshare*	管理层持股数量/企业股份总数
股票收益率	*Ret*	(本期收盘价-上期收盘价)/上期收盘价
独立董事比率	*Ind*	董事会中独立董事所占比率
两职合一	*Dual*	总经理、董事长由一人兼任为 1，否则为 0
董事会规模	*Board*	董事会人数的自然对数
企业成长	*Grow*	企业销售收入增长率
分析师跟踪度	*Analyst* 1	(企业 *i* 在当年被跟踪的分析师人数+1)的自然对数
	Analyst 2	(企业 *i* 在当年被跟踪的券商数+1)的自然对数
投资者关注度	*Investor* 1	总股数平均日换手率
	Investor 2	流通股平均日换手率

（二）数据来源与描述性统计

本章选择中国沪深两市的 A 股上市公司年度数据作为研究样本，样本区间为 2007 年至 2016 年，融资融券标的证券的信息来自沪深交易所网站，公司财务数据、融资融券交易数据和证券分析师跟踪数据来自国泰安 CSMAR 数据库，上市公司股票交易量和换手率等数据来自锐思 RESSET 数据库。我们按照以下标准对数据进行了筛选：①删除了商业银行、保险公司等金融类上市公司；②删除了资不抵债的公司；③删除了在统计逻辑上明显错误的样本，如企业总产值为负、从业人数为负等；④删除了相关年份高管薪酬、资产、主营业务收入等关键变量缺失的样本。共获得 16367 个样本观测值。为了防止数据的异常值或输入错误对实证结果的干扰，本书对关键连续变量两端的异常值按照 1%的水平进行了 winsorize 处理[①]。

表 3-2 列出了主要变量的描述性统计结果，可以看到上市公司 *Shnch* 的平均值为-0.3162，对应的 R^2 为 0.4447，略低于 Mock et al.(2000)公布的中国股票市场 R^2 平均值(0.45)，但却远高于 Mock et al.(2000)、Jin & Myers(2006)报告的其他绝大部分国家的 R^2，而 Piotroski & Roulstone(2004)报告的美国股票市场的 R^2 均值仅为 0.193，不到中国的一半，这说明我国证券市场的股价同步性较高。*Shnch* 的最小值为-4.0879，最大值为 1.5672，说明上市公司之间的股价同步性水平差别较大。可贷出证券 *Lendable* 和卖空头寸 *ShortInterest* 的平均值分别为 0.0024 和 0.0026，中位数均为 0，这是因为截至 2016 年 12 月，大部分上市公司仍然不能被卖空，拉低了平均值。融资量 RZ 的均值为 0.0381，约为可贷出证券和卖空头寸的 15 倍，说明目前我国资本市场上融资融券交易具有不对称的特征，融资数量远远超过融券数量。

① 即对所有处于 0~1%分位数的连续变量极端值，令其等于 1%的分位数，对所有处于 99%~100%分位数的连续变量极端值，令其等于 99%的分位数。

表 3-2 主要变量的描述性统计

变量	N	Mean	SD	Min	Median	Max
Synch	16367	-0.3162	1.0500	-4.0879	-0.1821	1.5672
R^2	16367	0.4447	0.2001	0.0165	0.4546	0.8274
Lendable	16367	0.0024	0.0110	0	0	0.0768
ShortInterest	16367	0.0026	0.0113	0	0	0.0794
RZ	16367	0.0381	0.1765	0	0	1.3329
Size	16367	21.8309	1.2642	19.2558	21.6678	25.5271
Lever	16367	0.4457	0.2156	0.0075	0.4474	0.9981
Col	16367	0.9411	0.0704	0.6061	0.9625	1
Roa	16367	0.0475	0.0474	-0.1232	0.0459	0.1599
Age	16367	2.6208	0.4416	0	2.7081	7.6089
Ret	16367	0.4356	0.9696	-0.8693	0.1988	21.5263
Top 1	16367	36.0018	15.4547	0.2863	34.0535	89.9858
Mshare	16367	0.1104	0.1973	0	0.0002	0.8973
Ind	16367	0.3696	0.0545	0.09091	0.3333	0.8
Dual	16367	0.2242	0.4171	0	0	1
Board	16367	2.1655	0.2031	1.0986	2.1972	2.9444
Grow	16367	0.2257	0.7143	-0.7975	0.1127	5.9849

表 3-3 是主要变量的 *Pearson* 相关系数矩阵，从表 3-3 中可以看到，主要的卖空变量可贷出证券 *Lendable* 和卖空头寸 *ShortInterest* 与股价同步性 *Synch* 均为负相关关系，融资量 *RZ* 与 *Lendable* 和 *ShortInterest* 均为正相关关系，而且相关系数分别为 0.74 和 0.35，说明融资数量与融券数量高度相关。其他控制变量之间的相关系数绝大多数都小于 0.3，说明主要控制变量之间不存在很严重的多重共线性问题。

表 3-3　主要变量的 *Pearson* 相关系数矩阵

变量	*Synch*	*Lendable*	*ShortInterest*	*RZ*	*Size*	*Lever*	*Col*	*Roa*	*Age*	*Top1*	*Mshare*	*Ret*	*Ind*	*Dual*	*Board*
Lendable	-0.08														
ShortInterest	-0.04	0.45													
RZ	-0.07	0.74	0.35												
Size	-0.02	0.23	0.31	0.17											
Lever	0.02	0.04	0.06	-0.01	0.46										
Col	0.02	0.01	-0.02	0.01	0.04	0.08									
Roa	-0.08	0.03	-0.01	0.09	0.05	-0.26	-0.00								
Age	0.02	0.09	0.12	0.06	0.14	0.24	-0.05	-0.10							
Top1	-0.14	-0.03	-0.04	-0.02	-0.08	0.02	-0.05	0.08	-0.01						
Mshare	-0.05	0.00	-0.00	0.01	0.26	0.06	0.08	0.11	-0.15	-0.02					
Ret	-0.10	-0.06	-0.08	-0.04	-0.28	-0.39	-0.03	0.12	-0.33	-0.01	-0.09				
Ind	-0.05	0.02	0.03	0.02	0.03	-0.03	-0.02	-0.03	-0.03	-0.01	0.04	0.09			
Dual	-0.05	-0.02	-0.04	-0.01	-0.17	-0.18	-0.02	0.03	-0.09	0.01	-0.06	0.26	0.09		
Board	0.05	0.05	0.08	0.03	0.28	0.16	0.03	0.03	0.03	-0.03	0.02	-0.19	-0.43	-0.17	
Grow	-0.09	-0.02	-0.03	-0.01	0.04	0.06	-0.05	0.17	-0.00	0.13	0.05	0.01	0.01	-0.00	-0.02

二、实证结果分析

（一）主效应分析

由于本章的样本观测值是时间跨度短，而横截面很大的面板数据，对于这类数据来说，使用常用的估计方法会低估标准误差，进而导致高估系数的显著性水平，而对标准误差进行聚类(cluster)调整后得到的标准误差才是无偏的，所以在对本章模型进行检验时，我们对标准误差在公司层面进行聚类(cluster)调整，采用稳健的标准差。具体估计方法上，Hausman 检验拒绝了固定效应假设，F 统计量检验拒绝了混合数据假设，因此笔者采用随机效应模型进行回归分析。

表 3-4 列出了卖空机制与股价同步性相关关系的检验结果，其中，第(1)、第(2)列为卖空对股价同步性 *Synch*"事前威慑"效应的检验结果。在第(1)列中，我们没有控制融资量 *RZ*，卖空变量 *Short* 的系数为-0.1038，并且在 1%的水平上显著。在第(2)列中，我们控制了融资量 *RZ* 以后，卖空变量 *Short* 的系数变为-0.0761，并且仍然在 1%的水平下显著。以上结果表明，在融资融券制度实施以后，相比于不能够卖空股票的上市公司，允许卖空股票的上市公司，其股价同步性水平显著下降。第(3)、第(4)列为卖空对股价同步性 *Synch*"事后惩罚"效应的检验结果，第(3)列可贷出证券数量 *Lendable* 的系数在 5%的水平下显著为负，第(4)列卖空头寸 *ShortInterest* 的系数在 1%的水平下显著为负，表明随着卖空压力和卖空数量的增大，上市公司的股价同步性水平会显著下降。因此，表 3-4 实证结果与假设3-1的预期一致。

表 3-4　卖空机制与股价同步性

变量	(1) Synch	(2) Synch	(3) Synch	(4) Synch
Short	-0.1038*** (-3.7568)	-0.0761*** (-2.6398)		
RZ		-0.0523*** (-4.6812)		
Lendable			-1.0195** (-2.2903)	
ShortInterest				-2.2590*** (-6.0679)
Size	0.0089 (0.8769)	0.0111 (1.0838)	0.0052 (0.4998)	0.0112 (1.1061)
Lever	-0.3679*** (-8.1790)	-0.3742*** (-8.3572)	-0.3672*** (-8.0875)	-0.3762*** (-8.3694)
Col	0.3352*** (3.1154)	0.3450*** (3.2121)	0.3287*** (3.0401)	0.3433*** (3.1805)
Roa	-0.6045*** (-3.5835)	-0.5592*** (-3.3389)	-0.6110*** (-3.6324)	-0.6237*** (-3.7093)
Age	0.0035 (0.1673)	0.0049 (0.2389)	0.0049 (0.2359)	0.0067 (0.3152)
Ret	-0.4062*** (-25.5257)	-0.4062*** (-25.5217)	-0.4031*** (-25.6681)	-0.4075*** (-25.5313)
Top1	-0.0025*** (-4.5600)	-0.0026*** (-4.6918)	-0.0025*** (-4.5252)	-0.0026*** (-4.7433)
Mshare	0.0571 (1.2952)	0.0569 (1.3002)	0.0676 (1.5269)	0.0638 (1.4442)
Ind	-0.4513*** (-3.0378)	-0.4504*** (-3.0290)	-0.4638*** (-3.1060)	-0.4538*** (-3.0490)
Dual	0.0056 (0.3192)	0.0061 (0.3531)	0.0067 (0.3862)	0.0064 (0.3679)
Board	0.0839* (1.7931)	0.0829* (1.7782)	0.0829* (1.7742)	0.0905* (1.9373)
Grow	-0.0577*** (-3.8786)	-0.0583*** (-3.9189)	-0.0553*** (-3.7270)	-0.0562*** (-3.8008)
Constant	0.5483** (1.9888)	0.4921* (1.7841)	0.6304** (2.2649)	0.4821* (1.7719)
Year	Yes	Yes	Yes	Yes
Industry	Yes	Yes	Yes	Yes
N	16367	16367	16367	16367
Adjusted R^2	0.422	0.424	0.423	0.424

注：***、**、*分别表示 1%、5%、10%的显著性水平；括号中的数字为双尾检验的 t 值，其中标准误差经过公司聚类(cluster)调整。

（二）异质性检验

为了检验机构投资者持股的差异对卖空效应的影响，我们计算出上市公司股权结构中机构投资者的持股总和占总股本的比值，然后按照机构投资者持股比例是否大于年样本的中位数，对整体样本进行分组，比较两组中卖空效应系数和显著性的差异。表 3-5 列出了在机构投资者持股比例不同的上市公司，卖空机制对股价同步性的差异影响，第(1)至第(4)列是卖空的“事前威慑”效应，在没有控制融资量的情况下，在第(1)列机构持股比例较高的样本中，卖空变量 *Short* 的系数为负且不显著，在第(2)列机构持股比例较低的样本中，卖空变量 *Short* 的系数在 1%的水平下显著为负。在控制了融资量的情况下，实证结果与之类似，在第(3)列机构持股比例较高的样本中，卖空变量 *Short* 的系数仍然不显著，在第(4)列机构持股比例较低的样本中，卖空变量 *Short* 的系数在 5%的水平下显著为负。第(5)至第(8)列是卖空的“事后惩罚”效应，在第(5)列机构持股比例较高的样本中，可贷出证券 *Lendable* 的系数为负且不显著，在第(6)列机构持股比例较低的样本中，可贷出证券 *Lendable* 的系数则在 1%的水平下显著为负。卖空头寸 *ShortInterest* 实证结果与之类似，在第(7)列机构持股比例较高的样本中，卖空头寸 *ShortInterest* 的系数不显著，而在第(8)列机构持股比例较低的样本中，卖空头寸 *ShortInterest* 的系数在 1%的水平下显著为负。表3-5的实证结果与假设 3-2a 的预期一致。

表 3-5　卖空机制、机构持股与股价同步性

变量	(1) *Synch* 机构持股 比例高	(2) *Synch* 机构持股 比例低	(3) *Synch* 机构持股 比例高	(4) *Synch* 机构持股 比例低	(5) *Synch* 机构持股 比例高	(6) *Synch* 机构持股 比例低	(7) *Synch* 机构持股 比例高	(8) *Synch* 机构持股 比例低
Short	-0.0840 (-1.5752)	-0.1291*** (-2.8491)	-0.0537 (-1.5006)	-0.1029** (-2.1704)				
RZ			-0.0478*** (-3.9532)	-0.0693*** (-3.1748)				

续表

变量	(1) Synch 机构持股 比例高	(2) Synch 机构持股 比例低	(3) Synch 机构持股 比例高	(4) Synch 机构持股 比例低	(5) Synch 机构持股 比例高	(6) Synch 机构持股 比例低	(7) Synch 机构持股 比例高	(8) Synch 机构持股 比例低
Lendable					-0.8422 (-1.1827)	-2.5754*** (-2.8070)		
ShortInterest							-1.6978 (-1.3566)	-4.3903*** (-2.8760)
Size	0.0136 (1.1794)	0.0110 (0.6790)	0.0155 (1.3442)	0.0132 (0.8088)	0.0107 (0.9319)	0.0088 (0.5425)	0.0150 (1.3016)	0.0172 (1.1356)
Lever	-0.3435*** (-6.0463)	-0.3960*** (-6.0561)	-0.3492*** (-6.1686)	-0.4027*** (-6.1748)	-0.3413*** (-6.0022)	-0.3986*** (-6.0758)	-0.3475*** (-6.1352)	-0.4108*** (-6.3348)
Col	0.4743*** (3.5797)	0.1636 (0.9881)	0.4840*** (3.6592)	0.1693 (1.0219)	0.4713*** (3.5529)	0.1635 (0.9905)	0.4892*** (3.6852)	0.1544 (0.9188)
Roa	-0.6810*** (-3.1836)	-0.2209 (-0.8596)	-0.6361*** (-2.9870)	-0.1727 (-0.6703)	-0.6806*** (-3.1836)	-0.2242 (-0.8730)	-0.6965*** (-3.2643)	-0.2282 (-0.8880)
Age	-0.0046 (-0.1756)	0.0104 (0.3615)	-0.0030 (-0.1139)	0.0109 (0.3814)	-0.0035 (-0.1316)	0.0120 (0.4188)	-0.0027 (-0.1036)	0.0171 (0.5723)
Ret	-0.3420*** (-23.5643)	-0.5072*** (-14.1882)	-0.3421*** (-23.5481)	-0.5072*** (-14.1842)	-0.3395*** (-23.5931)	-0.5042*** (-14.2564)	-0.3436*** (-23.6441)	-0.5090*** (-14.1510)
Top 1	-0.0023*** (-3.2820)	-0.0034*** (-4.2534)	-0.0023*** (-3.3464)	-0.0035*** (-4.3395)	-0.0023*** (-3.2776)	-0.0035*** (-4.3316)	-0.0023*** (-3.3718)	-0.0037*** (-4.5801)
Mshare	0.0211 (0.3764)	0.0913 (1.3635)	0.0209 (0.3763)	0.0918 (1.3736)	0.0295 (0.5258)	0.0995 (1.4800)	0.0271 (0.4846)	0.0969 (1.4358)
Ind	-0.2919 (-1.5917)	-0.6744*** (-2.9633)	-0.2917 (-1.5864)	-0.6676*** (-2.9375)	-0.3020 (-1.6428)	-0.6781*** (-2.9770)	-0.2923 (-1.5933)	-0.6709*** (-2.9548)
Dual	0.0205 (0.9322)	-0.0077 (-0.2822)	0.0202 (0.9211)	-0.0062 (-0.2264)	0.0215 (0.9755)	-0.0062 (-0.2264)	0.0210 (0.9561)	-0.0067 (-0.2440)
Board	0.1537*** (2.9363)	0.0041 (0.0555)	0.1516*** (2.9028)	0.0062 (0.0828)	0.1520*** (2.9031)	0.0047 (0.0635)	0.1605*** (3.0612)	0.0082 (0.1116)
Grow	-0.0575*** (-4.0111)	-0.0645** (-2.3124)	-0.0582*** (-4.0633)	-0.0651** (-2.3334)	-0.0563*** (-3.9274)	-0.0637** (-2.2884)	-0.0565*** (-3.9481)	-0.0660** (-2.3806)
Constant	-0.0576 (-0.1808)	1.1982*** (2.7402)	-0.1065 (-0.3358)	1.1383*** (2.5820)	0.0071 (0.0227)	1.2362*** (2.8059)	-0.1115 (-0.3544)	1.0696*** (2.6170)
Year	Yes	Yes	Yes	Yes	Yes	Yes	Yes	Yes
Industry	Yes	Yes	Yes	Yes	Yes	Yes	Yes	Yes
N	9524	6843	9524	6843	9524	6843	9524	6843
Adjusted R^2	0.426	0.433	0.428	0.434	0.426	0.432	0.427	0.436

注：***、**分别表示1%、5%的显著性水平；括号中的数字为双尾检验的t值，其中标准误差经过公司聚类(cluster)调整。

为了检验盈余管理水平的差异对卖空效应的影响，我们首先按照修正的 Jones 模型（Dechow et al.，1995）和 Roychowdhury（2006）的方法计算出上市公司每年应计盈余管理与真实盈余管理之和，然后按照盈余管理水平是否大于年样本的中位数，对整体样本进行分组，比较两组中卖空效应系数和显著性的差异。表 3-6 列出了在盈余管理水平不同的上市公司，卖空机制对股价同步性的差异影响，第（1）至第（4）列是卖空的“事前威慑”效应，在没有控制融资量的情况下，在第（1）列盈余管理水平较高的样本中，卖空变量 *Short* 的系数在 1%的水平下显著为负，在第（2）列盈余管理水平较低的样本中，卖空变量 *Short* 的系数则不显著。在控制了融资量的情况下，实证结果与之类似，在第（3）列盈余管理水平较高的样本中，卖空变量 *Short* 的系数在 1%的水平下显著为负，在第（4）列盈余管理水平较低的样本中，卖空变量 *Short* 的系数仍然不显著。第（5）至第（8）列是卖空的“事后惩罚”效应，在第（5）列盈余管理水平较高的样本中，可贷出证券 *Lendable* 的系数在 10%的水平下显著为负，在第（6）列盈余管理水平较低的样本中，可贷出证券 *Lendable* 的系数则不显著。卖空头寸 *ShortInterest* 实证结果与之类似，在第（7）列盈余管理水平较高的样本中，卖空头寸 *ShortInterest* 的系数在 1%的水平下显著为负，在第（8）列盈余管理水平较低的样本中，卖空头寸 *ShortInterest* 的系数仍然不显著。表 3-6 的实证结果与假设 3-3 的预期一致。

表 3-6　卖空机制、盈余管理与股价同步性

变量	(1) *Synch* 盈余管理 水平高	(2) *Synch* 盈余管理 水平低	(3) *Synch* 盈余管理 水平高	(4) *Synch* 盈余管理 水平低	(5) *Synch* 盈余管理 水平高	(6) *Synch* 盈余管理 水平低	(7) *Synch* 盈余管理 水平高	(8) *Synch* 盈余管理 水平低
Short	-0.1845*** (-4.9119)	0.0040 (0.1076)	-0.1516*** (-3.8462)	0.0223 (0.5621)				
RZ			-0.0514*** (-3.7876)	-0.0448** (-2.5300)				

续表

变量	(1) *Synch* 盈余管理 水平高	(2) *Synch* 盈余管理 水平低	(3) *Synch* 盈余管理 水平高	(4) *Synch* 盈余管理 水平低	(5) *Synch* 盈余管理 水平高	(6) *Synch* 盈余管理 水平低	(7) *Synch* 盈余管理 水平高	(8) *Synch* 盈余管理 水平低
Lendable					-1.1925* (-1.8463)	0.1626 (0.3036)		
ShortInterest							-2.9657*** (-6.0664)	-0.8222 (-1.5038)
Size	0.0038 (0.2758)	0.0011 (0.0864)	0.0059 (0.4219)	0.0029 (0.2248)	-0.0071 (-0.4974)	0.0009 (0.0682)	0.0008 (0.0564)	0.0059 (0.4733)
Lever	-0.2643*** (-4.4034)	-0.4748*** (-7.4286)	-0.2735*** (-4.5740)	-0.4771*** (-7.4748)	-0.2555*** (-4.2007)	-0.4750*** (-7.4501)	-0.2658*** (-4.4055)	-0.4835*** (-7.5961)
Col	0.1670 (1.2080)	0.6782*** (4.4262)	0.1784 (1.2904)	0.6827*** (4.4626)	0.1489 (1.0698)	0.6786*** (4.4230)	0.1936 (1.3993)	0.6744*** (4.3881)
Roa	-0.5138** (-2.4688)	-0.4070 (-1.5075)	-0.4680** (-2.2664)	-0.3756 (-1.3930)	-0.5240** (-2.5233)	-0.4108 (-1.5201)	-0.5429*** (-2.6087)	-0.4146 (-1.5358)
Age	0.0051 (0.2059)	-0.0115 (-0.3643)	0.0067 (0.2751)	-0.0104 (-0.3302)	0.0058 (0.2338)	-0.0116 (-0.3673)	0.0076 (0.3087)	-0.0092 (-0.2905)
Ret	-0.3883*** (-16.7818)	-0.4354*** (-23.4703)	-0.3883*** (-16.7947)	-0.4353*** (-23.4497)	-0.3832*** (-16.8326)	-0.4354*** (-23.4521)	-0.3888*** (-16.8158)	-0.4373*** (-23.5026)
Top 1	-0.0023*** (-3.1040)	-0.0023*** (-3.0605)	-0.0024*** (-3.1931)	-0.0023*** (-3.1294)	-0.0022*** (-3.0522)	-0.0022*** (-3.0291)	-0.0025*** (-3.3333)	-0.0023*** (-3.1070)
Mshare	0.0794 (1.5140)	0.0703 (0.9785)	0.0760 (1.4536)	0.0745 (1.0428)	0.0950* (1.7931)	0.0705 (0.9840)	0.0907* (1.7270)	0.0670 (0.9351)
Ind	-0.4037** (-2.1058)	-0.4148* (-1.8714)	-0.4048** (-2.1091)	-0.4121* (-1.8575)	-0.4469** (-2.3220)	-0.4136* (-1.8628)	-0.4249** (-2.2148)	-0.4085* (-1.8367)
Dual	0.0011 (0.0494)	0.0050 (0.1864)	0.0018 (0.0839)	0.0058 (0.2161)	0.0033 (0.1499)	0.0050 (0.1840)	0.0024 (0.1072)	0.0051 (0.1893)
Board	0.0351 (0.5726)	0.1448** (2.2591)	0.0333 (0.5441)	0.1451** (2.2655)	0.0294 (0.4818)	0.1454** (2.2653)	0.0414 (0.6721)	0.1476** (2.2976)
Grow	-0.0721*** (-4.1618)	0.0023 (0.1228)	-0.0727*** (-4.1957)	0.0023 (0.1216)	-0.0686*** (-3.9782)	0.0025 (0.1333)	-0.0703*** (-4.0923)	0.0012 (0.0617)
Constant	0.6269* (1.7712)	0.5222 (1.3684)	0.5757 (1.6246)	0.4735 (1.2376)	0.8841** (2.4312)	0.5257 (1.3802)	0.6659* (1.8669)	0.4174 (1.1161)
Year	Yes	Yes	Yes	Yes	Yes	Yes	Yes	Yes
Industry	Yes	Yes	Yes	Yes	Yes	Yes	Yes	Yes
N	8918	7449	8918	7449	8918	7449	8918	7449
Adjusted R^2	0.399	0.461	0.400	0.462	0.397	0.461	0.400	0.462

注：***、**、* 分别表示 1%、5%、10% 的显著性水平；括号中的数字为双尾检验的 t 值，其中标准误差经过公司聚类(cluster)调整。

（三）作用机制检验

主效应实证结果的分析表明中国股票市场的卖空机制降低了上市公司的股价同步性，这一部分我们进一步地分析卖空可能通过哪些作用机制来降低股价同步性。

首先，由于卖空交易者是通过发现企业的负面信息做空获利的，因此放松卖空管制后卖空者对信息的需求增加（李春涛，2017），而证券分析师作为资本市场重要的信息中介，扮演着信息收集、信息加工、信息传递和信息监督的角色。因此，卖空会吸引更多的证券分析师跟踪被卖空的上市公司，导致分析师跟踪人数增加，而且在放松卖空管制的背景下，分析师的预测精度会提高（黄俊等，2018），乐观性偏差会降低（Ke et al.，2016；李丹等，2016），其信息搜寻活动增加了股票价格的信息含量（朱红军，2007），使公司股价中蕴含更多公司层面的信息，降低了股价同步性，从而增强价格对资源配置的引导作用，提高资本市场的运行效率。

其次，放松卖空管制能够通过增加市场的有效性（Saffi & Sigurdsson，2010），吸引更多的投资者关注。Miller（1977）曾指出在卖空存在限制的情况下，悲观的投资者只能选择离开资本市场，而放松卖空管制之后，投资者不仅可以从股价上升中获利，也能从股票价格下跌中获利，从而吸引更多的投资者关注被卖空的公司。投资者在信息传递机制中扮演着重要角色，投资者的“有限关注”会减缓市场或公司层面信息融入股价的速度，而投资者的“充分关注”能够加速市场或公司层面信息融入股价（肖奇和屈文洲，2017）。因此，投资者关注有效提高了股价信息含量，大大降低了股价同步性。

为了检验是否存在放松卖空管制通过吸引证券分析师跟踪与投资者关注降低股价同步性的机制，在实证中，本章分别选择当年跟踪同一家上市公司的证券分析师和券商数量来表示证券分析师跟踪度，具体定义为当年分析师或券商数量加 1 的自然对数。根据权小锋和吴世农（2010）的方法，分别采用总股数平均日换手率和流通股平均日换手率表示投资者关注度。我们将分析师跟踪度与投资者关注度的指标作为模型(3-1)和模型(3-4)的被解释变量，检验允许卖空的上市公司分析师跟踪度与投资者关注度是否比不允许卖空的上市公司显著提高，然后，再检验控制企业分析师跟踪度和投资者关注度的情况下卖空对股价同步性的效应，如果卖空效应的系数和 t 值显著小于表 3-4 中没有控制的情况，则可以认为卖空吸引分析师跟踪和投资者关注是放松卖空管制降低公司股价同步性的潜在作用机制。由于篇幅有限，我们只报告了控制融资量的情况下卖空变量 *Short* 和可贷出证券 *Lendable* 的检验结果。

表 3-7 是卖空通过分析师跟踪的作用机制影响股价同步性的检验结果，在第(2)、第(4)、第(6)、第(8)列中，分析师跟踪度 *Analyst*1 或 *Analyst*2 均在 1%的水平下显著为负，表明分析师跟踪度的提高能够显著降低股价同步性。在第(1)、第(3)列中，卖空变量 *Short* 均在 1%的水平下显著为正，表明相比不能卖空的上市公司，跟踪进入融资融券试点上市公司的证券分析师人数 *Analyst*1 和券商数 *Analyst*2 均显著上升，而在考虑分析师跟踪情况下的卖空交易与股价同步性的回归结果中，第(2)列卖空变量 *Short* 的系数为-0.0643(t 值为-2.0877)，第(4)列卖空变量 *Short* 的系数为-0.0650(t 值为-2.1076)，相比表3-4没有控制分析师跟踪的情况，卖空变量 *Short* 的系数和 t 值均有所下降。在第(5)、第(7)列中，可贷出证券量 *Lendable* 均在 5%的水平下显著为正，表明随着可贷出证券数量的上升，卖空压力的增大，证券分析师跟踪人数和券商跟踪数也会显著上升，而在考虑分析师跟踪情况下的卖空压力与股价同步性的回归结果中，第(6)列可贷出证券量 *Lendable* 的系数为-0.7659(t 值为-1.7884)，第(8)列可贷出证券量 *Lendable* 的系数为-0.7771(t 值为-1.7816)，相比表 3-4 没有控制分析师跟踪的情况，可贷出证券量 *Lendable* 的系数和 t 值均有所下降，检验结果证明，分析师跟踪的增加可以部分解释卖空机制对企业股价同步性的减少。

表 3-7　作用机制 1：卖空交易、分析师跟踪与股价同步性

变量	(1) *Analyst1*	(2) *Synch*	(3) *Analyst2*	(4) *Synch*	(5) *Analyst1*	(6) *Synch*	(7) *Analyst2*	(8) *Synch*
Short	0.1050*** (3.0090)	-0.0643** (-2.0877)	0.0835*** (2.6396)	-0.0650** (-2.1076)				
Lendable					1.9864** (2.0777)	-0.7659* (-1.7884)	1.6856** (2.1520)	-0.7771* (-1.7816)
Analyst1		-0.0395*** (-5.0345)				-0.0400*** (-5.0766)		
Analyst2				-0.0380*** (-4.4600)				-0.0382*** (-4.4615)
RZ	0.0898*** (3.6672)	-0.0493*** (-4.5817)	0.0744*** (3.5643)	-0.0499*** (-4.5979)				
Size	0.4624*** (36.0005)	0.0294*** (2.7086)	0.4284*** (35.8527)	0.0274** (2.5087)	0.4709*** (35.0132)	0.0238** (2.1748)	0.4349*** (35.3466)	0.0216* (1.9564)
Lever	-0.8051*** (-11.1778)	-0.4064*** (-9.0673)	-0.7706*** (-11.4795)	-0.4039*** (-8.9946)	-0.8183*** (-11.2880)	-0.3999*** (-8.8053)	-0.7807*** (-11.5782)	-0.3970*** (-8.7226)
Col	-0.5358*** (-3.2058)	0.3254*** (3.0320)	-0.4547*** (-2.9547)	0.3292*** (3.0673)	-0.5256*** (-3.1238)	0.3096*** (2.8672)	-0.4467*** (-2.8874)	0.3134*** (2.9019)
Roa	7.3230*** (29.1681)	-0.3011* (-1.7174)	6.7035*** (28.8604)	-0.3326* (-1.8967)	7.4111*** (29.3254)	-0.3518** (-2.0032)	6.7756*** (29.0313)	-0.3854** (-2.1934)
Age	-0.3699*** (-8.1184)	-0.0092 (-0.4318)	-0.3449*** (-8.0615)	-0.0078 (-0.3659)	-0.3697*** (-8.0669)	-0.0094 (-0.4420)	-0.3449*** (-8.0218)	-0.0079 (-0.3715)
Ret	0.0543*** (5.4599)	-0.4038*** (-25.4021)	0.0468*** (5.0782)	-0.4042*** (-25.3981)	0.0508*** (5.1996)	-0.4007*** (-25.5462)	0.0440*** (4.8556)	-0.4012*** (-25.5406)
Top 1	-0.0017* (-1.7996)	-0.0027*** (-4.8252)	-0.0014 (-1.5652)	-0.0026*** (-4.7999)	-0.0017* (-1.8523)	-0.0026*** (-4.6648)	-0.0014 (-1.6063)	-0.0026*** (-4.6368)
Mshare	0.8619*** (10.3585)	0.0907** (2.0460)	0.7820*** (10.1687)	0.0862* (1.9468)	0.8486*** (10.2044)	0.1016** (2.2651)	0.7717*** (10.0469)	0.0970** (2.1632)
Ind	-0.0706 (-0.2921)	-0.4536*** (-3.0641)	-0.0670 (-0.2983)	-0.4535*** (-3.0622)	-0.0511 (-0.2110)	-0.4666*** (-3.1386)	-0.0519 (-0.2306)	-0.4667*** (-3.1374)
Dual	0.1067*** (3.8719)	0.0097 (0.5614)	0.0949*** (3.7351)	0.0092 (0.5305)	0.1069*** (3.8668)	0.0103 (0.5891)	0.0951*** (3.7318)	0.0097 (0.5576)
Board	0.2620*** (3.7286)	0.0923** (1.9893)	0.2581*** (3.9573)	0.0918** (1.9747)	0.2626*** (3.7260)	0.0922** (1.9829)	0.2585*** (3.9539)	0.0917** (1.9666)
Grow	-0.0571*** (-5.3182)	-0.0602*** (-4.0447)	-0.0529*** (-5.3018)	-0.0599*** (-4.0276)	-0.0592*** (-5.5025)	-0.0573*** (-3.8619)	-0.0545*** (-5.4595)	-0.0571*** (-3.8417)
Constant	-8.4330*** (-24.3488)	0.1595 (0.5614)	-7.8080*** (-24.2376)	0.1970 (0.6899)	-8.6257*** (-23.8717)	0.2911 (1.0156)	-7.9544*** (-23.9901)	0.3328 (1.1534)
Year	Yes	Yes	Yes	Yes	Yes	Yes	Yes	Yes
Industry	Yes	Yes	Yes	Yes	Yes	Yes	Yes	Yes
N	16367	16367	16367	16367	16367	16367	16367	16367
Adjusted R^2	0.447	0.426	0.443	0.425	0.445	0.424	0.442	0.423

注：***、**、*分别表示 1%、5%、10%的显著性水平；括号中的数字为双尾检验的 t 值，其中标准误差经过公司聚类（cluster）调整。

表3-8是卖空通过投资者关注的作用机制影响股价同步性的检验结果，在第(2)、第(4)、第(6)、第(8)列中，投资者关注度*Investor*1或*Investor*2均在1%的水平下显著为负，表明投资者关注度的提高能够显著降低股价同步性。在第(1)、第(3)列中，卖空变量*Short*均在1%的水平下显著为正，表明相比不能卖空的上市公司，关注进入融资融券试点上市公司的投资者人数均显著上升，而在考虑投资者关注情况下的卖空交易与股价同步性的回归结果中，第(2)列卖空变量*Short*的系数为-0.0645(t值为-2.2213)，第(4)列卖空变量*Short*的系数为-0.0648(t值为-2.2495)，相比表3-4没有控制投资者关注的情况，卖空变量*Short*的系数和t值均有所下降。在第(5)、第(7)列中，可贷出证券量*Lendable*均在5%的水平下显著为正，表明随着可贷出证券数量的上升，卖空压力的增大，会吸引更多的投资者关注这些上市公司，而在考虑投资者关注情况下的卖空压力与股价同步性的回归结果中，第(6)列可贷出证券量*Lendable*的系数为-0.7621(t值为-1.7165)，第(8)列可贷出证券量*Lendable*的系数为-0.7537(t值为-1.7185)，相比表3-4没有控制投资者关注的情况，可贷出证券量*Lendable*的系数和t值均有所下降，检验结果证明投资者关注的提高可以部分解释卖空机制对企业股价同步性的减少。

表3-8 作用机制2：卖空交易、投资者关注与股价同步性

变量	(1) *Investor*1	(2) *Synch*	(3) *Investor*2	(4) *Synch*	(5) *Investor*1	(6) *Synch*	(7) *Investor*2	(8) *Synch*
Short	0.3185*** (9.0094)	-0.0645** (-2.2213)	0.2303*** (4.7476)	-0.0648** (-2.2495)				
Lendable					0.7359** (2.2199)	-0.7621* (-1.7165)	1.3165** (2.2962)	-0.7537* (-1.7185)
*Investor*1		-0.0411*** (-5.1622)				-0.0448*** (-5.6463)		
*Investor*2				-0.0441*** (-9.9242)				-0.0451*** (-10.1259)
RZ	-0.0409*** (-3.2832)	-0.0533*** (-4.7181)	-0.0251 (-1.4919)	-0.0521*** (-4.6452)				

续表

变量	(1) Investor1	(2) Synch	(3) Investor2	(4) Synch	(5) Investor1	(6) Synch	(7) Investor2	(8) Synch
Size	-0.2912*** (-21.9595)	-0.0009 (-0.0857)	-0.4417*** (-22.2222)	-0.0082 (-0.7801)	-0.2660*** (-20.6929)	-0.0067 (-0.6285)	-0.4275*** (-22.2679)	-0.0137 (-1.2917)
Lever	0.5636*** (8.0361)	-0.3519*** (-7.7970)	0.2966*** (2.7714)	-0.3674*** (-8.1583)	0.5350*** (7.5962)	-0.3443*** (-7.5229)	0.2828*** (2.6426)	-0.3616*** (-7.9225)
Col	0.3979** (2.3119)	0.3602*** (3.3128)	0.1643 (0.6001)	0.3513*** (3.2204)	0.3978** (2.2769)	0.3449*** (3.1527)	0.1602 (0.5826)	0.3363*** (3.0654)
Roa	-2.8803*** (-11.0511)	-0.6730*** (-3.9581)	-3.9886*** (-9.9188)	-0.7202*** (-4.2386)	-2.8862*** (-11.1063)	-0.7346*** (-4.3054)	-3.9966*** (-9.9792)	-0.7718*** (-4.5246)
Age	0.0772*** (2.6061)	0.0078 (0.3697)	-0.0992 (-1.5034)	-0.0015 (-0.0695)	0.0765** (2.5286)	0.0081 (0.3847)	-0.1009 (-1.5165)	-0.0019 (-0.0906)
Ret	0.2789*** (14.7672)	-0.3948*** (-24.4947)	0.4139*** (11.0299)	-0.3896*** (-24.7574)	0.2706*** (14.6379)	-0.3911*** (-24.6669)	0.4082*** (10.9496)	-0.3866*** (-24.9098)
Top1	-0.0196*** (-26.5708)	-0.0034*** (-5.7910)	-0.0004 (-0.2955)	-0.0025*** (-4.5273)	-0.0198*** (-26.4095)	-0.0034*** (-5.7449)	-0.0005 (-0.3366)	-0.0024*** (-4.3535)
Mshare	-0.5919*** (-9.2894)	0.0324 (0.7249)	1.1499*** (7.9379)	0.1122** (2.5664)	-0.6321*** (-9.7201)	0.0393 (0.8678)	1.1245*** (7.7686)	0.1231*** (2.7815)
Ind	-0.1204 (-0.5602)	-0.4510*** (-3.0150)	-0.1547 (-0.4410)	-0.4502*** (-3.0070)	-0.0624 (-0.2904)	-0.4619*** (-3.0754)	-0.1177 (-0.3350)	-0.4613*** (-3.0695)
Dual	0.0217 (0.7925)	0.0062 (0.3545)	0.1283*** (2.6994)	0.0109 (0.6279)	0.0204 (0.7410)	0.0069 (0.3926)	0.1270*** (2.6714)	0.0116 (0.6624)
Board	-0.2814*** (-4.1404)	0.0735 (1.5639)	-0.1867* (-1.7760)	0.0770* (1.6480)	-0.2748*** (-3.9861)	0.0733 (1.5555)	-0.1826* (-1.7317)	0.0773* (1.6494)
Grow	-0.0433*** (-3.5059)	-0.0601*** (-4.0238)	0.0460** (2.0214)	-0.0578*** (-3.8850)	-0.0480*** (-3.9207)	-0.0574*** (-3.8452)	0.0430* (1.8973)	-0.0552*** (-3.7142)
Constant	8.8213*** (24.7427)	0.8495*** (2.9609)	13.9119*** (24.8621)	1.1033*** (3.8398)	8.2838*** (23.5597)	0.9924*** (3.4436)	13.6140*** (24.5876)	1.2356*** (4.2718)
Year	Yes	Yes	Yes	Yes	Yes	Yes	Yes	Yes
Industry	Yes	Yes	Yes	Yes	Yes	Yes	Yes	Yes
N	16367	16367	16367	16367	16367	16367	16367	16367
Adjusted R^2	0.512	0.424	0.399	0.427	0.508	0.422	0.399	0.425

注：***、**、*分别表示1%、5%、10%的显著性水平；括号中的数字为双尾检验的t值，其中标准误差经过公司聚类(cluster)调整。

(四)稳健性检验

1. 内生性诊断

在检验卖空的"事前威慑"效应时，尽管融资融券试点是一个独立的外生冲击，但我们的检验结果仍然有可能受到逆向因果的影响，有可能是已有的向前趋势导致了企业股价同步性的下降，而不是卖空的作用。因此，本章参照 Bertrand & Mullainathan(2003)的方法，构造如下模型，对卖空影响股价同步性的结果进行内生性诊断。

$$Synch_{i,t}=\alpha+\beta_1 Before_{i,t-3}+\beta_2 Before_{i,t-2}+\beta_3 Before_{i,t-1}+\beta_4 Current_{i,t}+\beta_5 After_{i,t+1}+\beta_6 After_{i,t+2}+\beta_7 After_{i,t+3}+\gamma' X_{i,t}+\varepsilon_{i,t} \quad (3-5)$$

其中，$Before_{i,t-3}$、$Before_{i,t-2}$、$Before_{i,t-1}$均为虚拟变量，如果观测值是标的公司加入融资融券标的之前的第 3 年、第 2 年和第 1 年的数据，则 $Before_{i,t-3}$、$Before_{i,t-2}$和 $Before_{i,t-1}$分别取值为 1，否则为 0；如果观测值是标的公司加入标的当年的数据，则 $Current_{i,t}$取值为 1；同理，$After_{i,t+1}$、$After_{i,t+2}$和 $After_{i,t+3}$也是虚拟变量，如果观测值是标的公司加入融资融券标的之后的第 1 年、第 2 年和第 3 年，则 $After_{i,t+1}$、$After_{i,t+2}$和 $After_{i,t+3}$分别取 1，否则为 0；其他变量定义与模型(3-1)相同。如果模型(3-1)的回归不存在逆向因果关系，那么 $Before_{i,t-3}$、$Before_{i,t-2}$和 $Before_{i,t-1}$的系数应该均不会显著为负，而 $Current_{i,t}$、$After_{i,t+1}$、$After_{i,t+2}$和 $After_{i,t+3}$的系数至少应该有一个显著为负。内生性诊断的回归结果显示，所有回归中 *Before* 的系数均不显著，而 $Current_{i,t}$和 $After_{i,t+1}$的系数均显著为负。

2. 样本选择偏误处理

中国证监会对融资融券的试点并不是随机选择的，因此，如果融资融券标的证券与非标的证券在该制度实行以前的股价同步性本身就存在差异，那么，实证检验时可能存在样本选择偏误问题。对此，我们采用倾向得分匹配法(Property Score Matching，PSM)来筛选控制组样本，以减少样本选择偏误问题。具体做法是：首先，基于企业规模(*Size*)、资产收益率(*Roa*)、杠杆率(*Leverage*)、销售收入增长率(*Grow*)、有形资产比例(*Col*)、企业年龄(*Age*)、独立董事比率(*Ind*)、两职合一(*Dual*)、企业第一大股东持股比例(*Top*1)、管理层持股比例(*Mshare*)、股票收益率(*Ret*)、董事会规模(*Board*)、年度、行业等变量，通过 Logit 模型对样本企业是否会进入融资融券试点进行倾向打分；其次，采用最邻近匹配法进行样本匹配，得到经过筛选后的控制组样本。我们利用倾向得分匹配法为实验组筛选控制组之后，重新对相关模型进行检验，在控制了企业特征与年度、行业效应之后，实证结果没有明显改变，而经过筛选之后的控制组与实验组之间除了能否卖空之外，在其他方面没有显著差异，这些都说明本章的实证结果是稳健的。

3. 工具变量检验

在使用卖空头寸(*ShortInterest*)和可贷出证券数量(*Lendable*)作为卖空的代理指标，来具体测度卖空对股价同步性效应的同时，考虑到可能由双向因果关系和遗漏变量造成的内生性问题，我们还参照 Massa et al.(2015a)的方法使用 ETF 基金持股作为卖空头寸和可贷出证券数量的工具变量，通过工具变量法准确识别卖空交易对股价同步性的影响程度。一方面，ETF 基金持股只关心基金的盈利而不关心公司治理；另一方面，ETF 基金追求利润最大化和风险最小化，通常会通过做空来消除系统性风险(Massa et al.，2015a)，因此，ETF 基金持股和卖空头寸与可贷出证券数量呈正相关关系，这些正好满足了工具变量法的要求。具体的工具变量模型如下：

$$Lendable(ShortInterest)_{i,t}=\alpha+\beta ETF_{i,t}+\gamma' X_{i,t}+\varepsilon_{i,t} \tag{3-6}$$

$$Synch=\alpha+\beta Short\hat{I}nterest(Len\hat{d}able)_{i,t}+\gamma' X_{i,t}+\varepsilon_{i,t} \tag{3-7}$$

其中，模型(3-6)为第一阶段回归，被解释变量 *ShortInterest* 和 *Lendable* 分别是各上市公司各期的卖空头寸与可贷出证券数量，分别以融券卖出量和融券余量表示，解释变量 *ETF* 是各上市公司的 ETF 基金持股量。模型(3-7)为第二阶段回归，被解释变量仍为高管超额薪酬，解释变量为根据第一阶段回归得到的 *ShortInterest* 和 *Lendable* 的预测值，控制变量的定义与模型(3-1)相同。如果假设

3-1成立，则模型(3-7)中 *ShortInterest* 和 *Lendable* 的预测值系数应当显著为负。实证结果显示，在第一阶段回归中，*ETF* 的系数在 1%的水平下显著为正，在第二阶段回归中，*ShortInterest* 和 *Lendable* 预测值的回归系数均显著为负。

4. 其他稳健性检验

对于股价同步性的衡量，本章还参考 Xu et al.（2013）、Ben-Nasr & Cosset(2014)的方法，采用如下模型进行计算：

$$r_{i,t,w}=\beta_0+\beta_1 r_{M,t,w}+\beta_2 r_{M,t,w-1}+\beta_3 r_{I,t,w}+\beta_4 r_{I,t,w-1}+\varepsilon_{i,t,w} \tag{3-8}$$

其中，$r_{i,t,w}$和 $r_{M,t,w}$与模型(3-2)的定义一致，$r_{M,t,w-1}$为 $w-1$ 周市场收益率，$r_{I,t,w}$和 $r_{I,t,w-1}$为股票 i 第 t 年第 w 和第 $w-1$ 周对应行业 I 的资产组合(不包含公司 i)经流通市值加权的平均收益率，由模型(3-8)确定每个公司—年的模型拟合优度 R^2，再按照模型(3-3)进行转换，得到股价同步性的替代变量，重新检验卖空对股价同步性的影响，实证结果保持不变。

除此之外，考虑到在股票市场动荡时期，做空势力往往被认为会刻意打压资本市场，特别是中国 2015 年 6 月的股市暴跌，也被认为罪魁祸首就是股指期货、ETF 等一系列做空金融工具①，在此情况下，监管部门对卖空施加了诸多限制②，这也是许多发达资本市场的常见做法。为了防止股市极端情况和融资融券业务规则调整对实证结果造成影响，本章在稳健性检验中也把 2015 年和 2016 年的样本剔出，重新检验假设 3-1 至假设 3-3 以及潜在的作用机制，实证结果仍然保持不变。

本章小结

本章研究了股票卖空机制对上市公司股价同步性的影响，检验

① 打击恶意做空刻不容缓[N]. 金融时报，2015-07-03.

② 如限制两融、严控两融、将融券业务由“T+0”改为“T+1”等。

了卖空机制对公司信息透明度的治理效应。在检验了卖空的“事前威慑”效应和“事后惩罚”效应的基础上，实证结果发现，卖空机制能够显著地降低上市公司的股价同步性，增强其信息透明度。同时我们发现，在机构投资者持股比例较低、盈余管理水平较高的上市公司，股票卖空交易对企业股价同步性的降低效应更加显著；进一步的研究发现，股票卖空机制是通过吸引证券分析师跟踪和投资者关注等作用渠道降低企业的股价同步性；我们还采用倾向得分匹配法筛选控制组样本，对多时点双重差分模型进行了内生性诊断，并采用工具变量方法缓解融券变量的内生性问题，以上一系列稳健性检验表明，实证的结果均保持稳健。

本章的研究结果为股票卖空机制能够发挥公司治理机制、增强企业的信息透明度提供了新的证据，也丰富和拓展了股价同步性的相关研究。此外，本章的研究结论也具有一定的政策意义，中国上市公司的信息披露制度还很不完善，股票市场上的信息不对称程度也很严重，对于证券管理部门来讲，应该适当增加融券标的股票的数量，降低融券交易的门槛和成本，扩大股票卖空的市场份额，最大限度地发挥放松卖空管制对于优化资本市场信息环境、提高资本市场信息效率的积极作用，促进资本市场的良性发展。

第四章

股票卖空机制与高管在职消费

第一节　股票卖空机制影响高管在职消费的理论分析

一、问题的提出

在职消费，有时也被称为职务消费或公务消费，学术界目前并没有统一的定义(万华林，2007)，一般认为在职消费属于“除了正常的工资或薪水之外的报酬或利得”，国外一些研究甚至直接将其定义为高管“凭借特权而要求获得的待遇”，即特权消费，一般来说，企业高管的在职消费包括豪华办公环境、公务用车或专机，以及娱乐餐饮消费等。有研究估计在职消费水平占中国企业高管整体薪酬的15%~32%(Kato & Long，2006)，是高管平均货币薪酬的8倍(Chen et al.，2010)，可以说在中国企业高管的激励体系中占据着非常重要的地位，发挥了隐性激励的作用。但是，现实中一些企业特别是国企高管经常打着在职消费的旗号，在衣食住行玩等方面享受特权，奢侈消费，频频上演“不落腰包的腐败”①，损害了国家、企业和投资人的利益。因此，研究企业高管的在职消费问题无疑具有重要的现实意义，但遗憾的是，目前鲜有文献关注资本市场机制如股票卖空机制与企业高管在职消费的关系。因此，本章拟分析和检验中国资本市场融资融券制度所施加的股票卖空压力对企业高管在职消费

① 职务消费是个“筐”，特权奢侈都能装[N]. 新华每日电讯，2014-08-22.

的影响。具体来讲，我们想要回答以下两个问题：第一，股票卖空压力能否抑制企业高管的在职消费行为？第二，如果股票卖空压力对企业高管的在职消费确实存在抑制效应，那么这种效应在不同类型企业之间是否存在差异？

本章以2007—2014年中国上市公司为样本，基于中国融资融券制度的自然实验环境，采用双重差分模型(Difference-in-Differences Model)对上述问题进行检验。结果发现，在融资融券制度实施前后的观测期内，允许卖空股票的上市公司高管的在职消费水平与不允许卖空的上市公司相比显著降低。这表明，股票卖空压力能够抑制企业高管通过在职消费攫取私有收益的行为。进一步的研究发现，在信息不对称程度和委托代理问题较严重的上市公司，在市场化程度较高的区域和产品市场竞争程度较低的行业，股票卖空压力对高管在职消费的抑制效应更加显著，本章的研究可能在以下两个方面丰富了已有的文献：

第一，从在职消费的视角为股票卖空效应的研究提供了新的补充。关于股票卖空效应的实证证据曾经长期集中于证券价格和资本市场等方面(Massa et al.，2015b)，许多研究表明股票卖空机制能够增加股票的信息含量和定价效率(Miller，1977；Desai et al.，2002；Christophe et al.，2004；Diether et al.，2009；Christophe et al.，2009；李科等，2014；李志生等，2015a)。近期的一些文献则以不同的视角研究卖空交易对公司决策行为的作用(Massa et al.，2015a；Fang et al.，2015；Grullon et al.，2015；Chang et al.，2015；Nezafat et al.，2015；Massa et al.，2013；He & Tian，2014；Massa et al.，2015b)。但除了Angelis et al.(2015)关注了股票卖空对高管股票期权授予的影响之外，还没有文献关注股票卖空机制下高管私有收益的问题，而且Angelis et al.(2015)主要研究的是高管的货币性收益(股票期权)，而本章则重点关注股票卖空影响下上市公司高管通过在职消费这种隐性激励获取私有收益的问题，从而为股票卖空机制的相关研究提供了新的补充。

第二，从股票卖空交易的视角拓展和深化了有关在职消费的理论研究。目前对于在职消费产生的原因主要有两种观点：一种是代理观点，强调当公司治理较弱时，在职消费是企业高管转移公司资源、侵占企业剩余的工具，因此在职消费是代理问题的表现，最终损害了投资人的权益（Grossman & Hart，1980；Jensen & Meckling，1976；Yermack，2006）；另一种是效率观点，强调在职消费可以为高管提供物质激励，提高了生产效率，从而能对企业产生正的收益，增加了企业的价值（Fama，1980；Marino & Zábojník，2008；Rajan & Wulf，2006）。除了上述两种观点的争论之外，还有研究从高管货币薪酬（陈冬华等，2005；Chen et al.，2010）、公司治理（Andews et al.，2011；权小锋等，2010；陈仕华等，2014）、股权结构（Luo et al.，2011；罗宏和黄文华，2008）和政治晋升（王曾等，2014）等方面分析了高管在职消费的影响因素。但目前鲜有文献关注资本市场机制对企业高管在职消费的影响，而本章则采用双重差分模型分析和检验了上市公司高管在职消费水平在股票卖空前后是否显著降低，从资本市场股票卖空机制的视角拓展和深化了有关在职消费问题的研究。

本章的研究结论也具有重要的政策含义：首先，长期以来，有关股票卖空机制对金融市场以及实体经济的影响并没有得到一致的结论，对卖空交易的支持与反对形成了两种截然不同的态度，引发了对卖空机制的广泛争议，本章以股票卖空交易所施加的价格下跌压力对企业高管在职消费的影响为主要研究对象，系统地分析和比较股票卖空机制下企业高管的在职消费行为，有助于从理论上澄清有关股票卖空机制的争议，为进一步推进和优化中国资本市场的机制设计提供理论依据。其次，无论是国有企业还是非国有企业，高管的在职消费经常伴随着特权、奢侈与浪费，但这一行为与合理的公务支出难以准确界定，导致公中有私、私中有公，比贪污受贿更加隐蔽，也更难以获得有效治理①。而本章从股票卖空交易机制的视角，探讨如何从机制设计上抑制企业高管的过度在职消费，规范企业的激励机制设计，改善公司治理机制，无疑为进一步约束和治理企业高管的行为提供了政策参考。

二、理论分析与研究假设

（一）高管在职消费的文献回顾

目前关于在职消费的理论分析有两种替代性的观点：一种观点强调当公司治理较弱时，在职消费是企业高管转移公司资源、侵占企业剩余的工具，因此在职消费是代理问题的表现，最终损害投资人的权益（Grossman & Hart，1980；Jensen & Meckling，1976；Yermack，2006），这是高管在职消费的代理观点。另一种观点则强调在职消费可以为高管提供物质刺激，提高了生产效率，因此是最优雇佣契约的一部分，从而能对企业产生正的收益，增加了企业的价值（Fama，1980；Marino & Zábojník，2008；Rajan & Wulf，2006），这就是高管在职消费的效率观点。有关中国在职消费的研究也体现了上述两种观点的分歧，但中国作为一个处于转型期的新兴市场经济体，企业高管的在职消费同时也反映了这种制度背景的特征。下面我们分别从国外和国内对在职消费的存在原因、影响因素和经济后果等相关文献进行简要分析。

1. 国外在职消费的研究现状

在发达国家经典的代理文献起源中，Jensen & Meckling（1976）、Fama（1980）认为，当管理者是企业的唯一股东时，他需要为自己支

① 取消职务消费，换汤也要换药[N]. 法制日报，2014-09-04.

付全部的在职消费。但是当管理者不再是企业唯一的股东时，他对企业产出的剩余索取权份额也将下降，这会鼓励他以在职消费的形式侵占更多的公司资源，因此高管在职消费的存在反映了企业的代理冲突问题，即高管通过在职消费获得了收益，而在职消费的支出却需要由全体股东来承担，所以，高管倾向于过度或超额使用在职消费。当然这里有一个隐含的假设，即高管的现金薪酬独立于在职消费，而且对在职消费监督的成本是比较高的。按照这一观点，在职消费是公司治理较差和高管不道德行为的结果，当在职消费增加时，企业价值就会下降（Jensen，1986；Jensen & Meckling，1976；Yermack，2006）。

但 Fama（1980）同时也强调经理的工资能够在事前或事后根据经理的在职消费调整，此时在职消费可以被看作是最优雇佣合同中的一部分，而不是代理成本。其为高管提供了物质激励，从而提高了生产效率，按照这一观点，在职消费有助于企业增加价值（Fama，1980；Marino & Zábojník，2008；Rajan & Wulf，2006）。Marino & Zábojník（2008）、Adithipyangkul（2012）构造了一个包含在职消费与现金薪酬的最优薪酬合同，一个提供了非现金薪酬的企业将为经理支付较少的现金和现金激励（Adithipyangkul，2012），非现金薪酬的生产率越高，其所占比例也就越大（Adithipyangkul，2012；Marino & Zábojník，2008），生产性在职消费改善了企业的绩效。

关于在职消费到底是代理成本还是最优合同设计，发达国家的实证研究提供了不确定的证据。Yermack（2006）分析了美国 CEO 个人使用公司专机的数据，发现了公司拥有的专机与股票市场绩效之间存在负向关系，支持了在职消费是代理成本的结论。该研究显示，当首席执行官的特权消费最初披露时，公司股价大约会降低 1%。从市场长期表现来看，那些给予首席执行官私人飞机使用权津贴的公司，其股票业绩表现普遍低于市场平均水平 4%，这明显高于管理者们对公司资源的消费成本。Yermack(2006)认为，在股东们知道股票业绩不佳之前，可以通过特权消费者已公开的事实判断股票价格的下跌，其推断出管理者在确保能够得到特权消费之前，一直推迟披露股票市场的不利消息。

Andews et al.(2011)考察了公司治理对在职消费的影响，结果发现治理水平较差的公司会赋予其高管更多的在职消费。Yermack(2014)研究了公司在职消费中的CEO休假时间表对信息发布及股票波动率的影响。Edgerton(2012)考察了上市与非上市公司的私人飞机使用情况，结果发现，由私人股权基金控股的公司拥有的私人飞机规模平均比上市公司减少40%，被杠杆收购的企业也会做同样的削减。Edgerton(2012)研究发现，公司的私人飞机消费是一个代理问题，但同时也指出这一问题即使在上市公司也并不是普遍存在的。

相反，Rajan & Wulf(2006)支持Fama(1980)在职消费是最优雇佣合同一部分的观点，他们发现，在美国，专机等在职消费形式能够方便和促进CEO的工作，强调当公司总部设在小地方时，或距离大型机场较远时，或当公司运营分布较广时，公司专机的使用更可能提高高管人员的效率；Bushee et al.(2014)和Lee et al.(2015)的结论也都赞同这种在职消费促进效率提升的观点。

2. 基于中国制度背景的研究

在职消费作为一种非货币薪酬在中国企业高管的薪酬体系中占据着很重要的地位，Kato & Long(2006)估计在职消费水平占高管整体薪酬的15%~32%，Chen et al.(2010)更进一步估计高管在职消费是高管平均薪酬的8倍，Conyon et al.(2014)则估计高管非正常在职消费是现金薪酬的7倍。对于在职消费产生的原因，学术界基于中国从计划经济向市场经济转型的制度背景有三种解释：

第一种是薪酬管制观点。陈冬华等(2005)认为国有企业存在“所有者虚位”和薪酬管制现象，政府部门下放国企经营管理权后又难以有效对其控制和监督，导致严重的内部人控制问题，在职消费内生于国有企业面临的薪酬管制约束，成为国企管理人员的替代性选择。

第二种是弹性契约观点。Chen et al.（2010）认为在政府渐进式改革思路下，国企面临多重任务和目标，这些目标和任务具有多变和不可预测的特性。假如就高管薪酬签订完全显性契约，则该契约会面临经常性违反和再调整的困境，导致高额契约成本。对于监管者来说，当显性契约很难确定时，较好的选择是在显性契约中限定货币薪酬，同时隐性地允许在职消费等其他非货币薪酬存在，如此，可更有效地激励高管服务于政府目标。

第三种是商务关系观点。Cai et al.（2011）认为转轨经济背景下，管制市场与竞争市场并存，与政府官员以及商业伙伴形成良好"关系"对商业成功至关重要，高管通过高端奢华宴请、旅行买单和礼物赠予等形式建立和维持与相关利益方关系，以此获得短期和长期收益，在此过程中一部分在职消费以表面"正当"名义转入高管私有收益。

可以看到，学术界基于中国特殊的制度背景对在职消费所做的解释更接近于效率观点，即国有企业的在职消费为高管提供了某种激励，帮助其与政府部门、商业伙伴建立和维持关系，促进了工作上的便利，有助于企业经营绩效的提升。Chen et al.（2010）提供的证据显示，在职消费被用来激励高管，并且能够提高企业绩效，提升企业价值；Adithipyangkul et al.（2011）也发现，在职消费与企业未来的资产回报正相关；黄玖立和李坤望（2013）则发现企业的招待费支出越多，企业获得的政府订单和国有企业订单也越多。但是，这并不代表我们可以排除在职消费的代理观点，相反，许多研究都认为，中国企业高管在职消费的背后实际上隐藏着很严重的代理问题。

Gul et al.（2011）强调国外文献中在职消费能够促进效率提升的条件在中国并不具备，首先，Marino & Zábojník（2008）认为在职消费诱导管理人员努力工作的条件是好的公司治理机制，他们的模型假设在没有得到企业同意的情况下，经理人员没有要求在职消费的权威，也就是说，只有在企业选择提供在职消费时，高管们才能获得这种福利。而中国企业的公司治理机制与投资者保护制度显然都不能满足这一条件（Gul et al.，2011；Conyon et al.，2014）。其次，Rajan & Wulf(2006)提到公司为高管配备专机能够促进效率的提升(Bushee et al.(2014)、Lee et al.(2015)也持有同样的观点)，但专机以及其他类似的在职消费在中国的企业中很少使用。因此，Gul et al.(2011)认为代理观点更适用于对中国企业在职消费的解释。

Conyon et al.(2014)认为相比美国等发达国家，中国上市公司对在职消费的信息披露是非常有限和不透明的，作为结果，高管经常能够对股东和公众隐瞒其在职消费的真实情况。例如，作为中国上市公司在职消费重要组成部分的商务旅游支出、业务招待费、公司专车开支和会议费等都不是强制披露项目(Gul et al.，2011)。Chen et al.(2010)也发现只有不到50%的企业会选择自愿披露这些项目，而且经常是一次性披露在职消费项目全部的金额，缺乏明细的开支，这就使股东不可能区分哪些是企业经营必要的费用，哪些是高管超额获取的私有收益。而在职消费信息的不透明，使高管可以轻易地侵占公司的资源为自己牟取私有收益(Edgerton，2012；Grinstein et al.，2015)。

Cai et al.(2011)则推断中国企业高管手中拥有大量可以自由处置的“润滑金”(Grease Money)来为自己的利益服务。中国不完善的财务报告和审计制度则加剧了这一问题，虽然所有的营业费用需要凭发票报销，但中国会计实务操作的不严格，使高管通过伪造和虚开发票就能报销几乎所有种类的娱乐和旅行开支(Cai et al.，2011)。

利用中国上市公司的数据，Luo et al.(2011)证明了公司股份中的银行产权与在职消费之间的正向联系，这一发现与高管在职消费的代理观点一致，作为代理者，高管可以通过向银行支付更高的财务费用与银行股东勾结，从而继续享受在职消费，而银行股东通过容忍高管较高的在职消费获得更高的利息支付，但却损害了其他股东的权益，并最终损害企业的经营效率。同样，利用中国的数据，Gul et al.(2011)发现较高的在职消费伴随着较低的股价信息含量，并认为其原因在于：一方面，较高的在职消费向投资者反映了企业存在较多的代理成本或较差的公司治理，对投资者的预期和企业的股票价格造成消极的影响；另一方面，较高的在职消费伴随着较差的财务报告质量(透明度)，这会阻碍企业层面的公开信息反映在股价当中，也会使投资者放弃收集企业的私人信息并进行交易的努力，两方面的原因都降低了股价的信息含量。同时，Gul et al.(2011)认为高质量的审计能够更好地监督、抑制在职消费。

罗宏和黄文华(2008)发现相对非国有最终控制的公司而言，国有最终控制公司高管人员的在职消费程度与公司业绩负相关，而支付现金股利可以显著降低高管人员的在职消费程度。这表明国企分红在抑制在职消费的同时，减少了代理成本。王曾等(2014)研究发现，政治晋升可能性高的CEO，其在职消费行为存在收敛现象。进一步探究影响机制发现政治晋升对在职消费的影响路径有两个：国企高管的“政治晋升”一方面直接抑制在职消费，另一方面它激励国企高管创造更高的“公司绩效”，相应地会提升在职消费。综合来看，政治晋升对在职消费的抑制作用大于提升效应。权小锋等(2010)发现国有企业高管的权力越大，其通过在职消费获取的私有收益越高。陈仕华等(2014)发现国有企业纪委参与公司治理(与纪委未参与公司治理的情况相比)对高管的非货币性私有收益(在职消费)有显著的抑制作用。刘飞等(2020)基于中国融资融券制度的自然实验分析显示，股票卖空机制能够显著减少上市公司高管的在职消费。

关于在职消费的经济后果，除了研究在职消费对企业绩效的影响之外，Gul et al.(2011)研究认为，较高的在职消费导致较低质量的财务报告，相应地也导致较低的股价信息含量；Xu et al.(2014)则首次研究了在职消费与企业股票崩盘风险之间的关系，使有关在职消费的经济后果研究不只限于会计和股票回报，结果发现，在职消费能够显著增加企业的崩盘风险。

（二）研究假设

有关中国在职消费的研究也体现了国外“代理观点”和“效率观点”的理论分歧(Grossman & Hart，1980；Jensen & Meckling，1976；Yermack，2006；Fama，1980；Marino & Zábojník，2008；Rajan & Wulf，2006)，但中国作为一个处于转型期的新兴市场经济体，企业高管的在职消费同时也反映了这种制度背景的特征。对于在职消费产生的原因，陈冬华等(2005)强调国有企业存在“所有者虚位”和薪酬管制现象，政府部门下放国企经营管理权后又难以有效对其控制和监督，导致严重的内部人控制问题，在职消费内生于国有企业面临的薪酬管制约束，成为国企管理人员的替代性选择；Cai et al.(2011)则认为转轨经济背景下，管制市场与竞争市场并存，与政府官员以及商业伙伴形成良好“关系”对商业成功至关重要，高管通过高端奢华宴请、旅行买单和礼物赠予等形式建立和维持与相关利益方的关系，以此获得短期和长期收益，在此过程中一部分在职消费以表面“正当”的名义转为高管的私有收益。

可以看到，作为公司正常经营的需要以及契约不完备性的产物，中国企业高管的在职消费行为本身具有一定的合理性。但我们认为中国的企业高管会倾向于追求过度或超额的在职消费，其原因在于：①中国企业的公司治理水平较差，投资者保护制度极不完善(Gul et al.,2011)，使公司高管侵占和损害股东权益的行为得不到应有的制约；②中国上市公司的信息披露制度并不严格，特别是监管部门并没有强制要求公司披露高管的在职消费情况(Chen et al.，2010)，因此，高管可以轻易地将为自身利益服务的在职消费与正常的公务消费混在一起，而投资者却无法辨别公司高管的在职消费是否真正用于公司的发展和股东的利益。所以，中国企业高管的在职消费水平可能经常超过其正常水平，最终的结果是企业高管以在职消费的名义为个人攫取私有收益。

企业高管人员可以通过在职消费获得私有收益，如优越的办公环境、舒适的公务旅行和奢侈的商务宴请，以及其他各种类型的在职消费项目等，而这些消费的支出将由全体股东来承担，因此必将损害股东及公司的利益；但同时通过在职消费攫取私有收益也可能需要承担潜在的成本，如一旦滥用在职消费的行为被揭露，考虑到公众对在职消费的“不良看法”，企业高管可能遭遇名誉上的损失；投资者甩卖公司股票致使股票价格下跌，股东可能“用手投票”对高管的行为予以惩罚，甚至公司可能会面临被收购的风险，这样又会使高管遭遇金钱上和职业上的风险。正因为如此，企业的高管在考虑是否利用超额或过度在职消费为自己牟取私人利益，以及决定超额在职消费水平高低的时候，实际上面临着潜在收益和潜在成本的权衡，而卖空交易者的出现则会影响这种权衡关系。

一方面，卖空交易能够提高股票价格的信息含量，有助于负面信息迅速及时地反映到价格当中，增强了股票的定价效率(Desai et al .，2002；Christophe et al.，2004；Diether et al.，2009；Christophe et al.，2009)，卖空者作为信息交易者，会更有动机去挖掘和传播公司的负面私有信息，能够主动收集有关高管在职消费的信息，判断高管的在职消费项目是否正当，并据此进行交易，攻击存在超额在职消费的企业，而对于其他中小投资者，卖空的信号传导机制会加剧“用脚投票”行为，从而增加企业高管超额在职消费行为的成本和被发现的概率，减小进行超额在职消费的激励。

另一方面，卖空交易加大了股票价格潜在的下跌压力，这会引导投资者“用手投票”并促使股东采取措施加强内部管理（Massa et al.，2015b），而对高管的在职消费加强审查与监督，甚至解雇以各种名义滥用在职消费的高管，都是可以选择的主要举措。此外，股票价格的下跌压力也增大了企业被收购的风险，企业高管出于自身职业安全的考虑，也可能对过度的在职消费行为有所收敛。

基于以上两方面的考虑，卖空交易者的出现减小了企业高管在职消费潜在的收益，但是却增大了潜在的成本或损失。卖空交易对高管在职消费的效应如图 4-1 所示，其中，横坐标代表企业高管的在职消费水平，纵坐标代表企业高管的边际收益与边际成本水平，MB_0 和 MC_0 分别表示企业股票不允许卖空的情况下，高管在职消费的边际收益与边际成本。从图 4-1 中可以看到，随着在职消费水平的提升，高管的边际收益下降，而边际成本上升。MB_0 与 MC_0 的交点 E_0 代表均衡的在职消费水平。当股票允许卖空时，卖空压力造成企业高管的边际收益曲线向左下移动至 MB_1，而边际成本向左上移动至 MC_1，两条线新的交点 E_1 代表股票卖空情况下均衡的在职消费水平，显然 E_1 小于 E_0，表明股票卖空压力抑制了高管的在职消费水平。基于以上分析，我们可以得到以下假设：

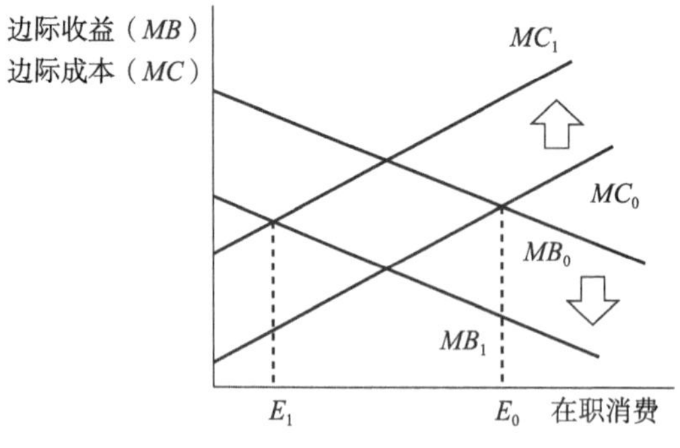

图 4-1　卖空交易对高管在职消费的效应

假设4-1：在其他条件相同的情况下，与不能卖空股票的上市公司相比，允许卖空股票的上市公司，其高管的在职消费水平将显著降低。

前文的分析表明，股票卖空交易提高了高管超额在职消费的潜在成本、降低了超额在职消费的潜在收益，进而抑制了高管的在职消费行为。这里，我们进一步分析股票卖空压力是通过什么渠道影响高管在职消费的。

首先，与高管利用在职消费获取企业剩余和私人收益相伴的是严重的信息不对称问题(Gul et al.，2011)，能够直接获取企业私人信息的经理往往为了个人私利去隐瞒自己的超额在职消费项目，或者将自己的在职消费与正常的公务消费相混淆，特别是在中国资本市场的背景下，不完全的信息披露制度也加剧了这一问题，普通投资者可能难以识别由于高管隐瞒超额在职消费而被高估的股票。

而卖空交易的出现则代表了一种潜在的能缓解信息不对称问题的外部市场机制(Massa et al.，2015b)，许多研究证明，卖空交易具有价格发现功能，卖空者能够识别被高估的股票。Dechow et al. (2001)发现卖空者会将那些股价高于基本价值的企业作为攻击目标，在企业盈余重述前几个月就构筑空头头寸，而在股票价格由于重述导致下降之后减少空头头寸；Pownall & Simko(2005)发现当企业存在负的异常回报时，空头头寸就会异常增加，这一现象在企业有较少的分析师追踪的时候更加明显，这显示卖空者通过他们的交易发挥了补充信息的作用；Drake et al. (2011)发现卖空者能够从财务报告、新闻发布等公开渠道挖掘大量信息以建立卖空头寸；Engelberg et al. (2012)结合卖空数据和新闻发布数据的研究，发现相当比例卖空者的交易优势来源于他们对公开信息能做出更有效的分析；Boehmer et al. (2012)发现，卖空者在分析师下调评级和向下修正盈余预测前的星期交易量大增，表明卖空者能够预测分析师的行为，同时也证明卖空者比分析师更了解企业的基本面信息。

因此，相对于其他市场参与者，卖空交易者能够通过对信息的搜寻与分析，更快地识别由于高管隐瞒超额在职消费而被高估的股票。同时，卖空者的交易行为也向市场其他参与者传递了信号，引导其他投资者卖空或抛售被高估的股票，对上市公司施加更大的卖空压力。卖空者所施加的价格下跌压力相应减少股价高估，从而也减少了高管超额在职消费带来的好处，增加了这类行为的成本(增加了诉讼及名誉损失的可能性)。意识到这些，企业高管就会减少利用在职消费获取私人收益的行为，结果积极的卖空交易能够发挥抑制高管超额在职消费的作用。

正是由于卖空交易有助于企业负面信息及时反映到股票价格当中，所以股票卖空压力可以通过缓解信息不对称程度这一渠道减少高管的在职消费。而且对于卖空者来说，其从卖空交易中获取的潜在利润会随着企业与外部投资者信息不对称程度的加剧而增加，这是因为当上市公司信息不对称程度较高时，股票价格更可能偏离其内在价值而被高估，卖空交易者通过其自身信息收集活动得到的获利空间也就越大。因此，卖空交易者倾向于对有较严重信息不对称问题的企业进行做空。基于以上分析，我们可以得到以下假设：

假设 4-2：在其他条件相同的情况下，股票卖空压力对高管在职消费的抑制效应在信息不对称问题严重的上市公司更加显著。

其次，当公司治理机制较弱时，在职消费是高管侵占企业剩余的一种工具(Jensen & Meckling，1976)，因此也是企业委托代理问题较严重的结果。而卖空交易能够发挥外部公司治理机制的作用(Massa et al.，2013)，按照 Massa et al.(2013)的理论分析，在传统的公司治理机制下，股东可以通过“用脚投票”(抛售股票退出)或“用手投票”(对高管监督和干预)两种机制减少高管的不端行为的发生。显然，监督或干预高管的不端行为需要花费股东相当的精力和资源，而股票价格的下跌则又会使那些“用脚投票”的股东遭遇相当大的损失。因此在一定程度上，资本市场为股东提供了两种相互替代的公司治理机制，股东可以根据各自收益与成本的权衡决定采取什么样的治理方式。

我们假设企业存在长期和短期两类投资者作为股东，在市场没有卖空交易者的情况下，如果企业高管利用在职消费获取私人收益的话，市场实际上会经过较长的时间才能揭示这一行为，并导致企业股票价格的下跌。由于短期投资者可以通过“用脚投票”的机制在股票价格下跌之前退出，所以企业高管牟取私人收益的行为损害的是长期投资者的利益，因此长期投资者会去主动监督和约束企业的高管，而短期投资者则没有动力去监督高管的行为。

但卖空交易者的出现则使企业高管牟取私人收益的不端行为更早地被市场发现，这一信息也能更快地反映在股票价格中，其结果是短期投资者在退出企业之前股票价格就有可能已经下跌，这就提高了短期投资者“用脚投票”的成本，从而迫使短期投资者也会加强对企业高管的监督和约束，减少其损害股东利益的机会主义行为，这样卖空交易促进了公司治理机制的完善，抑制了高管利用在职消费获取私人收益的行为。Massa et al.（2013）的实证结果表明，即使卖空交易没有真正发生，对潜在卖空的预期也能够促使企业强化内部管理，监督和约束企业高管的不端行为。实际上，股东将这种潜在的可能卖空视为一种“事前威胁”，它激励投资者对高管行为加强监管，显然，企业的委托代理问题越严重，卖空威胁产生的激励效应也就越大，其对高管自利行为的抑制效应也就越强。因此，股票卖空压力还可以通过缓解企业的委托代理问题这一渠道减少高管的在职消费。基于以上分析，我们可以得到以下假设：

假设 4-3：在其他条件相同的情况下，股票卖空压力对高管在职消费的抑制效应在委托代理问题严重的上市公司更加显著。

作为一项资本市场的制度设计，中国的股票卖空机制能否对上市公司高管的在职消费发挥抑制作用，也与中国独特的制度背景和新兴的市场环境密切相关。在此，结合相关文献和中国的具体背景，我们进一步分析可能的影响因素所起的作用，本章主要选取区域市场化进程和产品市场竞争程度两个因素。

首先，不同区域的市场化进程也可能会影响股票卖空机制对高管在职消费的抑制作用。第一，市场化进程的深入，意味着经济资源将更多地由市场来分配（陈冬华和梁上坤，2010），企业通过职务宴请、公务旅行和礼物馈赠构筑政企关系网络的需求也会下降。第二，市场化程度较高的区域，市场中介组织和法律制度环境也较为完善（陈冬华和梁上坤，2010），因而对高管日常经营活动的披露和监督力度较大，高管的机会主义动机得到约束和控制，也能够降低高管的道德风险行为带来的损失。第三，随着市场化程度的提高，市场的信号作用有助于股东识别高管在经营过程中的努力程度，货币薪酬等显性契约的制定成本大幅度降低，其对隐性薪酬契约的替代关系逐渐增强（陈冬华和梁上坤，2010）。相反，在市场化程度较低的区域，政企关系网络复杂，需要企业以大量的公务性消费支出建立和维持与政府的关系。市场环境对企业高管道德风险行为的约束较差，可能助长高管的机会主义动机，攫取更多的私人收益；而同时现金薪酬对在职消费的替代作用也较弱，企业高管也会要求更多的在职消费弥补现金薪酬的不足。因此，市场化程度越高，对在职消费的外部治理机制就越有效，一定程度上也会抵消或替代卖空的治理效应（Massa et al.，2013；Massa et al.，2015b）。

另外，市场化程度越高，金融市场越发达，信息获取成本越低，信息不对称程度越低，企业信息透明度越高，越有利于投资者挖掘上市公司未被曝光的负面信息，金融市场的反馈作用就越强，卖空对高管行为的约束作用也就越强。基于以上分析，市场化进程怎样影响股票卖空机制对高管在职消费的抑制作用是不确定的。因此，我们提出如下两个对立的假设：

假设 4-4a：在其他条件相同的情况下，在市场化程度较低的地区，股票卖空压力对高管在职消费的抑制效应相对更强。

假设 4-4b：在其他条件相同的情况下，在市场化程度较低的地区，股票卖空压力对高管在职消费的抑制效应相对更弱。

其次，不同行业的产品市场竞争程度也可能影响股票卖空压力对高管在职消费的抑制作用，一方面，与市场化进程类似，产品市场竞争能够发挥公司治理的作用（Grossman & Hart，1982；Holmstrom，1982），在公司治理机制以外，产品市场的竞争压力同样可能在约束和激励管理层方面产生积极的作用（Alchian，1950）。第一，企业之间的相互竞争越激烈，管理层面临的经营失败和失去职位的风险也就越大，还有可能遭受经理人市场的声誉损失，从而被迫减少道德风险行为，也会相应地减少不必要的在职消费项目，提高工作效率；第二，竞争还以标杆的方式传递有关管理层经营绩效的信息（姜付秀等，2009），降低了委托代理双方之间的信息不对称。因此，产品市场竞争能够迫使管理层将股东价值最大化作为行事原则，减少超额在职消费等损害股东权益的行为发生，从而降低代理成本，这同样在一定程度上会抵消或替代卖空的治理效应。

另一方面，在产品市场竞争程度较高的行业，企业会面临更大的竞争压力和更高的经营风险（Irvine & Pontif，2009），也意味着企业将不得不把更多的资源与精力用于获取市场份额、维持优势地位等方面，因此，相对于产品市场竞争压力较小的企业，与供应商、大客户维持良好的关系就显得更为重要和更加迫切。为了建立和维持与相关利益方的关系，其在高端宴请、旅行买单和礼物馈赠等方面的开支相应地也会更高，而这些支出往往就以各种在职消费的形式计入公司的管理费用，在此过程中一部分在职消费就可能以表面"正当"名义转为高管的私有收益，因此，产品市场的竞争有可能导致其对在职消费的治理机制失效，在这种情况下，卖空压力就能够发挥更大的作用。因此，产品市场竞争怎样影响股票卖空机制对高管在职消费的抑制作用也是不确定的，我们提出如下两个对立的假设：

假设 4-5a：在其他条件相同的情况下，在产品市场竞争较弱的行业，股票卖空压力对高管在职消费的抑制效应相对更强。

假设 4-5b：在其他条件相同的情况下，在产品市场竞争较弱的行业，股票卖空压力对高管在职消费的抑制效应相对更弱。

第二节 股票卖空机制影响高管在职消费的实证研究

一、实证研究设计

（一）模型设定与变量定义

实证检验中常见的卖空变量包括卖空头寸（*ShortInterest*）和可贷出证券数量（*Lendable*），但如果直接检验股票卖空数量对上市公司高管在职消费水平的影响可能会有潜在的内生性问题。首先，股票卖空与高管在职消费之间可能存在双向因果关系，即股票卖空可能会影响高管的在职消费水平，而高管的在职消费也可能影响被卖空股票的数量。其次，上市公司高管的在职消费和股票卖空数量也会受到共同因素的影响，如企业的绩效水平可能会同时影响股票被卖空的数量和高管的在职消费水平。为了控制可能的内生性问题，我们考虑采用自然实验框架下的双重差分模型（Difference-in-Differences Model）对相关假设进行检验，以得到更稳健的实证结果。

中国证券市场的融资融券试点制度，为我们的实证检验提供了一个良好的“自然实验”环境，融资融券试点制度开始于2010年3月，在此之前，所有上市公司的股票都不允许卖空，融资融券制度开始实行以后，进入融资融券试点的上市公司股票允许卖空，而没有进入试点的上市公司，其股票仍然不允许卖空。与发达的资本市场不同，融资融券试点只允许部分股票作为标的证券，其他大部分股票并不能卖空，这为我们的研究提供了天然的实验组和控制组。我们通过检验进入融资融券试点的上市公司与没有进入融资融券试点的上市公司在该制度实施前后在职消费水平是否存在显著差异，来验证股票卖空压力能否减少企业高管的在职消费。

但是融资融券试点制度采取分阶段扩容的方式，标的证券由2010年3月试点制度开始启动时的90只，逐渐扩大至2014年9月的900只。由于很多上市公司进入融资融券试点的时间并不一致，如果我们直接以2014年9月的全部试点标的证券作为实验组，其余股票作为控制组，那么实证结果不可避免会存在偏差。因此我们的样本区间设定为2007—2014年，将2010—2011年视为一个总的事件观测期，检验所有在此期间进入融资融券试点的上市公司在这之前的观测时段(2007—2009年)与之后的观测时段(2012—2014年)的在职消费水平是否存在显著差异。具体的计量模型如下：

$$Perk_{i,t}=\alpha+\beta_1 Short_{i,t}+\beta_2 Pilot_{i,t}+\beta_3 Short_{i,t}\times Pilot_{i,t}+\beta'_4 X_{i,t}+\varepsilon_{i,t} \tag{4-1}$$

其中，*Short*是表示卖空前后时段的事件虚拟变量，事件观测期以后的2012—2014年取1，事件观测期以前的2007—2009年取0。*Pilot*是表示样本属性的组别虚拟变量，如果上市公司在事件期(2010—2011年)内进入了融资融券试点，并且从来没有被剔出试点名单，则将其归为“实验组”，*Pilot*取1，在事件期及之后(2010—2014年)始终没有进入融资融券试点的上市公司则作为“控制组”，

Pilot 取 0。交乘项 *Short*×*Pilot* 是反映卖空事件期企业 *i* 是否进入融资融券试点的变量，β_3 就是双重差分系数，对于 β_3 有如下解释：

$$\beta_3=[E(Y|Short=1, Pilot=1)-E(Y|Short=0, Pilot=1)]-[E(Y|Short=1, Pilot=0)-E(Y|Short=0, Pilot=0)] \quad (4-2)$$

如果假设4-1成立，则该系数应当显著小于0，表示相对于不允许卖空的上市公司，进入融资融券试点的上市公司，其高管在职消费水平显著降低。

在模型(4-1)中，*Perk* 表示企业 *i* 在观测期 *t* 的在职消费水平，由于中国上市公司在职消费信息资源披露的规定以及数据可获得性的限制，高管的在职消费往往很难科学地衡量(陈冬华等，2005；王曾等，2014)，学术界试图寻找一些替代变量来进行分析。因为在职消费一般都计入管理费用，并且年报披露规则规定，该项目中大额的明细项目应予披露，因此有可能从年报获得在职消费的有关数据(Chen et al.，2010)。根据已有文献(陈冬华等，2005；Luo et al.，2011；Gui et al.，2011)，我们把中国企业在职消费水平的度量指标分为绝对在职消费与超额在职消费，其中，绝对在职消费的度量按照陈冬华等(2005)和 Chen et al.(2010)的做法，在职消费的具体内容包括：办公费、差旅费、业务招待费、通信费、出国培训费、董事会费、小车费和会议费共八项，这些项目容易成为高管人员获取好处的捷径，高管人员可以轻易通过这些项目报销私人支出，从而将其转嫁为公司费用，这几乎是通过公开信息度量在职消费的最好方法。我们通过查阅上市公司年报附注中“支付的其他与经营活动有关的现金流量”项目手工收集相关项目的数据，公司各年度的在职消费水平由上述各明细项目加总得到，在实证检验过程中，我们定义 *Perk*1 为在职消费与公司总资产的比值。

对于超额在职消费，我们按照 Gul et al.(2011)、Xu et al.(2014)和 Luo et al.(2011)的做法将其定义为高管实际在职消费与由经济因素决定的高管预期正常在职消费之间的差额。预期正常的高管在职消费水平借鉴 Gul et al.（2011）、Xu et al.（2014）的模型进行估计：

$$\frac{Perk_{i,t}}{Sales_{i,t-1}}=\alpha+\beta_1 \mathrm{Ln}TotalComp_{i,t}+\beta_2 \mathrm{Ln}Asset_{i,t}+\beta_3 \mathrm{Ln}TotalIncPerCap_{i,t}+\varepsilon_{i,t} \tag{4-3}$$

其中，*Perk* 为高管在职消费；$Sales_{i,t-1}$为企业的上期主营业务收入；Ln*TotalComp* 为企业全体雇员薪酬的自然对数；Ln*Asset* 为企业总资产的自然对数；Ln*TotalIncPerCap* 为企业注册所在省份人均收入的自然对数。我们先对样本分年度、分行业进行回归，通过模型回归得到的因变量预测值即表示预期正常的在职消费，实际在职消费与预期正常在职消费之间的差额，即为超额在职消费，我们记为 *Perk*2。

为了检验假设 4-2 和假设 4-3，我们在模型(4-1)的基础上增加反映上市公司信息不对称程度和代理问题的变量，构建三重差分模型(Difference-in-Difference-in-Differences Model)进行估计，所设定的模型如下：

$$\begin{aligned}Perk_{i,t}=&\alpha+\beta_1 Short_{i,t}+\beta_2 Pilot_{i,t}+\beta_3 Short_{i,t}\times Pilot_{i,t}+\beta_4 Information_{i,t}+\beta_5 Agency_{i,t}+\\&\beta_6 Short_{i,t}\times Pilot_{i,t}\times Information_{i,t}+\beta_7 Short_{i,t}\times Pilot_{i,t}\times Agency_{i,t}+\beta'_8 X_{i,t}+\varepsilon_{i,t}\end{aligned} \tag{4-4}$$

其中，*Information* 是反映上市公司信息不对称程度的变量，当上市公司存在较严重信息不对称问题时，*Information* 取值为 1，否则为 0。在实证检验过程中，我们采用上市公司的分析师平均预测误差和预测分歧等指标作为 *Information* 的代理变量，对于分析师平均预测误差，我们按照 Flannery et al.（2004）和李春涛等(2013）的方法，构造分析师平均预测误差指标，先对上市公司第 t 年的分析师每股收益预测的绝对误差(每股收益的预测值与实际每股收益之差的绝对值）求平均，然后除以年初股票价格 $P_{i,t,0}$，得到如下的平均预测误差：

$$Error_{i,t} = \overline{Error_{i,t}}/P_{i,t,0} = (\frac{1}{N_{i,t}}\sum_{j=1}^{N_{i,t}} |FEPS_{i,t,j} - EPS_{i,t}|)/P_{i,t,0}$$

其中，$\overline{Error_{i,t}}$ 是预测绝对误差的平均值，$FEPS_{i,t,j}$ 是公司 i 第 t 年获得的第 j 次每股收益预测值，$EPS_{i,t}$ 是该公司第 t 年公布的每股收益。对于分析师预测分歧，我们按照李春涛等(2013) 的方法，首先计算出上市公司每股收益预测值的标准差 SD，然后用年初股票价格进行正规化得到分析师预测分歧，计算公式为：

$$Dispersion_{i,t} = \frac{SD_{i,t}}{P_{i,t,0}} = \frac{1}{P_{i,t,0}}\sqrt{\frac{1}{(N_{i,t}-1)}\sum_{j=1}^{N_{i,t}}(FEPS_{i,t,j} - \overline{FEPS_{i,t}})^2}$$

其中，*Dispersion* 表示分析师预测分歧，SD 表示上市公司每股收益预测值的标准差，$P_{i,t,0}$ 表示年初的股票价格，$FEPS_{i,t,j}$ 表示公司 i 第 t 年获得的第 j 次每股收益预测值，该公司在第 t 年共得到 $N_{i,t}$ 次盈利预测，这 $N_{i,t}$ 次每股收益盈利预测的平均值是$\overline{FEPS_{i,t}}$。

Agency 是反映上市公司所有权与经营权代理问题的变量，当上市公司存在较严重的代理问题时，*Agency* 取值为 1，否则为 0。在实证检验过程中，我们选择上市公司的实际控制人性质和股权集中度作为 *Agency* 的代理变量，股权集中度按照第一大股东持股比例与第二至第十大股东持股比例之和的比值计算，即当上市公司的实际控制人为国有时，*Agency* 取值为 1，否则为 0。当股权集中度小于 1 时，*Agency* 取值为 1，否则为 0。

为了检验假设 4-4 和假设 4-5，我们同样在模型(4-1)的基础上增加反映地区市场化进程和产品市场竞争程度等影响因素的变量，仍然通过构建三重差分模型(Difference-in-Difference-in-Differences Model)进行估计，所设定的模型如下：

$$Perk_{i,t} = \alpha + \beta_1 Short_{i,t} + \beta_2 Pilot_{i,t} + \beta_3 Short_{i,t} \times Pilot_{i,t} + + \beta_4 Index_{i,t} + \beta_5 HHI_{i,t} +$$

$$\beta_6 Short_{i,t} \times Pilot_{i,t} \times Index_{i,t} + \beta_7 Short_{i,t} \times Pilot_{i,t} \times HHI_{i,t} + \beta'_8 X_{i,t} + \varepsilon_{i,t} \quad (4-5)$$

其中，*Index* 是表示上市公司所在区域市场化进程的变量，在实证检验过程中，我们主要参照樊纲等(2011) 编制的中国各地区市场化指数体系来定义，如果上市公司所在地区市场化指数的取值小于样本的中位数，*Index* 取值为1，否则为0。*HHI* 是表示上市公司所在行业产品市场竞争程度的变量，在实证检验过程中，我们用行业的赫芬达尔指数来衡量产品市场竞争程度。赫芬达尔指数的计算公式为：$HHI=\sum(x_i/X)^2$，其中 x_i 为企业 i 的年度销售额，$X=\sum x_i$ 表示行业内所有企业的年度销售额总和，赫芬达尔指数反映了行业的市场集中程度，数值越小，表示行业的竞争性越强，垄断性越弱，数值越大，则表示行业的垄断性越强，竞争性越弱。如果上市公司所在行业的产品市场竞争程度的取值大于同年度样本的中位数，*HHI* 取值为1，否则为0。

本章所设模型中的 *X* 是由多个控制变量构成的向量，根据现有的研究(陈冬华等，2005；权小锋等，2010；Luo et al.，2011；Gul et al.，2011)，主要包括企业规模、资产收益率、杠杆率、销售收入增长率、有形资产比率、企业年龄、独立董事比率、两职合一、企业第一大股东持股比例、管理层持股比例、股票收益率、董事会规模等，具体的变量符号和定义见表 4-1。在实证检验过程中，我们也控制了年度效应和行业效应。

表 4-1　变量定义

变量名称	变量符号	定义
在职消费	*Perk*1	绝对在职消费
	*Perk*2	超额在职消费
事件虚拟变量	*Short*	2012—2014 年取 1，2007—2009 年取 0
组别虚拟变量	*Pilot*	实验组为 1，控制组为 0

续表

变量名称	变量符号	定义
企业规模	*Size*	总资产的自然对数
杠杆率	*Lever*	企业总负债/总资产
有形资产比率	*Col*	有形资产总额/总资产
资产收益率	*Roa*	净利润/总资产
企业年龄	*Age*	(公司成立时间+1)的自然对数
第一大股东持股比例	*Top*1	第一大股东持股数量/企业股份总数
管理层持股比例	*Mshare*	管理层持股数量/企业股份总数
股票收益率	*Ret*	(本期收盘价-上期收盘价)/上期收盘价
独立董事比率	*Ind*	董事会中独立董事所占比率
两职合一	*Dual*	总经理、董事长由一人兼任为1，否则为0
董事会规模	*Board*	董事会人数的自然对数
企业成长	*Grow*	企业销售收入增长率

（二）数据来源与描述性统计

本章选择中国沪深两市的A股上市公司年度财务数据作为研究样本，样本区间为2007年至2014年，公司财务数据来自国泰安CSMAR数据库，融资融券标的证券的信息来自沪深交易所网站，我们按照以下标准对数据进行了筛选：①删除了商业银行、保险公司等金融类上市公司；②删除了ST、*ST公司；③删除了资不抵债的公司；④删除了在统计逻辑上明显错误的样本，如企业总产值为负、从业人数为负等；⑤删除了相关年份在职消费、资产、主营业务收入等关键变量缺失的样本。共获得4934个样本观测值。为了防止数据的异常值或输入错误对实证结果的干扰，对主要连续变量两端的异常值按照1%的水平进行了winsorize处理[①]。

表4-2给出了主要变量的描述性统计结果，其中绝对在职消费

① 即对所有处于0~1%分位数的连续变量极端值，令其等于1%的分位数，对所有处于99%~100%分位数的连续变量极端值，令其等于99%的分位数。

*Perk*1 的均值和中位数分别为 0.0051 和 0.0038，说明中国上市公司高管的在职消费水平平均占公司总资产的 0.51%，最小值为 0.0002，而最大值则接近 0.03，即占公司总资产的 3%。超额在职消费 *Perk*2 的均值为 0.0003，中位数为负，说明有部分上市公司的实际在职消费水平小于预期正常水平，但 *Perk*2 的最大值达到 0.1237，远高于均值水平，说明部分上市公司超额或过度使用在职消费的现象比较严重。

表 4-2 主要变量的描述性统计

变量	N	Mean	SD	Min	Median	Max
*Perk*1	4934	0.0051	0.0049	0.0002	0.0038	0.0295
*Perk*2	4448	0.0003	0.0170	-0.0288	-0.0037	0.1237
Size	4934	21.7180	1.2798	19.0718	21.4853	26.1693
Lever	4934	0.4168	0.2205	0.0142	0.4018	0.9842
Col	4934	0.9413	0.0633	0.6599	0.9587	1
Roa	4934	0.0366	0.0456	-0.1606	0.0332	0.1581
Age	4934	2.6653	0.4230	0	2.7081	7.6084
*Top*1	4934	35.7906	14.9643	3.622	33.8993	89.4086
Mshare	4799	0.1587	0.2262	0	0.0022	0.8918
Ret	4665	0.2709	0.5639	-0.8453	0.1651	10.8524
Ind	4930	0.3733	0.0548	0.1818	0.3333	0.6667
Dual	4934	0.2661	0.4420	0	0	1
Board	4930	2.1475	0.2032	1.3863	2.1972	2.9444
Grow	4722	0.1795	0.6485	-0.8131	0.0784	5.7700

表 4-3 列出了实验组和控制组样本在卖空前后在职消费水平差异的 t 检验结果，在卖空之后，实验组的在职消费水平 *Perk*1 和 *Perk*2 分别下降了 0.0075 和 0.0249，而且均在 1%的水平下显著，控制组的在职消费水平 *Perk*1 上升了 0.0002，且不显著，而 *Perk*2 则上升了 0.0086，且在 1%的水平下显著。但是 t 检验只反映了卖空前后被解释变量时间趋势以及其他各种事件的平均影响，不足以做出准

确判断，下文我们将在控制了企业特征、年度效应和行业效应之后，采用双重差分模型对相关问题进行更严格的检验。

表 4-3 单变量 t 检验

	Pilot=0			*Pilot*=1		
	Short=0	*Short*=1	*Differences*	*Short*=0	*Short*=1	*Differences*
*Perk*1	0.0049	0.0051	0.0002 (0.4402)	0.0120	0.0045	−0.0075*** (−6.4119)
*Perk*2	−0.0090	−0.0003	0.0086*** (3.2410)	0.0304	0.0056	−0.0249*** (−4.3471)

注：***表示在 1%的水平下显著。

表 4-4 是主要变量的 *pearson* 相关系数矩阵，由表 4-4 可以看到，绝对在职消费水平 *Perk*1 和超额在职消费水平 *Perk*2 存在正相关关系，说明在职消费的绝对数额越高，其超额水平也可能越大。另外，大部分控制变量之间的相关系数都小于 0.3，这表明它们之间不存在严重的多重共线性问题。

表 4-4 主要变量的 *pearson* 相关系数矩阵

变量	*Perk*1	*Perk*2	*Size*	*Lever*	*Col*	*Roa*	*Age*	*Top*1	*Mshare*	*Ret*	*Ind*	*Dual*	*Board*
*Perk*2	0.56												
Size	−0.27	0.01											
Lever	−0.16	−0.03	0.53										
Col	−0.02	−0.07	0.03	0.10									
Roa	0.10	−0.01	−0.04	−0.38	−0.01								
Age	−0.02	0.04	0.15	0.29	0.01	−0.07							
*Top*1	−0.16	−0.13	0.24	0.05	0.07	0.08	−0.07						
Mshare	0.10	0.03	−0.34	−0.41	−0.03	0.20	−0.37	−0.08					
Ret	0.12	0.10	−0.02	0.01	−0.02	0.09	0.03	−0.03	0.04				
Ind	0.02	0.05	−0.03	−0.05	0.01	0.01	−0.07	0.04	0.11	0.01			
Dual	0.08	0.01	−0.22	−0.18	0.02	0.06	−0.14	−0.05	0.28	0.02	0.11		
Board	−0.04	0.02	0.34	0.20	−0.01	−0.02	0.10	0.02	−0.22	−0.03	−0.50	−0.17	
Grow	0.06	0.36	0.02	0.05	−0.07	0.17	0.03	0.00	0.01	0.19	0.01	0.01	−0.02

二、实证结果分析

（一）股票卖空机制与高管在职消费

表4-5列出了股票卖空机制与高管在职消费相关关系的检验结果，其中，第(1)至第(3)列为股票卖空机制对绝对在职消费 *Perk*1 的回归结果，第(4)至第(6)列为股票卖空机制对超额在职消费 *Perk*2 的回归结果。在第(1)列和第(4)列中，我们没有加入任何控制变量，也没有控制年度效应和行业效应，交乘项 *Short*×*Pilot* 的系数分别为-0.0076和-0.0336，并且均在1%的水平上显著。在第(2)列和第(5)列中，我们只加入公司特征的控制变量，而没有控制年度效应与行业效应，交乘项 *Short*×*Pilot* 的系数也均在1%的水平下显著为负。当我们同时控制了年度效应与行业效应之后，*Short*×*Pilot* 的系数仍然在1%的水平下显著为负。以上结果表明，在融资融券制度实施以后，相对于不能够卖空股票的上市公司，允许卖空股票的上市公司高管的在职消费水平显著降低，股票卖空压力能够显著抑制高管通过在职消费攫取私有收益的行为，这一结果与假设4-1的预期一致。

表4-5　股票卖空机制与高管在职消费

变量	(1) *Perk*1	(2) *Perk*1	(3) *Perk*1	(4) *Perk*2	(5) *Perk*2	(6) *Perk*2
Short	0.0002 (0.4174)	0.0012** (2.3157)	0.0011 (1.1151)	0.0087*** (2.9740)	0.0091*** (3.2479)	0.0112* (1.7754)
Pilot	0.0070*** (7.4568)	0.0087*** (8.7372)	0.0079*** (8.0612)	0.0395*** (8.5764)	0.0365*** (7.6926)	0.0359*** (7.4420)
Short×*Pilot*	-0.0076*** (-7.8570)	-0.0058*** (-5.7909)	-0.0050*** (-5.0681)	-0.0336*** (-7.1622)	-0.0281*** (-5.9185)	-0.0268*** (-5.5397)
Size		-0.0015*** (-17.7673)	-0.0014*** (-16.2878)		-0.0002 (-0.7455)	-0.0003 (-0.9596)
Lever		0.0005 (1.0627)	0.0004 (0.8760)		-0.0095*** (-6.2832)	-0.0108*** (-6.9737)

续表

变量	(1) Perk1	(2) Perk1	(3) Perk1	(4) Perk2	(5) Perk2	(6) Perk2
Col		-0.0009 (-0.8617)	-0.0005 (-0.4777)		-0.0061 (-1.6403)	-0.0077** (-2.0233)
Roa		0.0067*** (3.9794)	0.0038** (2.2506)		-0.0496*** (-8.2461)	-0.0535*** (-8.7395)
Age		0.0001 (0.6949)	0.0002 (1.2315)		0.0019*** (2.9710)	0.0018*** (2.7969)
Ret		0.0007*** (4.9276)	0.0008*** (5.5062)		0.0025*** (4.8549)	0.0033*** (5.6595)
Top1		-0.0000*** (-5.9478)	-0.0000*** (-5.9071)		-0.0001*** (-7.7872)	-0.0001*** (-7.8193)
Mshare		-0.0000 (-0.0306)	0.0003 (0.7270)		0.0014 (1.1046)	0.0018 (1.4019)
Ind		0.0035** (2.4020)	0.0037*** (2.6265)		0.0165*** (3.2935)	0.0163*** (3.2242)
Dual		0.0003* (1.8666)	0.0004** (2.2840)		0.0001 (0.1382)	0.0002 (0.4250)
Board		0.0017*** (4.1555)	0.0014*** (3.3325)		0.0040*** (2.7934)	0.0039*** (2.6585)
Grow		0.0002* (1.9236)	0.0002* (1.7408)		0.0114*** (26.9763)	0.0116*** (27.3036)
Constant	0.0049*** (9.8190)	0.0312*** (13.7020)	0.0295*** (11.5652)	-0.0091*** (-3.1092)	-0.0114 (-1.3875)	-0.0069 (-0.6581)
Year	No	No	Yes	No	No	Yes
Industry	No	No	Yes	No	No	Yes
Observations	4934	4515	4515	4448	4258	4258
Adjusted R^2	0.015	0.134	0.176	0.028	0.198	0.202

注：***、**、*分别表示1%、5%、10%的显著性水平；括号中的数字为双尾检验的t值，其中标准误差经过公司聚类(cluster)调整。

（二）股票卖空、信息不对称与在职消费

表4-6和表4-7列出了在信息不对称程度不同的上市公司，股票卖空压力对高管在职消费的不同影响。表4-6我们以上市公司的

分析师平均预测误差大小作为信息不对称的代理变量，在第(1)列 *Perk*1 的整体样本回归中，交乘项 *Short*×*Pilot*×*Information*1 的系数在 5%的水平下显著为负，在第(4)列 *Perk*2 的整体样本回归中，交乘项 *Short*×*Pilot*×*Information*1 的系数在 10%的水平下显著为负，表明在分析师预测误差较大的上市公司，股票卖空压力对高管在职消费的抑制效应更强，这与假设 4-2 的预期一致。子样本的回归结果同样也支持假设 4-2，在第(2)列和第(5)列预测误差较大的子样本中，交乘项 *Short*×*Pilot* 的系数均在 1%的水平下显著为负，而在第(3)列和第(6)列预测误差较小的子样本中，交乘项 *Short*×*Pilot* 的系数虽然也为负，但系数的绝对值都远远小于分析师跟踪人数较少的子样本，而且在第(3)列中不显著，在第(6)列中显著性水平只有 10%，这同样表明股票卖空压力在预测误差较大的上市公司对高管在职消费的效应更强，而且也说明交乘项 *Short*×*Pilot* 的系数在两个子样本中的差异不仅具有经济意义上的显著性，还具有统计意义上的显著性。

表 4-6　股票卖空、信息不对称与在职消费(1)

变量	(1) *Perk*1 整体样本	(2) *Perk*1 预测误差大	(3) *Perk*1 预测误差小	(4) *Perk*2 整体样本	(5) *Perk*2 预测误差大	(6) *Perk*2 预测误差小
Short	-0. 0014 (-0. 7877)	0. 0002 (0. 0998)	-0. 0006 (-0. 1835)	0. 0150* (1. 7603)	0. 0659*** (4. 7023)	-0. 0003 (-0. 0284)
Pilot	0. 0045** (2. 0929)	0. 0092*** (7. 1172)	0. 0042* (1. 8352)	0. 0231*** (3. 2821)	0. 0557*** (9. 0605)	0. 0260*** (3. 2366)
Short×*Pilot*	-0. 0009 (-0. 4092)	-0. 0075*** (-5. 7434)	-0. 0006 (-0. 2746)	-0. 0111 (-1. 5598)	-0. 0505*** (-8. 2267)	-0. 0148* (-1. 8396)
*Information*1	-0. 0016 (-1. 0235)			-0. 0074 (-1. 1550)		
Short× *Information*1	0. 0017 (1. 0909)			0. 0069 (1. 0859)		
Pilot× *Information*1	0. 0041 (1. 6254)			0. 0206** (2. 0945)		
Short× *Pilot*×*Information*1	-0. 0059** (-2. 2971)			-0. 0274* (-2. 7540)		

续表

变量	(1) *Perk*1 整体样本	(2) *Perk*1 预测误差大	(3) *Perk*1 预测误差小	(4) *Perk*2 整体样本	(5) *Perk*2 预测误差大	(6) *Perk*2 预测误差小
Size	-0.0012*** (-10.2342)	-0.0011*** (-6.9683)	-0.0015*** (-7.7997)	0.0009** (2.2493)	0.0006 (1.2473)	0.0013** (2.0221)
Lever	0.0004 (0.7382)	-0.0007 (-0.9085)	0.0021** (2.1971)	-0.0120*** (-6.1693)	-0.0106*** (-4.6767)	-0.0161*** (-4.8651)
Col	-0.0002 (-0.1251)	-0.0010 (-0.6096)	0.0007 (0.3556)	-0.0042 (-0.9985)	-0.0073 (-1.4545)	-0.0032 (-0.4731)
Roa	0.0059*** (2.6555)	0.0035 (1.2604)	0.0103*** (2.7443)	-0.0555*** (-7.6255)	-0.0402*** (-4.8454)	-0.0810*** (-6.1868)
Age	0.0000 (0.1729)	-0.0002 (-0.8965)	0.0003 (0.8717)	0.0016** (2.2568)	0.0003 (0.3762)	0.0027** (2.4798)
Ret	0.0008*** (4.6750)	0.0009*** (4.0170)	0.0005* (1.8407)	0.0037*** (5.8657)	0.0027*** (3.5353)	0.0047*** (4.5926)
*Top*1	-0.0000*** (-4.6074)	-0.0000*** (-4.5538)	-0.0000 (-1.3810)	-0.0001*** (-6.1128)	-0.0001*** (-4.9460)	-0.0001*** (-3.1497)
Mshare	0.0005 (1.2351)	0.0002 (0.3285)	0.0007 (1.1495)	0.0042*** (3.0097)	0.0033* (1.9103)	0.0054** (2.4051)
Ind	0.0026 (1.5390)	-0.0007 (-0.3050)	0.0081*** (2.9977)	0.0165*** (2.9893)	0.0084 (1.3026)	0.0296*** (3.1119)
Dual	0.0002 (0.8046)	0.0000 (0.1349)	0.0002 (0.6768)	-0.0003 (-0.5416)	-0.0011 (-1.4273)	0.0002 (0.1967)
Board	0.0009* (1.8743)	0.0002 (0.2724)	0.0021*** (2.6637)	0.0022 (1.3829)	0.0003 (0.1510)	0.0048* (1.7700)
Grow	0.0002 (1.0852)	0.0002 (1.0793)	0.0002 (0.7130)	0.0099*** (19.0820)	0.0106*** (20.0134)	0.0078*** (6.4502)
Constant	0.0295*** (8.3178)	0.0304*** (7.0086)	0.0267*** (4.7288)	-0.0361*** (-2.7602)	-0.0666*** (-3.5971)	-0.0453** (-2.2949)
Year	Yes	Yes	Yes	Yes	Yes	Yes
Industry	Yes	Yes	Yes	Yes	Yes	Yes
Observations	3161①	1797	1364	3001	1653	1348
Adjusted R^2	0.181	0.179	0.204	0.201	0.265	0.199

注：***、**、*分别表示1%、5%、10%的显著性水平；括号中的数字为双尾检验的t值，其中标准误差经过公司聚类(cluster)调整。

① 由于部分上市公司没有分析师预测数据，因此，表4-6和表4-7的回归结果会损失部分的样本值。

在表 4-7 中我们以分析师盈余预测分歧的大小作为信息不对称的代理变量，在第(1)列和第(4)列整体样本的回归中，交乘项 *Short×Pilot×Information2* 的系数均在 1%的水平下显著为负，都与假设 4-2 的预期一致。子样本的回归中，在第(2)列和第(5)列分析师预测分歧较大的子样本中，交乘项 *Short×Pilot* 的系数均在 1%的水平下显著为负，在第(3)列和第(6)列预测分歧较小的子样本中，交乘项 *Short×Pilot* 的系数均不显著，而且系数的绝对值都远小于预测分歧较大的子样本，说明两个子样本中交乘项 *Short×Pilot* 的系数差异在经济意义和统计意义上都是显著的，实证结果也与假设 4-2 的预期一致。

表 4-7　股票卖空、信息不对称与在职消费(2)

变量	(1) *Perk*1 整体样本	(2) *Perk*1 预测分歧大	(3) *Perk*1 预测分歧小	(4) *Perk*2 整体样本	(5) *Perk*2 预测分歧大	(6) *Perk*2 预测分歧小
Short	0.0009 (0.4717)	0.0011 (0.7277)	0.0002 (0.0501)	0.0201** (2.3701)	0.0831*** (5.3447)	-0.0005 (-0.0524)
Pilot	0.0001 (0.0404)	0.0106*** (8.5540)	0.0013 (0.4959)	0.0010 (0.1392)	0.0698*** (10.4540)	0.0101 (1.3254)
Short×Pilot	0.0024 (1.0662)	-0.0082*** (-6.6193)	0.0016 (0.6128)	0.0079 (1.0726)	-0.0625*** (-9.3705)	-0.0006 (-0.0783)
Information2	-0.0002 (-0.1075)			-0.0095 (-1.5008)		
Short× *Information2*	-0.0003 (-0.1655)			0.0086 (1.3515)		
Pilot× *Information2*	0.0103*** (4.0236)			0.0596*** (6.0051)		
Short× *Pilot×Information2*	-0.0102*** (-3.9124)			-0.0608*** (-6.0507)		
Size	-0.0012*** (-10.4594)	-0.0010*** (-7.5260)	-0.0016*** (-7.2937)	0.0008* (1.9482)	0.0009* (1.8603)	0.0006 (0.8604)
Lever	0.0004 (0.6377)	-0.0006 (-0.9209)	0.0023** (2.0933)	-0.0125*** (-6.4751)	-0.0130*** (-5.5104)	-0.0133*** (-3.9845)

续表

变量	(1) Perk1 整体样本	(2) Perk1 预测分歧大	(3) Perk1 预测分歧小	(4) Perk2 整体样本	(5) Perk2 预测分歧大	(6) Perk2 预测分歧小
Col	-0.0004 (-0.2905)	0.0014 (0.8525)	-0.0032 (-1.4793)	-0.0053 (-1.2772)	-0.0007 (-0.1361)	-0.0132** (-2.0277)
Roa	0.0049** (2.1724)	0.0034 (1.3056)	0.0061 (1.3629)	-0.0587*** (-7.9667)	-0.0424*** (-4.7746)	-0.1009*** (-7.5268)
Age	0.0000 (0.1976)	0.0001 (0.2502)	0.0001 (0.2100)	0.0015** (2.2071)	0.0009 (0.9937)	0.0025** (2.2237)
Ret	0.0008*** (4.3584)	0.0009*** (4.4087)	0.0005 (1.4850)	0.0036*** (5.7140)	0.0037*** (4.6569)	0.0041*** (3.8891)
Top1	-0.0000*** (-4.5167)	-0.0000*** (-4.9272)	-0.0000 (-0.9824)	-0.0001*** (-5.9059)	-0.0001*** (-4.4573)	-0.0001*** (-3.2816)
Mshare	0.0004 (0.9923)	0.0009* (1.7690)	-0.0003 (-0.4451)	0.0039*** (2.7669)	0.0042** (2.3474)	0.0028 (1.2454)
Ind	0.0026 (1.5556)	0.0011 (0.5771)	0.0064** (2.0561)	0.0159*** (2.8948)	0.0141** (2.0828)	0.0196** (2.0957)
Dual	0.0002 (0.8427)	0.0003 (1.0856)	0.0000 (0.0800)	-0.0003 (-0.5156)	-0.0003 (-0.4005)	-0.0003 (-0.2567)
Board	0.0009* (1.7821)	0.0008 (1.3302)	0.0013 (1.4485)	0.0020 (1.2048)	0.0028 (1.4136)	0.0001 (0.0221)
Grow	0.0002 (1.2237)	0.0002 (1.4563)	0.0000 (0.0636)	0.0101*** (19.4384)	0.0105*** (18.5862)	0.0084*** (6.3542)
Constant	0.0284*** (8.0276)	0.0232*** (5.9395)	0.0371*** (5.6835)	-0.0357*** (-2.7462)	-0.1059*** (-5.3590)	-0.0036 (-0.1834)
Year	Yes	Yes	Yes	Yes	Yes	Yes
Industry	Yes	Yes	Yes	Yes	Yes	Yes
Observations	3161	2008	1153	3001	1860	1141
Adjusted R^2	0.185	0.199	0.157	0.207	0.247	0.173

注：***、**、*分别表示1%、5%、10%的显著性水平；括号中的数字为双尾检验的t值，其中标准误差经过公司聚类(cluster)调整。

(三)股票卖空、委托代理与在职消费

表4-8和表4-9列出了在委托代理问题不同的上市公司，股票卖空压力对高管在职消费的不同影响。表4-8中我们以上市公司的

实际控制人性质作为委托代理的变量，在第(1)列总样本的回归中，交乘项 *Short*×*Pilot*×*Agency*1 的系数在 5%的水平下显著为负，在第(4)列总样本的回归中，交乘项 *Short*×*Pilot*×*Agency*1 的系数为-0.0060，但不显著，表明在委托代理问题较严重的国有上市公司，股票卖空压力对高管在职消费的抑制效应更强，这与假设 4-3 的预期一致。子样本的回归结果同样也支持假设 4-3，在第(2)列与第(5)列国有上市公司的子样本中，交乘项 *Short*×*Pilot* 的系数均在 1%的水平下显著为负，而在第(3)列和第(6)列非国有上市公司的子样本中，交乘项 *Short*×*Pilot* 的系数为负但都不显著，这同样表明股票卖空压力在委托代理问题较严重的上市公司对高管在职消费的效应更强，而且也说明交乘项 *Short*×*Pilot* 的系数在两个子样本中的差异是显著的。

表 4-8　股票卖空、委托代理与在职消费(1)

变量	(1) *Perk*1 总样本	(2) *Perk*1 国有	(3) *Perk*1 非国有	(4) *Perk*2 总样本	(5) *Perk*2 国有	(6) *Perk*2 非国有
Short	0.0013 (1.0636)	0.0015 (1.1870)	-0.0003 (-0.1834)	0.0268*** (3.3494)	0.0042 (0.7324)	0.0091 (1.5822)
Pilot	0.0020 (1.1635)	0.0079*** (6.3891)	0.0022 (1.2253)	0.0236*** (2.8468)	0.0213*** (3.9165)	0.0237*** (2.7978)
Short×*Pilot*	-0.0013 (-0.7030)	-0.0047*** (-3.8157)	-0.0009 (-0.5209)	-0.0153* (-1.8171)	-0.0141*** (-2.6093)	-0.0139 (-1.6271)
*Agency*1	0.0003 (0.2964)			0.0162*** (2.8270)		
Short×*Agency*1	-0.0007 (-0.6289)			-0.0191*** (-3.3288)		
Pilot×*Agency*1	0.0079*** (3.7695)			0.0069 (0.6920)		
Short× *Pilot*×*Agency*1	-0.0049** (-2.2757)			-0.0060 (-0.5914)		
Size	-0.0014*** (-16.1231)	-0.0010*** (-7.8166)	-0.0016*** (-14.2237)	0.0000 (0.0762)	0.0010** (2.2564)	-0.0007 (-1.5628)

续表

变量	(1) *Perk*1 总样本	(2) *Perk*1 国有	(3) *Perk*1 非国有	(4) *Perk*2 总样本	(5) *Perk*2 国有	(6) *Perk*2 非国有
Lever	0.0004 (1.0061)	-0.0006 (-0.7569)	0.0009* (1.7594)	-0.0103*** (-6.9740)	-0.0101*** (-4.2543)	-0.0113*** (-5.9233)
Col	-0.0002 (-0.2305)	0.0010 (0.6050)	-0.0022 (-1.6060)	-0.0086** (-2.3729)	0.0067 (1.2072)	-0.0213*** (-4.4475)
Roa	0.0039** (2.3102)	0.0029 (1.0274)	0.0041** (1.9635)	-0.0512*** (-8.7411)	-0.0310*** (-3.4371)	-0.0611*** (-8.0107)
Age	0.0003* (1.8084)	0.0001 (0.2844)	0.0004 (1.6374)	0.0021*** (3.2890)	0.0011 (0.9932)	0.0023*** (2.9993)
Ret	0.0008*** (5.5342)	0.0013*** (4.9795)	0.0005*** (2.7398)	0.0031*** (5.6057)	0.0040*** (4.1721)	0.0023*** (3.3790)
*Top*1	-0.0000*** (-5.8498)	-0.0000*** (-3.3898)	-0.0000*** (-3.8427)	-0.0001*** (-7.0557)	-0.0001*** (-4.9384)	-0.0001*** (-4.2842)
Mshare	0.0001 (0.2718)	0.0037* (1.8392)	-0.0000 (-0.0962)	-0.0001 (-0.0405)	0.0098 (1.5465)	-0.0007 (-0.4746)
Ind	0.0033** (2.3369)	0.0029 (1.3513)	0.0026 (1.3499)	0.0169*** (3.4950)	0.0079 (1.1600)	0.0179*** (2.6273)
Dual	0.0004** (2.2045)	0.0004 (1.0978)	0.0003* (1.8403)	-0.0000 (-0.0405)	-0.0004 (-0.3046)	-0.0001 (-0.0978)
Board	0.0012*** (3.0122)	0.0016*** (2.6861)	0.0012** (2.0652)	0.0044*** (3.1148)	0.0073*** (3.8074)	0.0024 (1.1720)
Grow	0.0002* (1.8582)	0.0004* (1.7367)	0.0001 (0.7614)	0.0110*** (26.9358)	0.0078*** (9.9124)	0.0117*** (24.5672)
Constant	0.0293*** (11.0526)	0.0194*** (5.0114)	0.0386*** (10.5430)	-0.0319*** (-2.7935)	-0.0487*** (-3.7592)	0.0127 (1.0043)
Year	Yes	Yes	Yes	Yes	Yes	Yes
Industry	Yes	Yes	Yes	Yes	Yes	Yes
Observations	4515	1676	2839	4258	1585	2673
Adjusted R^2	0.184	0.228	0.175	0.230	0.236	0.259

注：***、**、*分别表示1%、5%、10%的显著性水平；括号中的数字为双尾检验的t值，其中标准误差经过公司聚类(cluster)调整。

在表4-9中，我们以股权集中度的高低作为委托代理问题的变量，在第(1)列和第(4)列总样本的回归中，交乘项*Short×Pilot×A-*

gency2 的系数均在 1%的水平下显著为负，表明在股权集中度较低的上市公司，股票卖空压力对高管在职消费的抑制效应更强，这与假设 4-3 的预期一致。子样本的回归结果同样也支持假设 4-3，在第(2)列和第(5)列股权集中度较低的上市公司子样本中，交乘项 *Short*×*Pilot*的系数均在 1%的水平下显著为负，而在第(3)列股权集中度较高的上市公司子样本中，交乘项 *Short*×*Pilot* 的系数为负但不显著，在第(6)列股权集中度较高的上市公司子样本中，交乘项 *Short*×*Pilot* 的系数则在 5%的水平下显著为正，这都表明股票卖空压力在委托代理问题较严重的上市公司对高管在职消费的效应更强，而且也说明交乘项 *Short*×*Pilot* 的系数在两个子样本中的差异是显著的。

表 4-9 股票卖空、委托代理与在职消费(2)

变量	(1) *Perk*1 总样本	(2) *Perk*1 股权集中度低	(3) *Perk*1 股权集中度高	(4) *Perk*2 总样本	(5) *Perk*2 股权集中度低	(6) *Perk*2 股权集中度高
Short	0.0005 (0.5005)	0.0009 (0.4329)	0.0004 (0.3515)	0.0010 (0.1436)	0.0146 (1.1530)	-0.0001 (-0.0170)
Pilot	0.0023* (1.8853)	0.0140*** (7.2642)	0.0024** (2.1687)	-0.0071 (-1.0679)	0.0587*** (6.5504)	-0.0061 (-1.0621)
Short×*Pilot*	0.0002 (0.1985)	-0.0091*** (-4.6910)	-0.0003 (-0.2247)	0.0140** (2.1109)	-0.0421*** (-4.6997)	0.0125** (2.1562)
*Agency*2	-0.0002 (-0.1973)			-0.0104* (-1.7725)		
Short×*Agency*2	0.0003 (0.2517)			0.0107* (1.8232)		
Pilot×*Agency*2	0.0145*** (7.3607)			0.0835*** (8.6683)		
Short× *Pilot*×*Agency*2	-0.0128*** (-6.3001)			-0.0737*** (-7.5357)		
Size	-0.0014*** (-16.6790)	-0.0019*** (-10.4785)	-0.0012*** (-13.2737)	-0.0004 (-1.4041)	-0.0005 (-0.7620)	-0.0005* (-1.6889)
Lever	0.0003 (0.8139)	0.0008 (0.8903)	0.0002 (0.3602)	-0.0109*** (-7.0706)	-0.0188*** (-5.6185)	-0.0068*** (-4.2149)

续表

变量	(1) Perk1 总样本	(2) Perk1 股权集中度低	(3) Perk1 股权集中度高	(4) Perk2 总样本	(5) Perk2 股权集中度低	(6) Perk2 股权集中度高
Col	-0.0005 (-0.5089)	0.0011 (0.5524)	-0.0017 (-1.3686)	-0.0079** (-2.0996)	0.0033 (0.4773)	-0.0127*** (-2.9566)
Roa	0.0032* (1.9425)	-0.0010 (-0.2829)	0.0042** (2.2884)	-0.0555*** (-9.1719)	-0.1105*** (-8.6199)	-0.0300*** (-4.6761)
Age	0.0002 (1.1921)	-0.0001 (-0.1604)	0.0003* (1.6915)	0.0016** (2.5292)	0.0025* (1.7918)	0.0013* (1.8611)
Ret	0.0007*** (4.7773)	0.0006** (2.3289)	0.0006*** (3.1904)	0.0032*** (5.4938)	0.0050*** (4.6650)	0.0010 (1.5670)
*Top*1	-0.0000*** (-3.4329)	-0.0001*** (-2.6795)	-0.0000*** (-3.0126)	-0.0001*** (-4.5388)	-0.0001 (-1.2309)	-0.0001*** (-4.8329)
Mshare	0.0002 (0.5113)	0.0007 (1.0075)	-0.0002 (-0.4375)	0.0014 (1.1105)	0.0019 (0.7433)	0.0005 (0.3827)
Ind	0.0039*** (2.7597)	0.0072** (2.3264)	0.0024 (1.5941)	0.0173*** (3.4733)	0.0173 (1.5506)	0.0171*** (3.3308)
Dual	0.0004** (2.2483)	0.0002 (0.7808)	0.0005*** (3.0662)	0.0002 (0.3197)	-0.0004 (-0.3517)	0.0007 (1.0973)
Board	0.0013*** (3.2432)	0.0036*** (3.9939)	0.0005 (1.2051)	0.0040*** (2.7601)	0.0077** (2.4216)	0.0024 (1.5751)
Grow	0.0002** (2.1980)	0.0006*** (3.1443)	0.0001 (0.5342)	0.0117*** (27.7769)	0.0139*** (18.1465)	0.0104*** (21.4155)
Constant	0.0308*** (12.0400)	0.0346*** (6.3205)	0.0298*** (10.8307)	0.0053 (0.4943)	-0.0251 (-1.1177)	0.0164 (1.4966)
Year	Yes	Yes	Yes	Yes	Yes	Yes
Industry	Yes	Yes	Yes	Yes	Yes	Yes
Observations	4515	1433	3082	4258	1353	2905
Adjusted R^2	0.190	0.269	0.152	0.224	0.333	0.179

注：***、**、*分别表示1%、5%、10%的显著性水平；括号中的数字为双尾检验的t值，其中标准误差经过公司聚类(cluster)调整。

（四）股票卖空、市场化程度与在职消费

表4-10列出了处于市场化程度不同区域的上市公司，股票卖空

压力对高管在职消费的不同影响，在第(1)列和第(4)列总样本的回归中，交乘项 *Short×Pilot×Index* 的系数均在1%的水平下显著为正，表明在市场化程度较高的区域，股票卖空压力对高管在职消费的抑制效应更强，实证结果支持了假设4-4b的预期。在第(3)列和第(6)列市场化程度高的子样本中，交乘项 *Short×Pilot* 的系数均在1%的水平下显著为负，而在第(2)列和第(5)列市场化程度低的子样本中，交乘项 *Short×Pilot* 的系数均为负且不显著，这与假设4-4b的预期一致，表明股票卖空压力在市场化程度较高的区域对上市公司高管在职消费的抑制效应更强，而且也说明交乘项 *Short×Pilot* 的系数在两个子样本中的差异是显著的。

表4-10 股票卖空、市场化程度与在职消费

变量	(1) *Perk*1 总样本	(2) *Perk*1 市场化程度低	(3) *Perk*1 市场化程度高	(4) *Perk*2 总样本	(5) *Perk*2 市场化程度低	(6) *Perk*2 市场化程度高
Short	0.0005 (0.5138)	0.0045*** (2.7168)	-0.0012 (-0.9871)	0.0141* (1.9531)	0.0230** (2.1227)	-0.0034 (-0.3412)
Pilot	0.0114*** (8.9755)	0.0037** (2.4278)	0.0115*** (8.8449)	0.0556*** (8.6442)	0.0121 (1.0974)	0.0590*** (9.6760)
Short×Pilot	-0.0084*** (-6.5498)	-0.0006 (-0.4203)	-0.0085*** (-6.4637)	-0.0467*** (-7.2316)	-0.0007 (-0.0592)	-0.0506*** (-8.2657)
Index	-0.0012 (-1.0546)			0.0109* (1.6590)		
Short×Index	0.0006 (0.5500)			-0.0099 (-1.5019)		
Pilot×Index	-0.0071*** (-3.5396)			-0.0449*** (-4.3935)		
Short×Pilot×Index	0.0069*** (3.3371)			0.0457*** (4.3965)		
Size	-0.0014*** (-16.3630)	-0.0014*** (-7.7640)	-0.0014*** (-14.5335)	-0.0003 (-0.8177)	-0.0005 (-0.5142)	-0.0002 (-0.5650)
Lever	0.0003 (0.8092)	-0.0001 (-0.1058)	0.0002 (0.3686)	-0.0108*** (-6.9664)	-0.0126*** (-2.7754)	-0.0105*** (-6.5010)

续表

变量	(1) *Perk*1 总样本	(2) *Perk*1 市场化程度低	(3) *Perk*1 市场化程度高	(4) *Perk*2 总样本	(5) *Perk*2 市场化程度低	(6) *Perk*2 市场化程度高
Col	-0.0005 (-0.4985)	-0.0025 (-1.1176)	-0.0004 (-0.3146)	-0.0077** (-2.0404)	-0.0193* (-1.7165)	-0.0067* (-1.6912)
Roa	0.0031* (1.8352)	0.0041 (1.1683)	0.0023 (1.1763)	-0.0522*** (-8.4854)	-0.0638*** (-3.5142)	-0.0519*** (-8.1210)
Age	0.0002 (1.1685)	-0.0005 (-1.5125)	0.0004* (1.9128)	0.0017*** (2.6413)	-0.0001 (-0.0446)	0.0023*** (3.3505)
Ret	0.0008*** (5.1947)	0.0016*** (4.3457)	0.0006*** (3.7580)	0.0033*** (5.6262)	0.0110*** (5.2619)	0.0022*** (3.7667)
*Top*1	-0.0000*** (-5.9623)	-0.0000*** (-2.7499)	-0.0000*** (-5.0314)	-0.0001*** (-7.7133)	-0.0002*** (-3.8554)	-0.0001*** (-6.0665)
Mshare	0.0001 (0.3352)	-0.0003 (-0.2157)	0.0002 (0.4888)	0.0020 (1.5122)	0.0048 (0.7644)	0.0021 (1.6358)
Ind	0.0038*** (2.6786)	0.0041 (1.3247)	0.0036** (2.2320)	0.0161*** (3.1988)	0.0067 (0.4348)	0.0179*** (3.4280)
Dual	0.0003** (2.1854)	-0.0004 (-0.8730)	0.0004** (2.4321)	0.0003 (0.5853)	-0.0044** (-1.9827)	0.0007 (1.2098)
Board	0.0013*** (3.2797)	0.0020** (2.2717)	0.0013*** (2.8333)	0.0038*** (2.6322)	-0.0020 (-0.4665)	0.0056*** (3.7333)
Grow	0.0002* (1.7479)	0.0002 (1.1948)	0.0002 (1.3687)	0.0116*** (27.3652)	0.0121*** (11.9851)	0.0116*** (24.7221)
Constant	0.0305*** (11.8514)	0.0285*** (5.2567)	0.0322*** (11.0269)	-0.0109 (-0.9725)	0.0203 (0.7121)	-0.0029 (-0.2228)
Year	Yes	Yes	Yes	Yes	Yes	Yes
Industry	Yes	Yes	Yes	Yes	Yes	Yes
Observations	4515	792①	3723	4258	723	3535
Adjusted R^2	0.182	0.273	0.176	0.206	0.253	0.207

注：***、**、*分别表示1%、5%、10%的显著性水平；括号中的数字为双尾检验的t值，其中标准误差经过公司聚类(cluster)调整。

① 本章按照各地区市场化指数的中位数划分市场化程度高低，实际上，当我们以小于市场化指数的75分位数来定义市场化程度较低的样本时，实证结果并没有改变，交乘项 *Short*× *Pilot* 的系数无论是绝对值大小还是显著性，市场化程度较高的子样本均显著高于市场化程度较低的子样本。

（五）股票卖空、产品市场竞争程度与在职消费

表4-11列出了行业产品市场竞争程度不同的上市公司，股票卖空压力对高管在职消费的不同影响，在第(1)列 *Perk*1 的总样本回归中，交乘项 *Short*×*Pilot*×*HHI* 的系数为-0.0033，显著性水平接近10%(t值为-1.6161)。在第(4)列 *Perk*2 的总样本回归中，交乘项 *Short*×*Pilot*×*HHI* 的系数在1%的水平下显著为负，表明在产品市场竞争程度较低的行业，股票卖空压力对高管在职消费的抑制效应更强，实证结果基本与假设4-5a的预期一致。在第(2)列和第(5)列产品市场竞争程度较低的子样本中，交乘项 *Short*×*Pilot* 的系数均在1%的水平下显著为负，在第(3)列和第(6)列产品市场竞争程度较高的子样本中，交乘项 *Short*×*Pilot* 的系数均为负但不显著，这仍然与假设4-5a的预期一致，表明股票卖空压力在产品市场竞争程度较低的行业对上市公司高管在职消费的抑制效应更强。

表4-11 股票卖空、产品市场竞争与在职消费

变量	(1) *Perk*1 总样本	(2) *Perk*1 产品市场 竞争程度低	(3) *Perk*1 产品市场 竞争程度高	(4) *Perk*2 总样本	(5) *Perk*2 产品市场 竞争程度低	(6) *Perk*2 产品市场 竞争程度高
Short	0.0009 (0.8976)	0.0006 (0.2749)	0.0024** (2.1681)	0.0081 (1.2746)	0.0062 (0.7550)	0.0081 (1.1007)
Pilot	0.0057*** (3.8105)	0.0097*** (5.4908)	0.0039*** (2.8058)	0.0127* (1.9352)	0.0559*** (5.3272)	0.0134** (2.0144)
Short×*Pilot*	-0.0033** (-2.1433)	-0.0058*** (-3.2426)	-0.0021 (-1.4705)	-0.0030 (-0.4558)	-0.0475*** (-4.5237)	-0.0036 (-0.5316)
HHI	-0.0008 (-0.7462)			-0.0060 (-0.8201)		
Short×*HHI*	0.0013 (1.1056)			0.0046 (0.6351)		
Pilot×*HHI*	0.0042** (2.0634)			0.0454*** (4.3804)		
Short× *Pilot*×*HHI*	-0.0033 (-1.6161)			-0.0462*** (-4.4001)		

续表

变量	(1) *Perk*1 总样本	(2) *Perk*1 产品市场 竞争程度低	(3) *Perk*1 产品市场 竞争程度高	(4) *Perk*2 总样本	(5) *Perk*2 产品市场 竞争程度低	(6) *Perk*2 产品市场 竞争程度高
Size	-0.0014*** (-16.2809)	-0.0017*** (-12.0796)	-0.0011*** (-10.8420)	-0.0003 (-0.9337)	0.0001 (0.1989)	-0.0006 (-1.5460)
Lever	0.0004 (0.9092)	0.0012* (1.7250)	-0.0004 (-0.7069)	-0.0107*** (-6.8811)	-0.0076*** (-3.2314)	-0.0130*** (-6.4208)
Col	-0.0005 (-0.4493)	0.0002 (0.1140)	-0.0016 (-1.1669)	-0.0079** (-2.0752)	-0.0071 (-1.3421)	-0.0091* (-1.6853)
Roa	0.0037** (2.1986)	0.0044 (1.6033)	0.0029 (1.4404)	-0.0530*** (-8.6688)	-0.0478*** (-5.2042)	-0.0570*** (-7.0611)
Age	0.0002 (1.2442)	0.0005* (1.7196)	0.0000 (0.0619)	0.0017*** (2.6894)	0.0028*** (2.7361)	0.0010 (1.1833)
Ret	0.0009*** (5.5870)	0.0010*** (4.0750)	0.0008*** (4.0756)	0.0033*** (5.7182)	0.0036*** (4.5579)	0.0030*** (3.5754)
*Top*1	-0.0000*** (-5.8229)	-0.0000*** (-5.0031)	-0.0000*** (-2.6688)	-0.0001*** (-7.6759)	-0.0002*** (-6.8573)	-0.0001*** (-3.8019)
Mshare	0.0003 (0.7111)	0.0009 (1.3717)	-0.0002 (-0.4014)	0.0018 (1.3694)	0.0064*** (3.1275)	-0.0015 (-0.9469)
Ind	0.0036** (2.5041)	0.0039* (1.7273)	0.0036** (2.0701)	0.0163*** (3.2336)	0.0161** (2.1827)	0.0184*** (2.7026)
Dual	0.0004** (2.3166)	0.0004 (1.6158)	0.0004* (1.9106)	0.0003 (0.5071)	-0.0003 (-0.3118)	0.0008 (1.0723)
Board	0.0014*** (3.2966)	0.0014** (2.1942)	0.0012** (2.4640)	0.0038*** (2.6351)	0.0009 (0.4339)	0.0068*** (3.4477)
Grow	0.0002* (1.8257)	0.0000 (0.1688)	0.0004*** (3.1103)	0.0116*** (27.2900)	0.0118*** (18.5627)	0.0118*** (20.8443)
Constant	0.0298*** (11.5968)	0.0365*** (5.5964)	0.0237*** (7.7076)	-0.0039 (-0.3658)	-0.0125 (-0.8597)	0.0001 (0.0091)
Year	Yes	Yes	Yes	Yes	Yes	Yes
Industry	Yes	Yes	Yes	Yes	Yes	Yes
Observations	4515	2131	2384	4258	2023	2235
Adjusted R^2	0.177	0.216	0.131	0.207	0.240	0.205

注：***、**、*分别表示1%、5%、10%的显著性水平；括号中的数字为双尾检验的t值，其中标准误差经过公司聚类(cluster)调整。

（六）稳健性检验

1. 样本选择偏误处理

中国证监会对融资融券的试点企业并不是随机选择的，因此，如果研究中所用的两组样本（实验组和控制组）在融资融券制度实行以前的在职消费本身就存在差异，那么，实证检验时可能存在样本选择偏误问题。对此，我们同样采用倾向得分匹配法（Property Score Matching，PSM）来筛选控制组样本，以减少样本选择偏误问题。具体做法是：首先，基于企业规模（*Size*）、资产收益率（*Roa*）、杠杆率（*Leverage*）、销售收入增长率（*Grow*）、有形资产比率（*Col*）、企业年龄（*Age*）、独立董事比率（*Ind*）、两职合一（*Dual*）、企业第一大股东持股比例（*Top*1）、管理层持股比例（*Mshare*）、股票收益率（*Ret*）、董事会规模（*Board*）、年度、行业等变量，通过 Logit 模型对样本企业是否会进入融资融券试点进行倾向打分；其次，采用最邻近匹配法进行样本匹配，得到经过筛选后的控制组样本。我们比较了两组样本在融资融券制度实施之前 2007—2009 年多变量平均值的 t 检验结果。结果显示，实验组和控制组之间除了有形资产比率（*Col*）的均值具有显著差异之外，高管在职消费和其他主要控制变量等方面无显著差异，而我们在回归模型中也会加入有形资产比例对可能的差异进行控制。我们利用倾向得分匹配法为实验组筛选控制组之后，重新对模型（4-1）进行检验，在控制了企业特征与年度、行业效应之后，绝对在职消费 *Perk*1 与超额在职消费 *Perk*2 的回归中，交乘项 *Short*×*Pilot* 的系数分别为-0.0046 和-0.0213，而且均在 5%的水平上显著[①]，而经过筛选之后的控制组与实验组之间除了能否卖空之外，在其他方面没有显著差异，这些都说明，卖空能够抑制高管的在职消费。

① 由于篇幅有限，本章的稳健性检验结果没有列出。

2. 共同趋势检验

在双重差分估计中，最理想的状况是实验组和控制组之间在事件发生之前具有共同的时间趋势（Common Trend）（Angrist & Pischke, 2008），如果在事件发生之前，不同组别之间具有不同的时间效应，那么实证结果就不能很好地控制随时间改变的异质性所造成的估计偏误。虽然我们会尽可能多地控制可观测特征，并且会利用倾向得分匹配法提高样本的匹配质量，但为了稳健起见，我们会进一步验证实验组与控制组之间的共同趋势，具体采用的方法是在模型（4-1）的实证中加入融资融券制度实施之前各年（2007—2009 年）的虚拟变量与组别虚拟变量 *Pilot* 的交乘项，以检验实验组和控制组之间是否具有不同的时间效应，如果交乘项的系数不显著，则可以认为共同趋势假设能够得到满足。由于虚拟变量之间的共线性问题，有一些年度虚拟变量在估计中被舍弃。我们发现离融资融券制度开始实施最近的 2008 年和 2009 年虚拟变量与组别虚拟变量的交乘项系数都是不显著的，说明实验组和控制组之间在融资融券制度实施之前具有共同的时间趋势，因此，我们也可以信任前文没有控制组别之间不同时间效应的实证结果。

3. 其他稳健性检验

除了进行样本选择偏误处理和共同趋势检验之外，本章还进行了其他稳健性检验，主要包括：

（1）在职消费变量的替代。我们还以在职消费与公司销售总额的比值作为绝对在职消费 *Perk*1 的替代变量；对于超额在职消费，我们也采用 Luo et al.（2011）和权小锋等（2010）的模型估计预期正常的高管在职消费水平：

$$\frac{Perk_{i,t}}{Asset_{i,t-1}}=\alpha+\beta_1\frac{1}{Asset_{i,t-1}}+\beta_2\frac{\Delta Sales_{i,t}}{Asset_{i,t-1}}+\beta_3\frac{PPE_{i,t}}{Asset_{i,t-1}}+\beta_4\frac{Inventory_{i,t}}{Asset_{i,t-1}}+\beta_5 \mathrm{Ln}Employee_{i,t}+\varepsilon_{i,t} \tag{4-6}$$

其中，$Perk_{i,t}$为高管在职消费，$Asset_{i,t-1}$为上期期末总资产；$\Delta Sales_{i,t}$为本期主营业务收入的变动额；$PPE_{i,t}$为本期厂房、财产和设备等固定资产的净值；$Inventory_{i,t}$为本期存货总额；$\text{Ln}Employee_{i,t}$为企业雇用的员工总数的自然对数。我们对样本分年度、分行业进行回归，通过模型回归得到的因变量预测值即表示预期正常的在职消费，实际在职消费与预期正常在职消费之间的差额作为超额在职消费 *Perk*2 的替代变量。我们把 *Perk*1 和 *Perk*2 的替代变量重新代入模型(4-1)至模型(4-3)，实证结果基本没有改变。

(2)其他关键变量的替代。我们也以上市公司的独立董事比例作为委托代理 *Agency* 的替代变量，以上市公司财务分析师跟踪人数作为信息不对称 *Information* 的替代变量。此外，对于市场化进程的替代变量，我们参照樊刚等(2016)的数据，直接采用各地区金融业市场化程度来代替。对于产品市场竞争程度，我们以各行业上市公司数量来代替。我们把以上替代变量代入模型(4-1)至模型(4-3)重新进行检验，实证结果没有太大改变，都与假设 4-1 至假设 4-5 的预期基本一致，说明我们的检验结果是稳健的。

本章小结

本章研究了股票卖空压力对上市公司高管在职消费的影响，检验了卖空机制对公司高管的治理效应。结果发现，与不能卖空的上市公司相比，允许卖空的上市公司在职消费水平显著降低，说明股票卖空压力能够抑制公司高管的私有收益。进一步的研究发现，在信息不对称程度和委托代理问题较严重的上市公司，在市场化程度较高的区域和产品市场竞争程度较低的行业，股票卖空压力对高管在职消费的抑制效应更加显著，进一步说明股票卖空对公司来说是一种潜在的外部治理机制，而这种机制能否发挥作用有赖于外部的市场环境。我们还采用倾向得分匹配法筛选控制组样本，检验了共同趋势假定，并对关键变量寻找其他替代变量，以上一系列稳健性检验表明，实证的结果均保持稳健。本章的研究结果为股票卖空机制能够发挥公司治理的作用提供了新的证据，也丰富和拓展了在职消费的相关研究。此外，本章的研究结论还有助于澄清关于股票卖空的争议，为进一步从机制上约束和治理企业高管的行为提供了政策参考。

第五章

股票卖空机制与高管薪酬辩护

第一节　股票卖空机制影响高管薪酬辩护的理论分析

一、问题的提出

企业高管的薪酬激励是公司治理的核心问题，同时由于事关收入分配和社会公平，也备受社会各界的关注。2008 年金融危机以后，美国金融机构的巨额亏损与高管的巨额年薪和分红曾引发社会公众的强烈抗议和“占领华尔街”运动。在中国，随着市场化改革的逐步深入，也已经初步建立了与业绩挂钩的企业高管薪酬激励制度（罗玫和陈运森，2010），但近年来不断曝光的公司高管“天价薪酬”事件[①]，同样也引发了社会公众对巨额薪酬正当性和合理性的质疑（罗宏等，2014），以及高管可能利用操纵性业绩攫取私有收益的担忧。此外，国内外的研究发现企业高管为了避免超额薪酬引起的公关困境，即社会舆论、市场监管等，会选择进行薪酬辩护（Faulkender & Yang，2010），而提高自身薪酬与业绩的敏感度则是薪酬结果正当性辩护的主要方式，但在这一过程中，高管为了维护自身的私有收益，造假、会计操纵和盈余管理等行为可能比以往更加频繁和复杂（罗玫和陈运森，2010）。因此，研究企业高管的薪酬激励及相关问题无疑具有重要的现实意义，那么卖空交易机制对股票价格的影响又会对

① 天价薪酬从何而来，四大疑惑拷问金融高管薪酬[EB/OL]. 新华网，2010-04-26.

投资者与高管之间的薪酬契约带来怎样的变化？遗憾的是，以往的文献较少关注两者的关系。因此，本章拟分析和检验中国资本市场融资融券制度所施加的股票卖空压力对企业高管超额薪酬、薪酬辩护和盈余管理的影响。具体来讲，我们想要回答以下三个问题：首先，股票卖空压力是促进还是抑制了企业高管的超额薪酬？其次，股票卖空压力会对企业高管的薪酬辩护行为及其方式选择产生怎样的影响？最后，股票卖空机制对企业不同盈余管理方式的选择有什么影响？

基于中国融资融券的自然实验框架，本章以 2007—2014 年中国上市公司财务数据为样本，采用多时点双重差分模型(Multi-Period DID Model)对上述问题进行检验。结果发现，允许卖空的上市公司，其高管的超额薪酬水平相比不能卖空的上市公司高管会显著提高，通过实验组变换和工具变量模型的检验，都证明了这一结果的稳健性；进一步的研究发现，被卖空上市公司的高管会通过提高薪酬—业绩的敏感性为自身的薪酬进行结果正当性辩护，而这种辩护行为更多的是通过真实的盈余管理进行的，具体表现为，卖空对高管薪酬—业绩敏感度的影响在真实盈余管理程度较高的上市公司更加显著，在应计盈余管理程度较高的上市公司则没有显著差异；允许卖空的上市公司与不能够卖空的上市公司相比，其剔除了应计操作性业绩之后的薪酬—业绩敏感度仍显著上升，而其剔除了真实操作性业绩之后的薪酬—业绩敏感度则没有显著差异；最后，本章也检验了卖空对上市公司盈余管理方式选择的影响，结果发现，允许卖空的上市公司与不允许卖空的上市公司相比，其应计的盈余管理显著下降，而真实的盈余管理则显著上升。本章研究的边际贡献可能体现在以下三个方面：

第一，从高管薪酬的视角为股票卖空效应的研究提供了新的补充。关于股票卖空效应的实证证据曾经长期集中于证券价格和资本市场等方面(Massa et al.，2015b)，许多研究表明股票卖空机制能够增加股票的信息含量和定价效率(Miller，1977；Dechow et al.，2001；Pownall & Simko，2005；Drake et al.，2011；Engelberg et al.，2012；Boehmer et al.，2012；李科等，2014；李志生等，2015)。近期的一些文献则以不同的视角研究卖空交易对公司决策行为的作用(Massa et al.，2015b；Fang et al.，2016；Grullon et al.，2015；Chang et al.，2015；Nezafat et al.，2015；Massa et al.，2013；He & Tian，2014)。但除了 De Angelis et al.(2015)关注了股票卖空对高管股票期权授予的影响之外，还没有文献关注股票卖空机制下高管的薪酬激励与薪酬辩护行为，而且 De Angelis et al.(2015)主要研究的是高管的股权激励方式，而本章则重点关注高管的货币薪酬激励方式，从而为股票卖空机制的相关研究提供了新的补充。

第二，从股票卖空交易的视角丰富了有关高管超额薪酬与薪酬辩护的相关研究。基于代理理论的有效契约观点认为，将管理者薪酬与公司业绩相挂钩可以激励管理者按照股东利益最大化原则行事，有利于减少公司代理成本(Jensen & Meckling，1976)。但管理者权力观点则认为，由于所有权与控制权的分离，高管对自身的薪酬设计具有实质性影响，经理人通过俘获董事会和薪酬委员会实际上能够为自己制定薪酬，从而产生超额薪酬的问题(Bebchuk et al.，2002；Bebchuk & Fried，2003)。而为了对投资者和社会公众表明超额薪酬的合理性与正当性，高管普遍存在薪酬辩护的动机(谢德仁等，2012)。但目前鲜有文献关注资本市场机制对企业高管超额薪酬和薪酬辩护行为的影响，而本章则采用多时点双重差分模型检验了上市公司高管超额薪酬水平与薪酬—业绩敏感度在股票卖空前后的变化，并结合盈余管理进行分析，在卖空机制下进一步验证了薪酬辩护假说，即上市公司高管在卖空压力下会提升辩护需求以使超额薪酬的结果合理化和正当化，这也从资本市场股票卖空机制的视角丰富了有关高管超额薪酬与薪酬辩护的研究。

第三，本章的研究同时也扩展了真实盈余管理的相关文献，公司进行盈余管理的方式有两类：一类是运用会计方法而进行的应计盈余管理；另一类是构造真实交易而进行的真实盈余管理。公司不仅可以通过应计项目操控盈余，也可以通过真实活动操控盈余（Roychowdury，2006）；而且公司出于不同的动机操纵利润的时候，这两类盈余管理方式之间存在着替代关系（Zang，2012），但相对于应计的盈余管理，对真实的盈余管理仍缺乏足够的关注（李春涛等，2016），如具体到卖空机制方面，Massa et al.（2015b）的跨国分析和 Fang et al.（2016）的自然实验证据都显示卖空与应计的盈余管理之间存在显著的负相关关系，但两者都没有分析卖空可能对真实的盈余管理造成的后果。本章的研究则发现，卖空在造成应计的盈余管理下降的同时，导致真实的盈余管理上升。同时，李春涛等（2016）认为，只要企业高管的盈余管理动机没有彻底消除，在应计的盈余管理受到限制的情况下，高管就会采用隐蔽性更强的真实盈余管理，而本章的分析也证明了进行薪酬辩护、攫取超额薪酬等私有收益是企业高管在股票卖空压力下进行盈余管理的主要动机之一。

二、理论分析与研究假设

（一）股票卖空机制对高管超额薪酬的影响

有关高管薪酬激励的解释可以分为基于代理理论的有效契约观点（Jensen & Meckling，1976）和管理者权力观点（Bebchuk et al.，2002）。有效契约观点认为，公司股东与高管代理问题的一个主要解决方式是：通过制定与业绩挂钩的薪酬制度，股东可以将其利益与代理人利益联系在一起，促使代理人行为满足股东利益最大化的需求，缓解二者之间的代理问题。但 Bebchuk & Fried（2003）则指出，由于所有权与控制权的分离，管理者对自身的薪酬设计具有实质性影响。管理者通过俘获董事会和薪酬委员会实际上能够为自己制定薪酬，因而管理者权力等制度（设计）特征是导致高管超额薪酬的重要原因。所谓高管超额薪酬（Excessive Executive Compensations），是指管理者利用手中的权力和影响寻租而获得的超过公平谈判所得的收入（Bebchuk & Fried，2003；郑志刚等，2012）。那么，卖空交易者的出现会对高管超额薪酬产生怎样的影响？

一方面，卖空交易者对股票价格所施加的压力可能会抑制企业高管的超额薪酬，因为卖空交易能够提高股票价格的信息含量，有助于负面信息迅速及时地反映到价格当中，提高了股票的定价效率（Desai et al.，2002；Christophe et al.，2004；Diether et al.，2009；Christophe et al.，2009；李志生等，2015），卖空者作为信息交易者，会更有动机去挖掘和传播公司的负面私有信息，能够主动收集有关高管超额薪酬的信息，判断高管的薪酬是否超过正当水平，并据此进行交易，攻击存在超额薪酬的企业，而对于其他中小投资者，卖空的信号传导机制会加剧“用脚投票”行为，从而增加企业高管超额薪酬的成本和被发现的概率，减小其获取超额薪酬的激励。而且，卖空交易加大了股票价格潜在的下跌压力，这会引导投资者“用手投票”并促使股东采取措施加强内部管理（Massa et al.，2013），而对高管的货币薪酬加强审查与监督，甚至解雇薪酬大大超过正常水平的高管，都是可以选择的主要举措。此外，股票价格的下跌压力也增大了企业被收购的风险，企业高管出于自身职业安全考虑，获取超额薪酬行为也可能有所收敛。

但另一方面，股票卖空压力也可能促进企业高管的超额薪酬。大量研究都证明，如果企业无法达到预期的盈利目标，那么高管的奖金会减少，甚至导致离职的概率上升（Matsunaga & Park，2001；Mergenthaler et al.，2011）。实际上 Graham et al.（2005）对美国 401

家企业进行的调查显示，绝大多数的首席财务官(CFO)声称，出于对自身财富、职业生涯和声誉的考虑，他们会为了短期盈利目标而牺牲企业的长期价值。也就是说，对于高管来说，其个人财富与声誉都和企业的经营绩效密切相关，但面对风险时又不可能像股东那样灵活地分散、化解风险，因此，当高管感受到卖空压力时，他们会减少那些有风险但对企业具有长期价值的项目以减少自身可能的风险暴露。有证据显示，企业高管对卖空交易持反对态度(De Angelis et al.，2015)，Lamont(2012)认为高管会不遗余力地与卖空交易者对抗并将其对股票价格的影响降至最低，而卖空者也经常被指责给企业高管带来了过度的压力(Mitchell et al.，2004)，迫使他们集中于短期活动，助长了高管的短视问题。实际上，美国卖空机制中的uptick rule就是为了防止卖空被作为操纵市场下跌的工具而设计的。不受限制的卖空活动会加剧股票价格的下跌压力(Goldstein & Guembel，2008)，进而导致高管的风险承担激励下降(De Angelis et al.,2015)，Grullon et al.(2014)研究发现，卖空成本下降导致卖空交易增加的企业会减少投资和股票发行，因而De Angelis et al.(2015)认为股东需要对高管给予额外的激励，在这种情况下，高管就有可能利用自身的信息优势获取超额薪酬。此外，卖空带来的价格下跌风险，会使企业向经理人授予更多的股票期权以减少他们面对敌意收购和被解雇时的风险暴露(De Angelis et al.，2015)，但Murphy(2002)则认为，对于风险厌恶和进行专用性投资的企业高管来说，股票期权形式的薪酬面临的风险极高，需要对其价值进行折扣，因而由于股权部分增加也会出现高管超额薪酬现象。因此，股票卖空机制也可能会促进高管的超额薪酬。基于以上分析，我们提出如下两个对立的假设：

假设5-1a：在其他条件相同的情况下，允许卖空股票的上市公司与不能够卖空股票的上市公司相比，其高管的超额薪酬水平将显著降低。

假设 5-1b：在其他条件相同的情况下，允许卖空股票的上市公司与不能够卖空股票的上市公司相比，其高管的超额薪酬水平将显著提高。

（二）股票卖空机制对高管薪酬辩护的影响

无论促进还是抑制了高管的超额薪酬，股票卖空压力都有可能提升高管薪酬与业绩之间的敏感度。首先，股票卖空机制能够促进公司治理的改善，加强股东对高管的监督，卖空交易加大了股票价格潜在的下跌压力，这会引导投资者"用手投票"并促使股东采取措施加强内部管理（Massa et al.，2015b）。而按照代理理论的观点，薪酬—业绩敏感度被普遍认为是衡量高管薪酬激励效果甚至公司治理有效性的重要标准，也是薪酬激励机制的核心问题，高管薪酬—业绩敏感度的提高意味着高管激励合约的有效性在提高，从而高管激励合约能够更好地促进股东财富增长，对于缓解企业代理问题的作用也更强。因此，当股票卖空机制发挥公司治理作用时，为了更有效地约束高管的机会主义行为，促使高管努力为提升股东价值而工作，上市公司就需要提升高管的薪酬—业绩敏感度。

其次，股票卖空压力增强了高管薪酬辩护的动机，相对于其他市场参与者，卖空交易者能够通过对信息的搜寻与分析，更快地识别由于高管隐瞒薪酬信息而被高估的股票。由于卖空者会努力挖掘公司的负面信息，同时，卖空者的交易行为也向市场其他参与者传递了信号，引导其他投资者卖空或抛售被高估的股票，对上市公司施加更大的卖空压力。当高管预计自身的薪酬超过社会公众的预期水平，有可能引发卖空者对公司股票的抛售时，高管就有强烈的动机向股东和社会公众表明自身薪酬的合理性与正当性。谢德仁等（2012）在国内外较早提出和较系统地论证了"薪酬辩护假说"。既要为自身已有的高薪酬的正当性提供社会公众可接受的辩护理由，又要为自身期望进一步增长的未来薪酬的正当性设想社会公众可接受的辩护理由。这主要可以通过把高管的薪酬与企业业绩更强地挂钩（即提高高管的薪酬—业绩敏感度），以表明自己的薪酬及其提高是来自企业业绩的增长，是股东财富增长的结果，而非通过掠夺股东财富来实现。因此，与不可卖空的上市公司相比，融资融券标的公司高管所承受的价格下跌压力更大，其薪酬辩护的动机也将会表现得更强烈，这也会带来更高的薪酬—业绩敏感度。基于以上分析，我们提出如下假设：

假设5-2：在其他条件相同的情况下，允许卖空股票的上市公司与不能够卖空股票的上市公司相比，其高管薪酬与业绩的敏感度将显著上升。

当然，仅仅证明卖空能够提升高管的薪酬—业绩敏感度并不能判断一定是由于高管的薪酬辩护动机造成的，我们还需要结合企业的盈余管理状况来进一步分析。由于在业绩较差的时候，通过增强薪酬与业绩的联系来进行薪酬辩护并不符合逻辑，因此，提高薪酬—业绩敏感度的辩护方式就需要以良好的经营业绩作为前提。但由于公司业绩的改善并不是一蹴而就，而是受制于企业自身以及宏观环境等多方面因素影响，因此，高管从结果正当性进行薪酬辩护的方法还包括通过盈余管理来跨期调节企业业绩，这也使薪酬辩护成为经理人进行盈余管理的动机之一。

而公司进行盈余管理的方式有两类：一类是运用会计方法而进行的应计盈余管理；另一类是构造真实交易而进行的真实盈余管理。应计的盈余管理则是在实际的交易和业务活动发生后，利用一般公认会计原则（GAAP）所给予的自由选择权调节盈利，有目的地干预财务报告，使经营者自身利益或企业市场价值达到最大化的行为。

这种行为只会改变利润确认的时间，不会改变企业的现金流，对企业的经营业绩也没有实质性的影响(Graham et al.，2005；李春涛等，2016)。因此，这种行为正日益受到法律法规、外部审计和内部控制的约束与限制，特别是随着卖空机制的实施，上市公司应计项目盈余管理可操作的空间会受到极大的挤压(陈晖丽和刘峰，2014)。而相比于应计的盈余管理，真实的盈余管理是通过适时性的财务决策来改变报告盈余的，操作方式较为隐蔽，存在于企业日常经营活动中，它改变经济活动实质，并对改变后的经济活动按照会计准则进行确认、计量和列报，既不会引起审计师和外部监管者的关注，也不会有违反公认会计准则的法律风险(Cohen et al.，2008，2010)。因此，高管在面临股票卖空压力进行薪酬辩护的时候，会较多地采用真实活动盈余管理。基于以上分析，我们得到如下假设：

假设5-3：在其他条件相同的情况下，卖空对高管薪酬—业绩敏感度的效应在真实盈余管理程度较高的上市公司更加显著，在应计盈余管理程度较高的上市公司则没有显著差异。

Cornett(2008)使用操控性应计衡量公司盈余管理程度，剔除应计的盈余管理影响后得到公司真实业绩，当重新考察高管薪酬—业绩的敏感度时，结果显示高管薪酬与真实业绩的敏感度大大降低。陈胜蓝和卢锐(2012)也发现剔除了盈余管理对公司财务业绩的影响之后，高管薪酬业绩敏感性显著提高的现象就会消失。当然，以上两篇文献考虑的都是应计盈余管理的影响，而忽略了真实的盈余管理。按照这一思路，如果在股票卖空的压力下，上市公司高管主要以真实的盈余管理调增利润，那么在剔除了真实的操纵性盈余之后，可卖空上市公司高管的薪酬—业绩敏感度应当显著降低，与非卖空公司高管的薪酬—业绩敏感度不会有显著差异。而如果剔除的是应计的操纵性盈余，由于公司利润中还存在较多的真实盈余管理操纵的盈余，可卖空上市公司高管的薪酬—业绩敏感度仍然会显著高于非卖空上市公司。因此，基于以上分析，我们提出如下假设：

假设 5-4：在其他条件相同的情况下，允许卖空股票的上市公司与不能够卖空股票的上市公司相比，其剔除了应计操作性业绩之后的薪酬—业绩敏感度在卖空之后仍显著上升，而其剔除了真实操作性业绩之后的薪酬—业绩敏感度在卖空前后则没有显著差异。

（三）股票卖空机制对企业盈余管理的影响

在股票卖空压力下，基于薪酬辩护的动机，如果上市公司高管更多地采用真实的盈余管理提高薪酬—业绩敏感度，而较少采用应计的盈余管理方式，那么，我们需要考虑，股票卖空压力对上市公司的盈余管理会产生怎样的影响。已有的研究认为，卖空者能够发现有盈余操纵和公司丑闻的企业，实证结果显示，卖空者会在盈余重述（Efendi et al.，2005；Desai et al.，2006）、被指控证券欺诈（Efendi & Swanson，2009）或 SEC 对财务违规的判决执行（Karpoff & Lou，2010）之前积累空头头寸；Karpoff & Lou（2010）、Hirshleifer et al.（2007）发现卖空交易者能够察觉公司的财务不端行为和可疑企业的欺骗行为；空头净额的增加表明接下来会有显著的负回报（Desai et al.，2002；Diether et al.，2009），而且这会经常出现在公司负面事件以前（Desai et al.，2006；Drake et al.，2011）。因此，空头净额的改变具有传达公司基本面新信息到资本市场、降低投资者与企业之间信息不对称、促进对经理行为监督的潜能。

盈余管理也是股票卖空交易能否发挥公司治理机制的主要检验对象，Massa et al.（2015b）的跨国分析显示卖空威胁与应计的盈余管理之间存在显著的负相关关系，证明了卖空交易能够减少应计的盈余管理，发挥约束企业高管的外部治理机制功能；与卖空者约束角色的结论一致，Fang et al.（2016）则利用美国 Regulation SHO 试点项目造成的部分企业卖空成本下降作为自然实验，发现卖空成本的外生下降将降低企业进行应计盈余管理的倾向，而当卖空成本意外增加时，企业又会增加应计盈余管理，表明预期的卖空有助于约束经理盈余操纵的激励；陈晖丽和刘峰（2014）发现，在成为中国融资融券试点的标的证券后，融资融券公司的应计盈余管理显著降低。可见，股票卖空机制对公司应计的盈余管理具有约束和抑制的效应，但公司不仅可以通过应计项目操控盈余，也可以通过真实活动操控盈余（Roychowdury，2006）。Zang et al.（2012）认为两种盈余管理方式的替代取决于相对成本的变化，Kothari et al.（2016）、Chan et al.（2015）、Cohen & Zarowin（2012）、Cohen et al.（2008）发现，在不同的情况下，这两类盈余管理方式之间存在着替代关系。李春涛等（2016）认为，只要企业高管的盈余管理动机没有彻底消除，在应计的盈余管理受到限制的情况下，高管就会采用隐蔽性更强的真实盈余管理来操纵利润。而前文的分析已经表明，进行薪酬辩护是上市公司高管在股票卖空压力下进行盈余管理的主要动机之一。此外，在卖空压力下维持公司股票价格水平，防止被收购的风险，以维护自身职业安全（Massa et al.，2015b；Fang et al.，2016），也都会驱使公司高管进行盈余管理。因此，如果应计的盈余管理受到卖空交易的限制和约束，采用更具有隐蔽性和灵活性的真实活动盈余管理，以逃避外部的监督，可能是上市公司高管在面对股票卖空压力时所做的主要选择。基于以上分析，我们提出如下假设：

假设 5-5：在其他条件相同的情况下，允许卖空股票的上市公司与不能够卖空股票的上市公司相比，其应计的盈余管理将显著下降，而真实的盈余管理将显著上升。

第二节 股票卖空机制影响高管薪酬辩护的实证研究

一、实证研究设计

（一）模型设定与变量定义

1. 卖空与高管超额薪酬

中国证券市场的融资融券试点制度，为我们的实证检验提供了一个良好的“自然实验”环境，融资融券试点制度开始于 2010 年 3 月，在此之前，所有上市公司的股票都不允许卖空，融资融券制度开始实行以后，进入融资融券试点的上市公司股票允许卖空，而没有进入试点的上市公司，其股票仍然不允许卖空。与发达的资本市场不同，融资融券试点只允许部分股票作为标的证券，其他大部分股票并不能卖空，这为我们的研究提供了天然的实验组和控制组。我们通过检验进入融资融券试点的上市公司与没有进入融资融券试点的上市公司在该制度实施前后超额薪酬水平是否存在显著差异，来验证股票卖空压力怎样影响企业高管的货币薪酬水平。

但是融资融券试点制度采取分阶段扩容的方式，标的证券由 2010 年 3 月试点制度开始启动时的 90 只，逐渐扩大至 2014 年 9 月的 900 只。由于很多上市公司进入融资融券试点的时间并不一致，如果我们直接以 2014 年 9 月的全部试点标的证券作为实验组，其余股票作为控制组，那么实证结果不可避免会存在偏差。考虑到融资融券试点是一个多时点的外生的冲击，并且试点过程中标的证券还会进行多次调整（调入或调出），这些都是针对不同的个股发生在不同时点上的。因此我们借鉴 Autor（2003）、Bertrand & Mullainathan（2003）的方法，构造多时点双重差分模型（Multi-Period DID）进行检验，具体的计量模型如下：

$$ExcessPay_{i,t}(Pay_{i,t})=\alpha+\beta Short_{i,t}+\gamma' X_{i,t}+\varepsilon_{i,t} \tag{5-1}$$

其中，被解释变量 *ExcessPay* 代表上市公司高管的超额薪酬，另外，我们在实证检验中也以高管实际货币薪酬 *Pay* 作为被解释变量。按照 Firth et al.（2006）、Core et al.（2008）和权小锋等（2010）的做法，将其定义为高管实际薪酬与由经济因素决定的高管预期正常薪酬之间的差额，预期正常的高管薪酬水平借鉴权小锋等（2010）的模型估计：

$$Pay_{i,t}=\alpha+\beta_1 Size_{i,t}+\beta_2 Roa_{i,t}+\beta_3 Roa_{i,t-1}+\beta_4 Average_{i,t}+\beta_5 Central_{i,t}+\beta_6 West_{i,t}+\sum Industry+\sum Year+\varepsilon_{i,t} \tag{5-2}$$

其中，被解释变量 *Pay* 代表上市公司高管实际薪酬水平，我们以高管前三位货币薪酬总和的自然对数表示。$Size_{i,t}$为公司规模，以总资产的自然对数表示；$Roa_{i,t}$为公司会计业绩；$Roa_{i,t-1}$为上一年的公司会计业绩；$Average_{i,t}$为上市公司所处地区城镇职工平均工资；$Central_{i,t}$表示上市公司处于中部地区的虚拟变量；$West_{i,t}$为上市公司处于西部地区的虚拟变量。我们首先利用模型（5-2）对样本分年度、分行业进行回归，通过模型回归得到的因变量预测值即表示预期正常的高管薪酬，实际薪酬与正常薪酬之间的差额也就是模型（5-2）的残差，即为超额薪酬。

模型（5-1）中的解释变量 *Short* 是表示卖空与否的虚拟变量，如果一家公司的股票在 *t* 年可以被卖空，则 *Short* 取值为 1，否则 *Short* 取值为 0。如果假设 5-1a 成立，则 *Short* 的系数应当显著为负；如果假设 5-1b 成立，则 *Short* 的系数应当显著为正。模型（5-1）中的 *X* 是由多个控制变量构成的向量，主要包括企业规模、资产收益率、杠杆率、销售收入增长率、有形资产比率、企业年龄、独立董事比率、两职合一、企业第一大股东持股比例、管理层持股比例、股票收益率、董事会规模等。

除了按照模型(5-1)进行多时点双重差分检验之外，本章还借鉴 Fang et al.(2016)和李志生等(2015)的思路，以所有已进入融资融券标的证券的上市公司作为样本，利用部分上市公司被纳入转融券标的证券和被剔除出融资融券试点名单的事件构造另外两个自然实验，通过实验组的变换进行稳健性检验，证明股票卖空压力对高管超额薪酬的作用。所谓转融券业务，是指证券金融公司将自有或者依法筹集的证券出借给证券公司，以供其办理融资融券业务的经营活动，2013 年 2 月 28 日中国转融券试点正式启动，首批标的证券为 90 只股票，转融券业务的推出相比原有融券业务扩大了可卖空的规模，无疑增大了上市公司的卖空压力①。而与转融券业务所起作用相反，被剔除出融券试点则会减轻上市公司的原有的卖空压力。变换实验组后所设定的多时点双重差分模型如下：

$$ExcessPay_{i,t}(Pay_{i,t}) = \alpha+\beta ReShort(OutShort)_{i,t}+\gamma' X_{i,t}+\varepsilon_{i,t} \tag{5-3}$$

其中，被解释变量和控制变量的定义与模型(5-1)相同，解释变量 *ReShort* 是表示是否被纳入转融券标的证券的虚拟变量，如果一家公司的股票在 t 年被纳入转融券标的证券，则 *ReShort* 取值为 1，否则 *ReShort* 取值为 0。解释变量 *OutShort* 是表示是否被剔除出融资融券试点名单的虚拟变量，如果一家公司的股票在 t 年被剔除出融资融券试点名单，则 *OutShort* 取值为 1，否则 *OutShort* 取值为 0。如果假设 5-1a成立，则 *ReShort* 的系数应当显著为负，*OutShort* 的系数应当显著为正；如果假设 5-1b 成立，则 *ReShort* 的系数应当显著为正，*OutShort* 的系数应当显著为负。

除了检验是否可以卖空对高管超额薪酬的影响，我们还参照 He &

① A 股全面卖空时代将临，转融通规模短期能达千亿元[EB/OL]. 中新网，2012-05-28.

Tian(2014)、Massa et al. (2015a)的方法，使用卖空头寸(*Short Interest*)和可贷出证券数量(*Lendable Shares*)作为卖空的代理指标，来具体测度卖空对高管超额薪酬的作用。考虑到可能由于双向因果关系和遗漏变量造成的内生性问题，我们还参照 Massa et al. (2015a)的方法使用 ETF 基金持股作为卖空头寸和可贷出证券数量的工具变量，通过工具变量法准确识别卖空对高管超额薪酬的影响程度。一方面，ETF 基金持股只关心基金的盈利而不关心公司治理；另一方面，ETF 基金追求利润最大化和风险最小化，通常会通过做空来消除系统性风险(Massa et al.，2015a)，因此，ETF 基金持股和卖空头寸与可贷出证券数量呈正相关关系，这些正好满足了工具变量法的要求。具体的工具变量模型如下：

$$ShortInterest(Lendable)_{i,t}=\alpha+\beta ETF_{i,t}+\gamma' X_{i,t}+\varepsilon_{i,t} \quad (5-4)$$

$$ExcessPay_{i,t}(Pay_{i,t})=\alpha+\beta\, Short\hat{I}nterest(Len\hat{d}able)_{i,t}+\gamma' X_{i,t}+\varepsilon_{i,t} \quad (5-5)$$

其中，模型(5-4)为第一阶段回归，被解释变量 *ShortInterest* 和 *Lendable* 分别是各上市公司各期的卖空头寸与可贷出证券数量，分别以融券卖出量和融券余量表示，解释变量 *ETF* 是各上市公司的 ETF 基金持股量。模型(5-5)为第二阶段回归，被解释变量仍为高管超额薪酬，解释变量为根据第一阶段回归得到的 *ShortInterest* 和 *Lendable* 的预测值，控制变量的定义与模型(5-1)相同。如果假设 5-1a成立，则模型(5-5)中 *ShortInterest* 和 *Lendable* 的预测值系数应当显著为负；如果假设 5-1b 成立，则 *ShortInterest* 和 *Lendable* 的预测值系数应当显著为正。

2. 卖空与高管薪酬辩护

为了检验假设 5-2，我们设定的模型如下：

$$Pay_{i,t}=\alpha+\beta_1 Short_{i,t}+\beta_2 Perf_{i,t}+\beta_3 Short\times Perf+\gamma' X_{i,t}+\varepsilon_{i,t} \quad (5-6)$$

被解释变量 *Pay* 仍然代表上市公司高管实际薪酬水平，以高管前三位货币薪酬的自然对数表示。*Perf* 代表上市公司的业绩水平，在实证过程中，我们以资产利润率（*Roa*）、净资产收益率（*Roe*）表示公司的会计业绩，以个股回报率（*Ret*）表示公司的市场业绩。解释变量 *Short* 和控制变量 *X* 的定义与模型（5-1）相同，如果假设 5-2 成立，则交乘项 *Short*×*Perf* 的系数应当显著为正。

为了检验假设 5-3，我们在模型（5-6）的基础上，加入表示公司盈余管理程度的虚拟变量，进一步考察卖空对高管薪酬业绩敏感度的影响，所设定的模型如下：

$$Pay_{i,t}=\alpha+\beta_1 Short_{i,t}+\beta_2 Perf_{i,t}+\beta_3 Short\times Perf+\beta_4 EMD+\beta_5 Short\times Perf\times EMD+\gamma' X_{i,t}+\varepsilon_{i,t} \tag{5-7}$$

其中，*EMD* 是表示盈余管理程度的虚拟变量，对于盈余管理的衡量，我们将其区分为应计的盈余管理和真实的盈余管理。应计的盈余管理采用修正的 Jones 模型（Dechow et al.，1995）来计算，具体模型如下：

$$\frac{TA_{i,t}}{A_{i,t-1}}=\alpha_1\frac{1}{A_{i,t-1}}+\alpha_2\frac{\Delta REV_{i,t}-\Delta REC_{i,t}}{A_{i,t-1}}+\alpha_3\frac{PPE_{i,t}}{A_{i,t-1}}+\varepsilon_{i,t} \tag{5-8}$$

其中，*TA* 为总应计项目，由公司净利润与经营活动现金流之差计算得到，*A* 为公司年末总资产，Δ*REV* 为公司营业收入的增量，Δ*REC* 为公司应收账款的增量，*PPE* 为公司的固定资产，我们仍然首先利用模型（5-8）对样本分年度、分行业进行回归，通过模型回归得到的因变量预测值即表示预期正常的非操纵应计项目，总应计项目与非操纵应计项目之间的差额也就是模型（5-8）的残差，即为该公司的操纵性应计盈余 *AEM*，如果公司的应计盈余管理程度大于样本当期中位数，则 *EMD* 取 1，否则为 0，我们在实证中也考虑了应计盈余管理方向的差异，如果公司向上调整应计的盈余管理，即 *AEM*>0，则 *EMD* 取 1，否则为 0。

真实的盈余管理参照 Roychowdhury（2006）的方法，包括经营活动的异常现金流（*EM_ CFO*）、异常产品成本（*EM_ PROD*）和异常酌量性费用（*EM_ DISEXP*）三部分，具体的计量模型如下：

$$\frac{CFO_{i,t}}{A_{i,t-1}}=\alpha_0+\alpha_1\frac{1}{A_{i,t-1}}+\alpha_2\frac{SALES_{i,t}}{A_{i,t-1}}+\alpha_3\frac{\Delta SALES_{i,t}}{A_{i,t-1}}+\varepsilon_{i,t} \tag{5-9}$$

$$\frac{PROD_{i,t}}{A_{i,t-1}}=\alpha_0+\alpha_1\frac{1}{A_{i,t-1}}+\alpha_2\frac{SALES_{i,t}}{A_{i,t-1}}+\alpha_3\frac{\Delta SALES_{i,t}}{A_{i,t-1}}+\alpha_4\frac{\Delta SALES_{i,t-1}}{A_{i,t-1}}+\varepsilon_{i,t} \tag{5-10}$$

$$\frac{DISEXP_{i,t}}{A_{i,t-1}}=\alpha_0+\alpha_1\frac{1}{A_{i,t-1}}+\alpha_2\frac{SALES_{i,t-1}}{A_{i,t-1}}+\varepsilon_{i,t} \tag{5-11}$$

其中，*CFO* 为公司经营活动现金流，*PROD* 为公司的生产成本，由产品销售成本和存货变化之和构成，*DISEXP* 为公司的酌量性费用，由营业费用与管理费用之和构成，*A* 仍为年末总资产，*SALES* 和 Δ*SALES* 分别为公司年度销售额及其增量。与应计的盈余管理一样，我们利用模型（5-9）、模型（5-10）、模型（5-11）对样本分年度、分行业进行回归，通过模型回归得到的因变量预测值与实际值的差额，就是该公司的异常现金流（*EM_ CFO*）、异常产品成本（*EM_ PROD*）和异常酌量性费用（*EM_ DISEXP*），考虑到公司可能同时采用上述三种方式进行真实的盈余管理，而这三种方法的调整方向又不一致，如当公司采用真实的盈余管理向上调增利润的时候，将呈现出更低的经营活动现金流、更高的生产成本和更低的酌量性费用，所以我们参照 Zang（2012）的方法，将三个真实盈余管理指标合成为一个真实盈余管理总和（*REM*）来测度真实盈余管理的程度，计算公式为：

$$REM_{i,t}=EM\_\ PROD_{i,t}-EM\_\ CFO_{i,t}-EM\_\ DISEXP_{i,t} \tag{5-12}$$

如果公司的真实盈余管理程度大于样本当期中位数，则 *EMD* 取 1，否则为 0，我们在实证中也考虑了真实盈余管理方向的差异，如果公司向上调整真实的盈余管理，即 *REM*>0，则 *EMD* 取 1，否则为 0。

为了检验假设 5-4，我们参照 Cornett et al.（2008）、陈胜蓝和卢锐（2012）的方法，计算公司的操纵性业绩和剔除操纵之后的业绩，然后检验企业高管薪酬与剔除操纵之后业绩的敏感性所受卖空的影响，具体的计量模型如下：

$$Pay_{i,t}=\alpha+\beta_1 Short_{i,t}+\beta_2(Perf_{i,t}-EM\_\ Perf_{i,t})+\beta_3 Short_{i,t}\times (Perf_{i,t}-EM\_\ Perf_{i,t})+\gamma' X_{i,t}+\varepsilon_{i,t} \quad (5-13)$$

其中，*EM_ Perf* 代表上市公司的操纵性业绩，按照假设 5-4，我们在实证过程中将其分为应计操纵性业绩和真实操纵性业绩，参照 Cornett et al.（2008）、陈胜蓝和卢锐（2012）的方法，将计算得到的应计项目盈余管理和真实活动盈余管理分别乘以上年总资产得到应计的操纵性业绩和真实的操纵性业绩，然后用公司当年净利润减去操纵性业绩之后再计算得到剔除操纵之后的业绩变量。

3. 卖空与企业盈余管理

为了检验假设 5-5，我们设立如下多时点双重差分模型：

$$EM_{i,t}=\alpha+\beta Short_{i,t}+\gamma' X_{i,t}+\varepsilon_{i,t} \quad (5-14)$$

其中，解释变量 *Short* 和控制变量 *X* 的定义与模型（5-1）相同，被解释变量 *EM* 仍然代表盈余管理，计算过程如前文所述，但在实证过程中，我们不仅考虑盈余管理的方向，也考虑盈余管理的程度，因此，还需要检验卖空对其绝对值的影响，其中，应计的盈余管理直接取绝对值 $|AEM|$，真实的盈余管理则按照 Kim & Sohn（2013）、罗琦和王悦歌（2015）的方法，将真实盈余管理三个组成部分的绝对值相加：

$$|REM_{i,t}|=|EM\_\ CFO_{i,t}|+|EM\_\ PROD_{i,t}|+|EM\_\ DISEXP_{i,t}| \quad (5-15)$$

如果假设 5-5 成立，则在检验应计的盈余管理 *AEM* 和 $|REM|$ 时，*Short* 的系数应当显著为负，而在检验真实的盈余管理 *REM* 和 $|REM|$ 时，*Short* 的系数应当显著为正。本章具体的变量符号和定义见表 5-1。在实证检验过程中，我们也控制了年度效应和行业效应。

表 5-1 变量定义

变量名称	变量符号	定义
超额薪酬	*ExcessPay*	高管货币薪酬实际值和预期值的差额
绝对薪酬	*Pay*	高管前三位货币薪酬总和的自然对数
卖空变量	*Short*	如果上市公司在 *t* 年能够被卖空则为 1，否则为 0
转融券变量	*ReShort*	如果上市公司在 *t* 年能够转融券卖空则为 1，否则为 0
融券调出变量	*OutShort*	如果上市公司在 *t* 年被调出融券试点则为 1，否则为 0
资产利润率	*Roa*	净利润/资产平均值
净资产收益率	*Roe*	净利润/股东权益平均值
个股回报率	*Ret*	(本期收盘价-上期收盘价)/上期收盘价
应计的盈余管理	*AEM*	根据修正的 Jones 模型计算
真实的盈余管理	*REM*	根据 Roychowdhury(2006)计算
企业规模	*Size*	总资产的自然对数
杠杆率	*Lever*	企业总负债/总资产
有形资产比率	*Col*	有形资产总额/总资产
企业年龄	*Age*	(公司成立时间+1)的自然对数
第一大股东持股比例	*Top*1	第一大股东持股数量/企业股份总数
管理层持股比例	*Mshare*	管理层持股数量/企业股份总数
独立董事比率	*Ind*	董事会中独立董事所占比率
两职合一	*Dual*	总经理、董事长由一人兼任为 1，否则为 0
董事会规模	*Board*	董事会人数的自然对数
企业成长	*Grow*	企业销售收入增长率

（二）数据来源与描述性统计

本章选择中国沪深两市的 A 股上市公司年度财务数据作为研究样本，样本区间为 2007 年至 2014 年，公司财务数据来自国泰安 CSMAR 数据库，融资融券标的证券的信息来自沪深交易所网站，我们按照以下标准对数据进行了筛选：①删除了商业银行、保险公司等金融类上市公司；②删除了 ST、*ST 公司；③删除了资不抵债的公司；④删除了在统计逻辑上明显错误的样本，如企业总产值为负、从业人数为负等；⑤删除了相关年份高管薪酬、资产、主营业务收入等关键变量缺失的样本。共获得 14856 个样本观测值。为了防止数据的异常值或输入错误对实证结果的干扰，论文对关键连续变量两端的异常值按照 1%的水平进行了 winsorize 处理①。

表 5-2 给出了主要变量的描述性统计结果，其中超额薪酬 *ExcessPay* 的均值和中位数分别为 0.0022 和 0.0060，最小值为-3.3401，说明有部分上市公司的实际货币薪酬水平小于预期正常水平，而最大值则为 2.9169，说明上市公司高管的超额薪酬水平差距较大。高管的绝对薪酬水平 *Pay* 的均值为 13.9407，中位数为 13.9535，最小值为 10.3079，最大值达到 17.2391。应计的盈余管理 *AEM* 均值和中位数均为负，但都接近于 0，最小值为-0.5367，最大值为 0.6173；真实的盈余管理 *REM* 均值和中位数都大于 0，最小值为-5.0230，最大值为 4.7612，说明不同公司应计的和真实的盈余管理差距都较大。

表 5-2　主要变量的描述性统计

变量	N	Mean	SD	Min	P25	Median	P75	Max
ExcessPay	13293	0.0022	0.5835	-3.3401	-0.3592	0.0060	0.3630	2.9169
Pay	14856	13.9407	0.7657	10.3079	13.4662	13.9535	14.4253	17.2391
Roa	14119	0.0443	0.0531	-0.1553	0.0150	0.0390	0.0715	0.1713
Roe	14119	0.0795	0.1175	-0.4984	0.0321	0.0773	0.1315	0.3772
Ret	13930	0.3749	0.9764	-0.8693	-0.2207	0.1185	0.6685	21.5263
Size	14886	21.8178	1.2858	19.1175	20.9050	21.6450	22.5373	26.3857
Lever	14886	0.4476	0.2156	0.0075	0.2779	0.4531	0.6182	0.9981

① 即对所有处于 0~1%分位数的连续变量极端值，令其等于 1%的分位数，对所有处于 99%~100%分位数的连续变量极端值，令其等于 99%的分位数。

续表

变量	N	Mean	SD	Min	P25	Median	P75	Max
Col	14886	0.9458	0.0620	0.6599	0.9321	0.9645	0.9840	1
Age	14886	2.5857	0.4523	0	2.3979	2.6391	2.8904	7.6084
*Top*1	14886	36.4221	15.5263	2.1969	23.9225	34.6546	47.7013	89.4086
Mshare	14240	0.1038	0.1951	0	0	0.0001	0.0904	0.8973
Ind	14773	0.3682	0.0541	0.0909	0.3333	0.3333	0.4	0.8
Dual	14886	0.2137	0.4099	0	0	0	0	1
Board	14773	2.1750	0.2020	1.0986	2.0794	2.1972	2.1972	2.9444
Grow	14104	0.2318	0.6726	-0.8131	-0.0119	0.1262	0.2943	5.7699
AEM	13954	-0.0034	0.1494	-0.5367	-0.0575	-0.0056	0.0464	0.6173
REM	12869	0.0148	1.0910	-5.0230	-0.1620	0.0169	0.1719	4.7612

表5-3比较了可卖空与不可卖空股票公司主要变量的描述性统计差异，由于融资融券制度开始于2010年3月，2010年以前的所有股票均不能卖空，因此，表5-3是对2010—2014年主要变量的比较。通过比较可以发现，可卖空股票公司的企业规模、杠杆率、企业年龄、第一大股东持股比例、独立董事比率和董事会规模均显著高于不可卖空的上市公司，而有形资产比率、管理层持股比例、两职合一和企业成长均显著低于不可卖空的上市公司。因此，在模型设计和实证检验中，我们需要对这些变量加以控制。

表5-3　2010—2014年可卖空与不可卖空股票公司主要变量的描述性统计①

变量	*Short*=0		*Short*=1		T-stat	Z-stat
	Mean	*Median*	*Mean*	*Median*		
ExcessPay	-0.0151	-0.0050	0.0604	0.0249	-5.2758***	-3.240***
Pay	13.9568	13.9691	14.5758	14.5259	-37.2498***	-34.300***

① T-stat为均值检验，Z-stat为Wilcoxon秩和检验。

续表

变量	Short=0		Short=1		T-stat	Z-stat
	Mean	Median	Mean	Median		
Roa	0.0435	0.0386	0.0541	0.0433	-8.5219***	-6.444***
Roe	0.0732	0.0712	0.1062	0.1011	-12.4546***	-14.229***
Ret	0.1173	0.0330	0.2364	0.1448	-9.3330***	-9.613***
Size	21.5975	21.4917	23.2348	23.1235	-58.8933***	-46.560***
Lever	0.4158	0.4053	0.4994	0.5152	-15.4519***	-15.791***
Col	0.9457	0.9632	0.9390	0.9616	4.3246***	2.061**
Age	2.5977	2.6391	2.7543	2.7726	-14.1363***	-15.141***
*Top*1	35.8098	33.9889	38.2273	36.9360	-6.2857***	-5.564***
Mshare	0.1440	0.0006	0.0440	0.0001	19.2638***	11.707***
Ind	0.3695	0.3333	0.3768	0.3636	-5.2890***	-5.620***
Dual	0.2563	0	0.1632	0	8.8623***	8.830***
Board	2.1510	2.1972	2.2172	2.1972	-13.5409***	-11.755***
Grow	0.2424	0.1322	0.1741	0.1196	4.3123***	2.674***
AEM	-0.0109	-0.0101	0.0208	0.0046	-7.8600***	-8.967***
REM	-0.0003	0.0169	0.0852	0.0162	-2.6568***	-1.125

注：***表示在1%的水平下显著。

表5-4是主要变量的*pearson*相关系数矩阵，由表5-4可以看到，超额薪酬水平*ExcessPay*和绝对薪酬水平*Pay*存在正相关关系，而且相关系数达到0.75，说明高管货币薪酬的绝对数额越高，其超额水平也可能越大。会计业绩中*Roa*和*Roe*的相关系数为0.84，但我们在实证中，每次只会引入一个变量。另外，大部分控制变量之间的相关系数都小于0.3，这表明它们之间不存在严重的多重共线性问题。

表 5-4 主要变量的 *pearson* 相关系数矩阵

变量	*ExcessPay*	*Pay*	*Roa*	*Roe*	*Ret*	*Size*	*Lever*	*Col*	*Age*	*Top*1	*Mshare*	*Ind*	*Dual*	*Board*	*Grow*	*AEM*
Pay	0.75															
Roa	0.01	0.26														
Roe	0.01	0.29	0.84													
Ret	-0.00	-0.11	0.10	0.13												
Size	-0.01	0.48	0.04	0.19	-0.05											
Lever	-0.00	0.05	-0.35	-0.09	0.06	0.46										
Col	0.03	0.03	-0.02	0.02	-0.00	0.05	0.06									
Age	0.04	0.10	-0.10	-0.03	-0.02	0.14	0.26	-0.05								
*Top*1	-0.12	0.04	0.10	0.12	-0.00	0.26	0.06	0.05	-0.15							
Mshare	-0.03	-0.03	0.15	0.03	-0.06	-0.28	-0.39	0.00	-0.37	-0.10						
Ind	-0.02	0.01	-0.02	-0.02	-0.02	0.03	-0.03	-0.01	-0.04	0.05	0.08					
Dual	0.05	0.01	0.04	-0.01	-0.03	-0.18	-0.19	-0.00	-0.11	-0.06	0.26	0.08				
Board	0.05	0.13	0.01	0.05	0.01	0.29	0.16	0.01	0.04	0.01	-0.19	-0.41	-0.16			
Grow	-0.03	0.01	0.22	0.25	0.14	0.04	0.06	-0.02	-0.00	0.07	0.00	0.01	-0.01	-0.02		
AEM	-0.02	0.08	0.14	0.16	0.01	0.16	0.06	0.05	0.01	0.03	-0.03	0.00	-0.04	0.05	0.03	
REM	-0.03	-0.03	-0.19	-0.15	-0.02	0.08	0.09	0.06	0.04	0.02	-0.05	0.01	-0.02	0.02	-0.14	0.22

二、实证结果分析

（一）股票卖空机制对高管薪酬的影响

本章的样本观测值是时间跨度短，而横截面很大的面板数据，对于这类数据来说，使用常用的估计方法会低估标准误差，进而导致高估系数的显著性水平，而对标准误差进行聚类(cluster)调整后得到的标准误差才是无偏的。所以，在对本章模型进行检验时，我们对标准误差在公司层面进行聚类(cluster)调整，采用稳健的标准差。

表5-5列出了股票卖空与高管薪酬相关关系的检验结果，其中，第(1)至第(3)列为股票卖空对超额薪酬 *ExcessPay* 的回归结果，第(4)至第(6)列为股票卖空对绝对薪酬 *Pay* 的回归结果。在第(1)列和第(4)列中，我们没有加入任何控制变量，只控制了年度效应和行业效应，卖空变量 *Short* 的系数分别为0.0949和0.5667，并且均在1%的水平上显著。在第(2)列和第(5)列中，我们只加入公司特征的控制变量，而没有控制年度效应与行业效应，卖空变量 *Short* 的系数也均在1%的水平下显著为正。当我们同时控制了年度效应与行业效应之后，*Short* 的系数仍然在1%的水平下显著为正。以上结果表明，在融资融券制度实施以后，相比于不能够卖空股票的上市公司，允许卖空股票的上市公司，其高管的超额薪酬水平显著上升，这一结果与假设5-1b的预期一致。

表5-5　卖空与高管薪酬

变量	(1) *ExcessPay*	(2) *ExcessPay*	(3) *ExcessPay*	(4) *Pay*	(5) *Pay*	(6) *Pay*
Short	0.0949*** (3.9428)	0.0759*** (3.6445)	0.0809*** (3.6054)	0.5667*** (19.7620)	0.2320*** (10.3706)	0.0976*** (4.1183)
Size		-0.0015 (-0.1293)	0.0075 (0.6172)		0.2960*** (23.0715)	0.2891*** (22.3331)

续表

变量	(1) ExcessPay	(2) ExcessPay	(3) ExcessPay	(4) Pay	(5) Pay	(6) Pay
Lever		-0.0274 (-0.4272)	0.0026 (0.0402)		-0.3125*** (-4.5439)	-0.1907*** (-2.8204)
Col		0.3008* (1.8826)	0.2730* (1.7038)		0.3611** (2.0395)	0.4619*** (2.6786)
Roa		0.1854 (0.8971)	0.1399 (0.6771)		3.2935*** (14.9466)	3.3578*** (15.5786)
Age		0.0155 (0.6293)	0.0501* (1.8446)		0.1367*** (4.4240)	0.0510* (1.7932)
Ret		-0.0002 (-0.0297)	-0.0014 (-0.1406)		-0.0629*** (-11.1700)	-0.0077 (-0.8217)
*Top*1		-0.0043*** (-5.6455)	-0.0039*** (-5.0819)		-0.0039*** (-4.6922)	-0.0033*** (-4.1223)
Mshare		-0.1482*** (-2.5817)	-0.1134* (-1.9381)		0.2738*** (4.2740)	0.0405 (0.6465)
Ind		-0.0446 (-0.2431)	-0.0094 (-0.0505)		-0.1495 (-0.7598)	-0.1107 (-0.5681)
Dual		0.0978*** (3.9576)	0.0869*** (3.4733)		0.1228*** (4.7488)	0.0962*** (3.7324)
Board		0.1536*** (2.6801)	0.1627*** (2.7694)		0.0246 (0.3907)	0.1398** (2.2687)
Grow		-0.0077 (-0.7085)	-0.0117 (-1.0754)		-0.0263** (-2.4232)	-0.0334*** (-3.1204)
Constant	0.4788*** (27.0296)	-0.4551 (-1.5486)	-0.3633 (-1.1780)	14.0550*** (711.5012)	6.8948*** (21.4735)	7.1267*** (21.8084)
Year	Yes	No	Yes	Yes	No	Yes
Industry	Yes	No	Yes	Yes	No	Yes
N	13293	12300	12285	14856	13396	13371
Adjusted R^2	0.035	0.023	0.054	0.193	0.333	0.396

注：***、**、*分别表示1%、5%、10%的显著性水平；括号中的数字为双尾检验的t值，其中标准误差经过公司聚类(cluster)调整。

表5-6列出了转融券卖空和融券调出对高管薪酬的影响结果，第(1)列和第(2)列为转融券卖空的影响，转融券卖空变量 *ReShort*

的系数均在1%的水平下显著为正，说明当可卖空上市公司的卖空压力增大时，其高管的超额薪酬水平显著上升；第(3)列和第(4)列为融券调出的影响，其中，融券调出变量 *OutShort* 的系数在第三列中为负，显著性水平接近10%(t值为-1.2753)，在第(4)列中则在5%的水平下显著为负，说明当可卖空上市公司被调出融券名单时，卖空压力减小，其高管的超额薪酬水平显著下降。

表5-6　转融券卖空、融券调出与高管薪酬

变量	(1) *ExcessPay*	(2) *Pay*	(3) *ExcessPay*	(4) *Pay*
ReShort	0.1268*** (4.0811)	0.1461*** (4.4954)		
OutShort			-0.0680 (-1.2753)	-0.1140** (-2.0087)
Size	-0.0003 (-0.0150)	0.2648*** (10.8551)	-0.0050 (-0.2124)	0.2566*** (10.4044)
Lever	0.1705 (1.2933)	0.0289 (0.2079)	0.1466 (1.0860)	-0.0013 (-0.0093)
Col	0.0181 (0.0645)	0.0218 (0.0717)	0.1012 (0.3637)	0.1273 (0.4296)
Roa	0.5182 (1.1839)	3.6993*** (8.4428)	0.8315* (1.9360)	4.1643*** (9.4967)
Age	0.1233** (2.1969)	0.1207** (2.1060)	0.0874 (1.4537)	0.0809 (1.3162)
Ret	0.0234 (0.9578)	0.0406 (1.6004)	0.0269 (1.0521)	0.0411 (1.5417)
Top1	-0.0077*** (-5.8283)	-0.0075*** (-5.4683)	-0.0090*** (-6.5360)	-0.0090*** (-6.3592)
Mshare	-0.1571 (-0.9426)	0.0341 (0.1989)	-0.2074 (-1.2940)	-0.0231 (-0.1387)
Ind	-0.2127 (-0.7050)	-0.2790 (-0.8920)	-0.1840 (-0.6204)	-0.2538 (-0.8277)
Dual	0.1068** (2.1979)	0.1154** (2.4061)	0.1336*** (2.7435)	0.1472*** (3.0239)
Board	0.1026 (1.0853)	0.0866 (0.8900)	0.0971 (0.9909)	0.0842 (0.8284)
Grow	-0.0480 (-1.3504)	-0.0619* (-1.6859)	-0.0540 (-1.5152)	-0.0679* (-1.8691)
Constant	-0.3668 (-0.6183)	7.7063*** (12.2998)	0.0696 (0.1223)	8.2657*** (14.1174)

续表

变量	(1) ExcessPay	(2) Pay	(3) ExcessPay	(4) Pay
Year	Yes	Yes	Yes	Yes
Industry	Yes	Yes	Yes	Yes
N	2005	2007	2005	2007
Adjusted R^2	0.141	0.334	0.084	0.286

注：***、**、*分别表示1%、5%、10%的显著性水平；括号中的数字为双尾检验的t值，其中标准误差经过公司聚类(cluster)调整。

表5-7是卖空头寸与可贷出证券数量对高管薪酬影响的OLS和IV检验结果，第(1)列和第(2)列中卖空头寸 *ShortInterest* 的系数均在1%的水平下显著为正，说明被卖空股票数量越多，高管所获得的超额薪酬和绝对薪酬也就越多，第(3)列和第(4)列的工具变量结果同样是在1%的水平下显著为正；第(5)列和第(6)列中可贷出证券数量 *Lendable* 的系数均在5%的水平下显著为正，说明可贷出证券数量越多，高管所获得的超额薪酬和绝对薪酬也就越多，第(7)列和第(8)列的工具变量结果则都是在1%的水平下显著为正。以上结果均说明，卖空的压力越大(卖空头寸或可贷出证券数量越多)，上市公司高管所获得的超额薪酬越多，都支持假设5-1b的预期。

表5-7　卖空头寸、可贷出证券数量与高管薪酬

变量	(1) ExcessPay OLS	(2) Pay OLS	(3) ExcessPay IV	(4) Pay IV	(5) ExcessPay OLS	(6) Pay OLS	(7) ExcessPay IV	(8) Pay IV
ShortInterest	1.9015*** (3.5193)	1.8896*** (3.4756)	11.5393*** (3.1529)	14.2812*** (3.6464)				
Lendable					0.9257** (2.3430)	0.9412** (2.4268)	7.6225*** (3.1707)	9.4242*** (3.6430)
Size	0.0101 (0.8570)	0.2938*** (23.3740)	-0.0251 (-1.4384)	0.2491*** (13.3099)	0.0120 (1.0020)	0.2954*** (23.3642)	-0.0249 (-1.4161)	0.2492*** (13.1069)
Lever	0.0044 (0.0676)	-0.1913*** (-2.8225)	0.0647 (0.9251)	-0.1164 (-1.5952)	0.0010 (0.0156)	-0.1943*** (-2.8693)	0.0625 (0.8894)	-0.1182 (-1.6018)
Col	0.2636 (1.6443)	0.4506*** (2.6081)	0.2622* (1.6466)	0.4490*** (2.6308)	0.2582 (1.6082)	0.4452** (2.5717)	0.2173 (1.3666)	0.3942** (2.3061)

续表

变量	(1) ExcessPay OLS	(2) Pay OLS	(3) ExcessPay IV	(4) Pay IV	(5) ExcessPay OLS	(6) Pay OLS	(7) ExcessPay IV	(8) Pay IV
Roa	0.1701 (0.8210)	3.3941*** (15.6795)	0.1481 (0.7176)	3.3569*** (15.5585)	0.1630 (0.7881)	3.3876*** (15.6703)	0.0800 (0.3903)	3.2775*** (15.2324)
Age	0.0478* (1.7561)	0.0486* (1.7077)	0.0369 (1.2670)	0.0344 (1.1217)	0.0485* (1.7954)	0.0493* (1.7416)	0.0377 (1.3821)	0.0355 (1.2427)
Ret	-0.0011 (-0.1173)	-0.0074 (-0.7886)	-0.0020 (-0.2007)	-0.0085 (-0.8780)	-0.0007 (-0.0689)	-0.0069 (-0.7387)	0.0015 (0.1485)	-0.0043 (-0.4461)
*Top*1	-0.0039*** (-5.0779)	-0.0033*** (-4.1385)	-0.0032*** (-3.9979)	-0.0025*** (-2.9033)	-0.0039*** (-5.0947)	-0.0034*** (-4.1532)	-0.0032*** (-3.9090)	-0.0024*** (-2.8049)
Mshare	-0.1227** (-2.1025)	0.0279 (0.4465)	-0.0910 (-1.4925)	0.0695 (1.0621)	-0.1237** (-2.1222)	0.0269 (0.4321)	-0.0854 (-1.4103)	0.0759 (1.1659)
Ind	0.0040 (0.0214)	-0.0930 (-0.4786)	-0.0341 (-0.1830)	-0.1428 (-0.7261)	0.0067 (0.0361)	-0.0904 (-0.4649)	-0.0282 (-0.1514)	-0.1349 (-0.6853)
Dual	0.0868*** (3.4755)	0.0961*** (3.7323)	0.0863*** (3.4945)	0.0954*** (3.7384)	0.0863*** (3.4553)	0.0956*** (3.7119)	0.0824*** (3.3239)	0.0907*** (3.5220)
Board	0.1617*** (2.7475)	0.1391** (2.2545)	0.1480** (2.4669)	0.1218* (1.9362)	0.1639*** (2.7920)	0.1413** (2.2933)	0.1606*** (2.7249)	0.1371** (2.2184)
Grow	-0.0125 (-1.1546)	-0.0346*** (-3.2333)	-0.0081 (-0.7367)	-0.0297*** (-2.7417)	-0.0129 (-1.1873)	-0.0349*** (-3.2616)	-0.0089 (-0.8075)	-0.0303*** (-2.7994)
Constant	-0.4200 (-1.3969)	7.0236*** (22.0488)	0.4051 (0.9566)	8.0720*** (17.8648)	-0.4628 (-1.5215)	6.9845*** (21.7631)	0.4051 (0.9585)	8.0736*** (17.7821)
Year	Yes	Yes	Yes	Yes	Yes	Yes	Yes	Yes
Industry	Yes	Yes	Yes	Yes	Yes	Yes	Yes	Yes
N	12285	13371	12285	13371	12285	13371	12285	13371
Adjusted R^2	0.054	0.396			0.054	0.396		

注：***、**、*分别表示1%、5%、10%的显著性水平；括号中的数字为双尾检验的t值，其中标准误差经过公司聚类(cluster)调整。

（二）股票卖空机制对高管薪酬辩护的影响

表5-8是卖空对上市公司高管薪酬—业绩敏感度的影响，我们分别控制时间效应、行业效应和公司特征变量，第(1)至第(3)列中，业绩以*Roa*表示，第(4)至第(6)列中，业绩以*Roe*表示，第(7)至第(9)列中，业绩以*Ret*表示，在第(1)至第(6)列中，交乘项*Short*×*Perf*的系数均在1%的水平下显著为正，表明可卖空上市公司高管的薪酬与会计业绩的敏感度更高，在第(7)列只控制时间效应和

行业效应的回归中，交乘项 *Short*×*Perf* 的系数为负且不显著，在第(8)列只控制公司特征变量的回归中，交乘项 *Short*×*Perf* 的系数在1%的水平下显著为正，但是在第(9)列加入时间效应和行业效应之后，*Short*×*Perf* 的系数变得不再显著，说明卖空对高管薪酬—业绩敏感度的影响只限于会计业绩，而高管薪酬与个股回报率等市场业绩的敏感度在可卖空与不可卖空上市公司之间没有显著差异。

表 5-8　卖空与高管薪酬—业绩敏感度

变量	(1) *Pay*	(2) *Pay*	(3) *Pay*	(4) *Pay*	(5) *Pay*	(6) *Pay*	(7) *Pay*	(8) *Pay*	(9) *Pay*
	Perf=*Roa*			*Perf*=*Roe*			*Perf*=*Ret*		
Short	0.4323*** (12.5694)	0.1351*** (4.5025)	0.0093 (0.3067)	0.3613*** (11.4345)	0.1165*** (3.8399)	-0.0068 (-0.2229)	0.5744*** (19.0815)	0.1872*** (7.8210)	0.0873*** (3.4868)
Perf	0.1299 (1.0900)	0.1181 (1.2786)	0.1117 (1.2384)	0.0164 (0.9348)	0.0102 (1.0173)	0.0077 (0.7847)	0.0005 (0.0404)	-0.0723*** (-12.2145)	-0.0160 (-1.6248)
Short×*Perf*	2.3092*** (6.4391)	1.9092*** (5.2791)	2.0944*** (5.9630)	1.8839*** (10.2587)	1.2512*** (6.3003)	1.3208*** (7.0436)	-0.0432 (-1.5535)	0.1531*** (6.1964)	0.0346 (1.3812)
Size		0.3246*** (24.6272)	0.3191*** (23.9220)		0.3211*** (24.4417)	0.3155*** (23.7583)		0.2970*** (23.0470)	0.2877*** (22.0635)
Lever		-0.6259*** (-9.1593)	-0.5242*** (-7.8088)		-0.6539*** (-9.7271)	-0.5526*** (-8.3546)		-0.3003*** (-4.3629)	-0.1835*** (-2.6976)
Col		0.4662** (2.5289)	0.5711*** (3.1644)		0.4623** (2.5098)	0.5725*** (3.1741)		0.4379** (2.4562)	0.5335*** (3.0591)
Age		0.1380*** (4.5160)	0.0601** (2.0559)		0.1393*** (4.5333)	0.0608** (2.0788)		0.1330*** (4.3373)	0.0503* (1.7671)
Ret		-0.0460*** (-8.4863)	0.0155* (1.7246)		-0.0450*** (-8.3350)	0.0168* (1.8739)			
Roa								3.2859*** (15.3080)	3.3704*** (15.9034)
*Top*1		-0.0034*** (-3.9035)	-0.0027*** (-3.1753)		-0.0034*** (-3.8683)	-0.0026*** (-3.1513)		-0.0040*** (-4.7609)	-0.0034*** (-4.1965)
Mshare		0.3253*** (4.9483)	0.1130* (1.7461)		0.3183*** (4.8350)	0.1051 (1.6226)		0.2663*** (4.1747)	0.0355 (0.5688)
Ind		-0.2416 (-1.1790)	-0.2000 (-0.9831)		-0.2463 (-1.2017)	-0.2045 (-1.0040)		-0.1281 (-0.6518)	-0.0955 (-0.4887)
Dual		0.1169*** (4.3271)	0.0956*** (3.5529)		0.1172*** (4.3393)	0.0958*** (3.5584)		0.1164*** (4.4907)	0.0916*** (3.5529)
Board		0.0374 (0.5723)	0.1449** (2.2613)		0.0392 (0.6008)	0.1462** (2.2867)		0.0318 (0.5053)	0.1424** (2.3000)
Grow		0.0167 (1.5886)	0.0066 (0.6330)		0.0181* (1.7377)	0.0084 (0.8169)		-0.0368*** (-3.3195)	-0.0437*** (-3.9882)
Constant	14.1506*** (622.6381)	6.4033*** (19.2478)	6.6599*** (19.5964)	14.1552*** (654.5717)	6.4925*** (19.5514)	6.7492*** (19.8977)	14.1594*** (444.4577)	6.7789*** (21.1530)	7.0708*** (21.5595)
Year	Yes	No	Yes	Yes	No	Yes	Yes	No	Yes

续表

变量	(1) *Pay*	(2) *Pay*	(3) *Pay*	(4) *Pay*	(5) *Pay*	(6) *Pay*	(7) *Pay*	(8) *Pay*	(9) *Pay*
	Perf=Roa			*Perf=Roe*			*Perf=Ret*		
Industry	Yes	No	Yes	Yes	No	Yes	Yes	No	Yes
N	14064	13170	13145	14064	13170	13145	13876	13170	13145
Adjusted R^2	0.202	0.304	0.365	0.208	0.305	0.366	0.196	0.339	0.398

注：***、**、*分别表示1%、5%、10%的显著性水平；括号中的数字为双尾检验的t值，其中标准误差经过公司聚类(cluster)调整。

为了检验假设5-3，表5-9和表5-10列出了卖空对高管薪酬—业绩敏感度的影响在盈余管理程度不同的子样本中的差异，由表5-5至表5-7的回归分析可知，个股回报率的系数均不是显著为正，表明高管的货币薪酬只对会计业绩敏感，而对市场业绩并不敏感，而且由表5-8的分析可知，高管薪酬与个股回报率的敏感度在可卖空与不可卖空上市公司之间的差异并不显著，因此，在后文的分析中，我们只考虑*Roa*和*Roe*两种会计业绩指标。由于篇幅有限，表5-9和表5-10只列出了关键变量的回归结果，其中表5-9的盈余管理为应计的盈余管理，表5-10的盈余管理为真实的盈余管理。在表5-9的分析中可以看到，以*Roa*代表会计业绩的分析中，第(1)列交乘项*Short*×*Perf*×*EMD*的系数在10%的水平下显著为负，第(4)列中交乘项*Short*×*Perf*×*EMD*的系数为负且不显著，两者均表明卖空提升高管薪酬—业绩敏感度的效应并没有随应计盈余管理程度的提高而变得更大。子样本的结果也与总样本一致，在第(2)列应计盈余管理程度高于中位数的子样本中，交乘项*Short*×*Perf*的系数为负且不显著，在第(3)列应计盈余管理程度低于中位数的子样本中，交乘项*Short*×*Perf*的系数在10%的水平下显著为正，在第(5)列应计盈余管理为正的子样本中，交乘项*Short*×*Perf*的系数为负且不显著，在第(6)列应计盈余管理为负的子样本中，交乘项*Short*×*Perf*的系数为正且不显著，两者均表明在应计盈余管理程度较高的子样本中，卖空并没有显著提升高管的薪酬—业绩敏感度。

以 *Roe* 代表会计业绩的结果与此类似，第(7)列和第(10)列总样本的分析中，交乘项 *Short×Perf×EMD* 的系数均不显著，第(8)、第(9)列和第(11)、第(12)列子样本中，交乘项 *Short×Perf* 的系数均在 10%的水平下显著为正，表明卖空对高管薪酬—业绩敏感度的作用在应计盈余管理程度不同的子样本中没有显著差异。表 5-9 的结果与假设 5-3 的预期一致。

在表 5-10 的分析中可以看到，在以 *Roa* 代表会计业绩的分析中，第(1)列和第(4)列中交乘项 *Short×Perf×EMD* 的系数均在 1%的水平下显著为正，表明卖空提升高管薪酬—业绩敏感度的效应会随着真实盈余管理程度的提高而变得更大。子样本的结果也与总样本一致，在第(2)列真实盈余管理程度高于中位数的子样本中，交乘项 *Short×Perf* 的系数在 1%的水平下显著为正，在第(3)列真实盈余管理程度低于中位数的子样本中，交乘项 *Short×Perf* 的系数为负且不显著，在第(5)列真实盈余管理为正的子样本中，交乘项 *Short×Perf* 的系数在 1%的水平下显著为正，在第(6)列真实盈余管理为负的子样本中，交乘项 *Short×Perf* 的系数为负且不显著，两者均表明在真实盈余管理程度较高的子样本中，卖空能够显著提升高管的薪酬—业绩敏感度。以 *Roe* 代表会计业绩的结果与此类似，第(7)列总样本的分析中，交乘项 *Short×Perf×EMD* 的系数在 10%的水平下显著为正，在第(10)列总样本的分析中，交乘项 *Short×Perf×EMD* 的系数在 5%的水平下显著为正，第(8)列真实盈余管理程度高于中位数的子样本和第(11)列真实盈余管理为正的子样本中，交乘项 *Short×Perf* 的系数均在 1%的水平下显著为正，第(9)列真实盈余管理程度低于中位数的子样本中交乘项 *Short×Perf* 的系数在 10%的水平下显著为正，第(12)列真实盈余管理为负的子样本中，交乘项 *Short×Perf* 的系数为正但不显著，表明卖空对高管薪酬—业绩敏感度的提升作用在真实盈余管理程度较高的子样本中更显著。表 5-10的结果也与假设 5-3 的预期一致。

表 5-9　卖空、应计的盈余管理与高管薪酬—业绩敏感度

变量	(1) Pay	(2) Pay	(3) Pay	(4) Pay	(5) Pay	(6) Pay	(7) Pay	(8) Pay	(9) Pay	(10) Pay	(11) Pay	(12) Pay
	Perf = *Roa*						*Perf* = *Roe*					
	总样本	*EMD* = 1	*EMD* = 0	总样本	*AEM*>0	*AEM*<0	总样本	*EMD* = 1	*EMD* = 0	总样本	*AEM*>0	*AEM*<0
Short	0. 0066 (0. 1835)	0. 1182 *** (2. 8202)	0. 0433 (1. 1816)	0. 0140 (0. 3924)	0. 1235 *** (2. 8856)	0. 0442 (1. 2199)	0. 0353 (1. 0281)	0. 0645 (1. 6043)	0. 0603 * (1. 6974)	0. 0377 (1. 1170)	0. 0679 * (1. 6465)	0. 0558 (1. 5968)
Perf	3. 3522 *** (14. 3082)	3. 5648 *** (11. 7896)	3. 3569 *** (13. 6108)	3. 3837 *** (14. 4405)	3. 5113 *** (11. 3864)	3. 4156 *** (13. 9025)	1. 2422 *** (12. 7313)	1. 4593 *** (11. 1666)	1. 2739 *** (12. 4311)	1. 2535 *** (12. 8905)	1. 4391 *** (10. 8414)	1. 2942 *** (12. 7145)
Short×*Perf*	0. 8096 (1. 6125)	−0. 2867 (−0. 5911)	0. 8166 * (1. 6503)	0. 5995 (1. 2202)	−0. 1631 (−0. 3290)	0. 6135 (1. 2671)	0. 3633 (1. 6032)	0. 4488 * (1. 7510)	0. 4056 * (1. 7817)	0. 2991 (1. 3467)	0. 5303 * (1. 9152)	0. 3409 * (1. 7220)
EMD	−0. 0403 ** (−2. 3670)			0. 0441 (0. 1609)			−0. 0417 *** (−2. 5926)			−0. 0444 *** (−2. 7316)		
Short×*EMD*	0. 1477 *** (3. 2908)			−0. 8186 (−1. 3034)			0. 0520 (1. 2103)			0. 0481 (1. 1101)		
Perf×*EMD*	0. 0993 (0. 3678)			0. 0441 (0. 1609)			0. 2528 * (1. 9526)			0. 2373 * (1. 8114)		
Short× *Perf*×*EMD*	−1. 1417 * (−1. 8189)			−0. 8186 (−1. 3034)			0. 0964 (0. 3155)			0. 2424 (0. 7823)		
Control	Yes	Yes	Yes	Yes	Yes	Yes	Yes	Yes	Yes	Yes	Yes	Yes
Year	Yes	Yes	Yes	Yes	Yes	Yes	Yes	Yes	Yes	Yes	Yes	Yes
Industry	Yes	Yes	Yes	Yes	Yes	Yes	Yes	Yes	Yes	Yes	Yes	Yes
N	13145	6613	6532	13145	6182	6963	13145	6613	6532	13145	6182	6963
Adjusted R^2	0. 399	0. 401	0. 393	0. 399	0. 400	0. 397	0. 396	0. 402	0. 385	0. 396	0. 402	0. 388

注：***、**、* 分别表示 1%、5%、10%的显著性水平；括号中的数字为双尾检验的 t 值，其中标准误差经过公司聚类（cluster）调整。

表 5-10　卖空、真实的盈余管理与高管薪酬—业绩敏感度

变量	(1) *Pay*	(2) *Pay*	(3) *Pay*	(4) *Pay*	(5) *Pay*	(6) *Pay*	(7) *Pay*	(8) *Pay*	(9) *Pay*	(10) *Pay*	(11) *Pay*	(12) *Pay*
	Perf=*Roa*						*Perf*=*Roe*					
	总样本	*EMD*=1	*EMD*=0	总样本	*REM*>0	*REM*<0	总样本	*EMD*=1	*EMD*=0	总样本	*REM*>0	*REM*<0
Short	0.0954** (2.2802)	0.0167 (0.4407)	0.1193*** (2.7348)	0.0982** (2.2156)	0.0220 (0.5938)	0.1169** (2.5405)	0.0333 (0.7649)	0.0112 (0.3085)	0.0542 (1.1940)	0.0377 (0.8091)	0.0156 (0.4375)	0.0536 (1.1104)
Perf	2.1998*** (8.2818)	0.0438 (0.9826)	2.6854*** (8.8676)	2.1837*** (8.5876)	0.0452 (0.9940)	2.6830*** (9.5414)	0.9342*** (7.5541)	0.0022 (0.4721)	1.0973*** (7.8559)	0.9193*** (7.5126)	0.0021 (0.4502)	1.0896*** (7.9094)
Short×*Perf*	−0.0057 (−0.0129)	2.0567*** (3.5547)	−0.1645 (−0.3720)	−0.0808 (−0.1822)	2.1203*** (3.7125)	−0.2596 (−0.5868)	0.5574** (2.0561)	1.0927*** (4.5326)	0.5153* (1.9072)	0.4950* (1.7596)	1.1345*** (4.7204)	0.4382 (1.5778)
EMD	−0.0287 (−1.4894)			−0.0403** (−2.1020)			−0.0563*** (−3.0674)			−0.0696*** (−3.7490)		
Short×*EMD*	−0.0547 (−1.0685)			−0.0586 (−1.1022)			0.0087 (0.1645)			0.0018 (0.0331)		
Perf×*EMD*	−2.1473*** (−7.9997)			−2.1296*** (−8.2804)			−0.9309*** (−7.5291)			−0.9159*** (−7.4863)		
Short× *Perf*×*EMD*	2.4391*** (3.3140)			2.5503*** (3.4718)			0.6694* (1.7803)			0.7646** (1.9943)		
Control	Yes	Yes	Yes	Yes	Yes	Yes	Yes	Yes	Yes	Yes	Yes	Yes
Year	Yes	Yes	Yes	Yes	Yes	Yes	Yes	Yes	Yes	Yes	Yes	Yes
Industry	Yes	Yes	Yes	Yes	Yes	Yes	Yes	Yes	Yes	Yes	Yes	Yes
N	13145	7010	6135	13145	7393	5752	13145	7010	6135	13145	7393	5752
Adjusted R^2	0.382	0.410	0.346	0.383	0.408	0.345	0.382	0.411	0.343	0.382	0.409	0.341

注：***、**、*分别表示1%、5%、10%的显著性水平；括号中的数字为双尾检验的t值，其中标准误差经过公司聚类(cluster)调整。

表5-11是假设5-4的检验结果，我们根据 Cornett et al.（2008）、陈胜蓝和卢锐（2012）的思路，分别根据应计的盈余管理和真实的盈余管理计算公司的操纵性业绩 *EM_ Perf*，然后再从会计业绩中剔除操纵性业绩之后，考察卖空对高管薪酬—业绩敏感度的影响。表5-11第（1）和第（2）列中操纵性业绩根据应计的盈余管理计算，可以看出无论是以 *Roa* 还是 *Roe* 代表会计业绩，交乘项 *Short*×（*Perf*-*EM_ Perf*）的系数均显著为正，表明剔除了应计项目的操纵性业绩之后，可卖空上市公司高管的薪酬—业绩敏感度相比不可卖空公司仍然显著上升。表5-11第（3）和第（4）列中操纵性业绩根据真实的盈余管理计算，可以看出无论是以 *Roa* 还是 *Roe* 代表会计业绩，交乘项 *Short*×（*Perf*-*EM_ Perf*）的系数均不显著，表明剔除了真实活动的操纵性业绩之后，可卖空上市公司高管的薪酬—业绩敏感度相比不可卖空公司没有显著差异。这可以理解为可卖空上市公司的高管，由于卖空的压力较少地利用应计的盈余管理而较多采用真实的盈余管理来提高薪酬—业绩敏感度，因此，剔除应计的操纵性业绩之后，高管的薪酬—业绩敏感度在可卖空上市公司中仍然更高，但剔除了真实的操纵性业绩之后，高管的薪酬—业绩敏感度在可卖空与不可卖空上市公司之间则没有显著差异。表5-11的结果也与假设5-4一致。

表5-11　卖空与剔除操纵性业绩之后的高管薪酬—业绩敏感度

变量	（1） *Pay*	（2） *Pay*	（3） *Pay*	（4） *Pay*
	EM_ Perf 根据 *AEM* 计算		*EM_ Perf* 根据 *REM* 计算	
	Perf=*Roa*	*Perf*=*Roe*	*Perf*=*Roa*	*Perf*=*Roe*
Short	0.0742*** （2.6189）	0.0575** （2.1856）	0.1214*** （4.7751）	0.1249*** （4.9530）
Perf-*EM_ Perf*	1.6796*** （8.0693）	0.3597*** （3.6489）	0.2294*** （8.8360）	0.0528*** （5.1555）
Short× （*Perf*-*EM_ Perf*）	0.5922* （1.8500）	0.6550*** （4.2323）	0.1144 （1.4069）	0.0808 （1.2675）

续表

变量	(1) Pay	(2) Pay	(3) Pay	(4) Pay
	EM_ Perf 根据 AEM 计算		EM_ Perf 根据 REM 计算	
	Perf=Roa	Perf=Roe	Perf=Roa	Perf=Roe
Size	0. 3064*** (22. 8950)	0. 3095*** (23. 0932)	0. 3137*** (22. 7480)	0. 3150*** (22. 7893)
Lever	-0. 3454*** (-4. 9422)	-0. 5130*** (-7. 5576)	-0. 5188*** (-7. 5104)	-0. 5384*** (-7. 7815)
Col	0. 5617*** (3. 1393)	0. 5506*** (3. 0534)	0. 5742*** (3. 0949)	0. 5643*** (3. 0296)
Age	0. 0517* (1. 7870)	0. 0545* (1. 8680)	0. 0726** (2. 3060)	0. 0707** (2. 2490)
Ret	-0. 0105 (-1. 1425)	-0. 0030 (-0. 3301)	0. 0069 (0. 7736)	0. 0102 (1. 1346)
Top1	-0. 0030*** (-3. 5879)	-0. 0027*** (-3. 1777)	-0. 0025*** (-2. 8162)	-0. 0024*** (-2. 7318)
Mshare	0. 0732 (1. 1516)	0. 0976 (1. 5140)	0. 1329* (1. 9317)	0. 1430** (2. 0640)
Ind	-0. 1228 (-0. 6139)	-0. 1701 (-0. 8383)	-0. 1532 (-0. 7360)	-0. 1627 (-0. 7775)
Dual	0. 0941*** (3. 5464)	0. 0940*** (3. 4935)	0. 0960*** (3. 3522)	0. 0963*** (3. 3472)
Board	0. 1396** (2. 1949)	0. 1442** (2. 2546)	0. 1442** (2. 1591)	0. 1447** (2. 1676)
Grow	-0. 0216* (-1. 9005)	-0. 0052 (-0. 4342)	-0. 0027 (-0. 2352)	0. 0051 (0. 4491)
Constant	6. 8472*** (20. 2076)	6. 8982*** (20. 2101)	6. 7727*** (19. 3085)	6. 8187*** (19. 3341)
Year	Yes	Yes	Yes	Yes
Industry	Yes	Yes	Yes	Yes
N	13006	13006	12142	12142
Adjusted R^2	0. 372	0. 363	0. 363	0. 360

注：***、**、*分别表示1%、5%、10%的显著性水平；括号中的数字为双尾检验的t值，其中标准误差经过公司聚类(cluster)调整。

（三）股票卖空机制对企业盈余管理的影响

表 5-12 是假设 5-5 的检验结果，我们分别根据修正的 Jones 模型(Dechow et al.，1995)和 Roychowdhury(2006)的方法计算应计的盈余管理和真实的盈余管理，表 5-12 第(1)列是卖空对应计盈余管理 *AEM* 的影响，第(2)列是卖空对应计盈余管理绝对值|*AEM*|的影响，*Short* 的系数均在 10%的水平下显著为负，表明卖空能够抑制高管应计的盈余管理行为，这与 Massa et al.(2015b)和 Fang et al.(2016)的分析结果一致，也与假设 5-5 的预期一致。表 5-12 第(3)列是卖空对真实盈余管理 *REM* 的影响，*Short* 的系数在 5%的水平下显著为正，第(4)列是卖空对真实盈余管理绝对值|*REM*|的影响，*Short* 的系数在 10%的水平下显著为正，表明卖空在抑制公司应计盈余管理的同时，提高了真实的盈余管理，这也与假设 5-5 的预期一致。在表 5-12 第(5)至第(7)列中，我们又分别检验了卖空对真实的盈余管理三个组成部分的影响，表 5-12 的结果显示，卖空对公司异常现金流(*EM_ CFO*)的影响在 1%的水平下显著为负，对异常产品成本(*EM_ PROD*)的影响在 5%的水平下显著为正，对异常酌量性费用(*EM_ DISEXP*)的影响则不显著，表明卖空对公司真实盈余管理的促进作用主要是通过更低的经营活动现金流和更高的产品成本完成的。

表 5-12　卖空与盈余管理

变量	(1) *AEM*	(2) | *AEM* |	(3) *REM*	(4) | *REM* |	(5) *EM_ CFO*	(6) *EM_ PROD*	(7) *EM_ DISEXP*
Short	-0.0085* (-1.8239)	-0.0075* (-1.8387)	0.1657** (2.5487)	0.1478* (1.8411)	-0.0303*** (-2.9552)	0.1646** (2.4944)	0.0121 (0.9288)
Size	0.0076*** (4.4359)	-0.0035** (-2.4722)	0.0533** (2.0584)	-0.1921*** (-4.8963)	0.0629*** (10.3905)	0.2197*** (7.5429)	0.1069*** (13.2094)
Lever	0.0188** (2.4652)	0.0488*** (7.5672)	-0.0730 (-0.5248)	0.2173 (1.2043)	0.0367 (1.3569)	-0.1546 (-1.0592)	-0.0386 (-1.1544)

续表

变量	(1) AEM	(2) |AEM|	(3) REM	(4) |REM|	(5) EM_ CFO	(6) EM_ PROD	(7) EM_ DISEXP
Col	0.1395*** (5.2145)	0.0730*** (3.0319)	1.5618** (2.1311)	0.1898 (0.2295)	-0.2417** (-2.5538)	1.2723* (1.8227)	-0.1283 (-1.2132)
Roa	0.4709*** (13.8318)	-0.0040 (-0.1354)	-3.2548*** (-3.1052)	0.2656 (0.2367)	0.9188*** (6.3781)	-2.3172** (-2.3076)	0.3282** (2.4662)
Age	0.0027 (0.6012)	0.0147*** (3.7768)	-0.1607 (-0.6333)	0.3721 (1.4784)	0.0262 (1.5841)	-0.1308 (-0.5100)	-0.0069 (-0.3422)
Ret	-0.0073** (-2.2541)	0.0026 (0.8252)	0.0660 (1.2037)	-0.1228* (-1.8754)	0.0171 (1.0801)	0.0911* (1.7637)	0.0119* (1.6459)
Top1	-0.0004** (-2.4806)	0.0001 (0.8277)	0.0025 (0.9198)	0.0043 (1.4399)	-0.0002 (-0.5623)	0.0015 (0.5693)	-0.0010** (-2.5165)
Mshare	0.0190** (2.3933)	0.0066 (1.0861)	-0.0181 (-0.0614)	-0.6043* (-1.9553)	-0.0398 (-1.3555)	0.0437 (0.1513)	-0.0061 (-0.1815)
Ind	0.0138 (0.4466)	-0.0092 (-0.3736)	0.7882 (1.0933)	0.5944 (0.7464)	-0.0997 (-0.8998)	0.7079 (0.9862)	-0.0601 (-0.5584)
Dual	0.0022 (0.4335)	0.0051 (1.1770)	0.2000 (0.9408)	0.1916 (0.9219)	-0.0304 (-1.5227)	0.1810 (0.9437)	0.0027 (0.2003)
Board	-0.0161** (-2.0652)	-0.0270*** (-4.4293)	-0.0346 (-0.1818)	-0.2581 (-1.2443)	0.0239 (1.0368)	0.0177 (0.0968)	0.0153 (0.6202)
Grow	0.0204 (1.2391)	0.0640*** (4.1585)	-0.7397 (-1.1891)	1.9105*** (3.1154)	0.0132 (0.2255)	-0.8307 (-1.4642)	-0.0913*** (-3.4029)
Constant	-0.1576*** (-3.4448)	0.1591*** (4.1923)	-3.8307*** (-3.5582)	4.7969*** (3.7869)	-1.3245*** (-7.5608)	-7.5580*** (-7.2805)	-2.3315*** (-12.3440)
Year	Yes	Yes	Yes	Yes	Yes	Yes	Yes
Industry	Yes	Yes	Yes	Yes	Yes	Yes	Yes
Observations	13027	13027	12177	12177	12177	12177	12177
Adjusted R^2	0.039	0.090	0.014	0.118	0.031	0.019	0.062

注：***、**、*分别表示1%、5%、10%的显著性水平；括号中的数字为双尾检验的t值，其中标准误差经过公司聚类(cluster)调整。

（四）稳健性检验

1. 关键变量的替代

本章的稳健性检验首先是对实证检验中的关键变量寻找其他替代变量，主要包括：

(1)货币薪酬与超额薪酬变量的替代。本章还以全体高管货币薪酬总和的自然对数和高管、董事、监事前三位货币薪酬总和的自然对数作为高管薪酬 *Pay* 的替代变量，并在此基础上重新计算了高管的超额薪酬 *ExcessPay*。

(2)业绩变量的替代。本章也参考辛清泉和谭伟强(2009)、Morse et al.(2011)的研究，用公司自身业绩减去行业当期平均业绩记为经行业调整的资产利润率(*AdiRoa*)和净资产收益率(*AdjRoe*)。

(3)盈余管理变量的替代。本章也以业绩匹配的 Jones 模型(Kothari et al.，2005)计算应计的盈余管理 *AEM*，以 Gunny(2010)的方法计算真实的盈余管理 *REM*①。

我们把以上替代变量代入相应模型重新进行检验，实证结果没有太大改变②，都与假设的预期基本一致，说明本章的检验结果是稳健的。

2. 内生性诊断

尽管融资融券试点是一个独立的外生冲击，但我们的检验结果仍然有可能受到逆向因果的影响，有可能是已有的向前趋势导致了公司高管货币薪酬的增加，而不是卖空的作用。因此，本章仍然参照 Bertrand & Mullainathan(2003)的方法，构造如下模型，对卖空影响高管超额薪酬的结果进行内生性诊断。

$$ExcessPay_{i,t}(Pay_{i,t})=\alpha+\beta_1 Before_{i,t-3}+\beta_2 Before_{i,t-2}+\beta_3 Before_{i,t-1}+\beta_4 Current_{i,t}+\beta_5 After_{i,t+1}+\beta_6 After_{i,t+2}+\beta_7 After_{i,t+3}+\gamma' X_{i,t}+\varepsilon_{i,t} \tag{5-16}$$

其中，$Before_{i,t-3}$、$Before_{i,t-2}$、$Before_{i,t-1}$均为虚拟变量，如果观测值是标的公司加入融资融券标的之前的第 3 年、第 2 年和第 1 年的数据，则$Before_{i,t-3}$、$Before_{i,t-2}$和$Before_{i,t-1}$取值为 1，否则为 0；如果

① Gunny(2010)、Roychowdhury(2006)的差异主要体现在销售费用、管理费用和研发支出的计算上。

② 由于篇幅有限，本章的稳健性检验结果没有列出。

观测值是标的公司加入标的当年的数据，则 $Current_{i,t}$取值为 1；同理，$After_{i,t+1}$、$After_{i,t+2}$和 $After_{i,t+3}$也是虚拟变量，如果观测值是标的公司加入融资融券标的之后的第 1 年、第 2 年和第 3 年，则 $After_{i,t+1}$、$After_{i,t+2}$和 $After_{i,t+3}$取 1，否则为 0；其他变量定义与模型(5-1)相同。如果模型（5-1）的回归不存在逆向因果关系，那么 $Before_{i,t-3}$、$Before_{i,t-2}$和 $Before_{i,t-1}$的系数应该均不显著，而 $Current_{i,t}$、$After_{i,t+1}$、$After_{i,t+2}$和 $After_{i,t+3}$的系数至少应该有一个显著为正。内生性诊断的回归结果显示，所有回归中 *Before* 的系数均不显著，在以 *ExcessPay* 作为被解释变量的回归中，$Current_{i,t}$和 $After_{i,t+1}$的系数均显著为正，而在以 *Pay* 作为被解释变量的回归中，$Current_{i,t}$的系数均显著为正。

3. 样本选择偏误处理

中国证监会对融资融券的试点并不是随机选择的，因此，如果融资融券标的证券与非标的证券在该制度实行以前的高管薪酬本身就存在差异，那么，实证检验时可能存在样本选择偏误问题。对此，我们同样采用倾向得分匹配法(Property Score Matching，PSM)来筛选控制组样本，以减少样本选择偏误问题。具体做法是：首先，基于企业规模(*Size*)、资产收益率(*Roa*)、杠杆率(*Leverage*)、销售收入增长率(*Grow*)、有形资产比率(*Col*)、企业年龄(*Age*)、独立董事比率(*Ind*)、两职合一(*Dual*)、企业第一大股东持股比例(*Top*1)、管理层持股比例(*Mshare*)、股票收益率(*Ret*)、董事会规模(*Board*)、货币薪酬、年度、行业等变量，通过 Logit 模型对样本企业是否会进入融资融券试点进行倾向打分；其次，采用最邻近匹配法进行样本匹配，得到经过筛选后的控制组样本。我们利用倾向得分匹配法为实验组筛选控制组之后，重新对相关模型进行检验，在控制了企业特征与年度、行业效应之后，实证结果没有明显改变，而经过筛选之后的控制组与实验组之间除了能否卖空之外，在其他方面没有显著差异，这些都说明本章的实证结果是稳健的。

本章小结

本章发现允许卖空的上市公司，其高管的超额薪酬水平相比不能卖空的上市公司高管会显著提高，通过实验组变换和工具变量模型的检验，都证明了这一结果的稳健性；进一步的研究发现，被卖空上市公司的高管会通过提高薪酬—业绩的敏感度为自身的薪酬进行结果正当性辩护，而这种辩护行为更多的是通过真实的盈余管理进行的，具体表现为，卖空对高管薪酬—业绩敏感度的影响在真实盈余管理程度较高的上市公司更加显著，在应计盈余管理程度较高的上市公司则没有显著差异；允许卖空股票的上市公司与不能够卖空股票的上市公司相比，其剔除了应计操作性业绩之后的薪酬—业绩敏感度仍显著上升，而其剔除了真实操作性业绩之后的薪酬—业绩敏感度则没有显著差异；最后，本章也检验了卖空对上市公司盈余管理方式选择的影响，结果发现，允许卖空的上市公司与不允许卖空的上市公司相比，其应计的盈余管理显著下降，而真实的盈余管理则显著上升。

本章基于高管薪酬的视角为股票卖空机制如何影响企业高管的行为提供了新的证据，也丰富和拓展了薪酬激励和盈余管理的相关研究。与以往的研究认为卖空交易能够发挥公司治理作用的结论不同，本章的结论表明股票卖空机制并不能抑制高管利用超额薪酬攫取私有收益的行为。此外，本章的结论也有助于证券监管部门反思卖空机制的缺陷，Allen & Gale(1991)认为，在没有约束的卖空环境下，卖空交易行为可能会恶化市场的稳定状况，而本章则发现不受限制的卖空活动还可能会加剧高管薪酬辩护和真实盈余管理等机会主义行为。因此，如何规范中国的融券卖空机制，应当出台哪些配套的监管政策，进而促进中国资本市场的良性发展，应当是证券监管部门和学术界研究的重要课题。

第六章

股票卖空机制与企业研发投资

第一节　股票卖空机制影响企业研发投资的理论分析

一、问题的提出

研发创新是一个国家经济长期增长的源泉，也是企业保持可持续发展的重要推动力量，但正如 Holmstrom(1989)所指出的，研发创新的过程不仅具有长期性、特殊性和不可预测性，而且还有很大的失败可能性。因此，促进研发创新的提升需要完善的金融市场机制发挥关键性的作用，这些作用包括降低融资成本、配置稀缺资源、评估创新项目、管理风险和监督企业管理人员等(Hsu et al.，2014)。已有大量研究从理论和实证上证明了金融市场对企业研发投资的重要性，相关文献分别从股票流动性(Fang et al.，2014)、金融发展(Hsu et al.，2014)、银行业的竞争与放松管制(Cornaggia et al.，2015；Amore et al.，2013；Chava et al.，2013)、财务分析师的作用(He & Tian，2013；Palmon & Yezegel，2012)、投资者保护(Xiao，2013)、兼并收购(Atanassov，2013；Phillips & Zhdanov，2013；Bena & Li，2014)以及股票期权(Brown & Krull，2008；Chang et al.，2015)等方面证明金融市场的机制与特性能够影响企业的研发投资。那么，作为金融市场重要组成部分的股票卖空机制，又会对企业的研发创新产生怎样的影响？遗憾的是，目前还鲜有文献基于中国转型的制度背景与新兴的资本市场进行研究。

股票卖空机制怎样影响企业的决策始终是一个有争议的话题（Massa et al.，2015a），一方面，卖空交易者能够增加股票价格的信息含量，攻击存在不端行为的企业，引导投资者“用脚投票”或促使股东加强内部管理，从而增加企业高管违规行为的成本和被发现的概率，减少其进行违规操作的激励，因此卖空交易能够对企业高管的行为产生治理效应（Massa et al.，2015b；Fang et al.，2016）；但另一方面，由卖空造成的股票下跌压力会对市场预期造成负面影响，因此，也有研究认为，企业高管不会被动地应对股价下跌压力，而是会主动采取各种措施应对这种压力，如融资、投资甚至有可能是价格操纵等违规行为，这被称为价格压力效应。本章希望基于上市公司研发投资的视角，讨论股票卖空机制对企业决策的影响，为澄清卖空机制的影响提供新的证据。具体来讲，我们想要回答以下三个问题：第一，中国股票卖空机制怎样影响企业的研发投资？第二，股票卖空机制对研发投资的效应在治理机制不同的企业存在怎样的差异？第三，股票卖空机制影响研发投资的潜在作用机制是什么？

本章以 2007—2014 年中国上市公司为样本，基于中国融资融券制度的自然实验环境，采用双重差分模型（Difference-in-Differences Model）对上述问题进行检验。结果发现，在融资融券制度实施前后的观测期内，允许被卖空股票的上市公司，其研发投资水平的增长显著低于不允许被卖空的上市公司，这表明股票卖空机制抑制了中国企业的研发投资；同时我们发现，股票卖空交易对企业研发投资的抑制效应在治理机制不完善的上市公司更加显著；进一步的研究发现，股票卖空机制是通过提高企业被收购的威胁程度，促使企业采取真实的盈余管理等作用渠道抑制了企业的研发投资；最后，我们检验了卖空机制对研发投资效率的影响，发现允许被卖空的上市公司更可能出现研发投资不足。

在相关的文献中，He & Tian（2014）利用美国 Regulation SHO 试

点项目作为自然实验，发现卖空交易能够通过减少信息不对称和约束经理行为来激励企业进行创新，而且卖空对企业创新的正向效应在代理问题和信息不对称程度更严重的企业更显著；Massa et al.(2015a)的跨国分析同样认为卖空交易者的出现能够减少企业的短期行为，增加长期(研发)投资，但两者均是以发达国家成熟的资本市场作为背景。因此，本章研究的边际贡献主要体现在：基于中国融资融券试点的自然实验框架，本章首次检验了在中国这样一个新兴市场国家，股票卖空机制对企业研发投资的影响，为股票卖空机制影响企业决策行为的研究提供了新的补充证据，也丰富和拓展了企业研发投资的相关文献。

二、理论分析与研究假设

（一）资本市场影响企业研发投资的文献回顾

熊彼特(1912)认为没有金融的支持，企业家的创新与发展是极其困难的。希克斯(1969)基于对经济史的研究也得出新技术的应用需要资本市场提供流动性支持的结论。Hsu et al.(2014)认为促进研发创新的提升需要完善的资本市场机制发挥关键性的作用，这些作用包括降低融资成本、配置稀缺资源、评估创新项目、管理风险和监督企业管理人员等。此外，Hsu et al.(2014)运用32个国家和地区的数据检验资本市场的发展对于企业创新的影响，研究显示，资本市场的发展对于高科技企业和依赖外部融资企业的创新水平有显著的正向影响；Manso(2011)则指出，与一般性的绩效工作的激励机制不同，最优的激励创新的机制需要在早期给予创新者足够的失败容忍。Tian & Wang(2014)也发现对于失败容忍度较高的风险投资(VC)所支持的项目在上市后会有更强的创新表现。

Moshirian et al.(2014)则利用51个国家和地区1980年至2008年的数据进行研究，发现依赖于外部融资的企业在金融自由化后会有显著的创新增长；Fang et al.（2014）的研究验证了美国资本市场上股票流动性对企业创新的负面影响。He & Tian（2014）提供了资本市场上卖空投资者可以促进企业创新的证据。权小锋和尹洪英（2017）研究发现，中国融资融券制度的实施并没有显著影响公司的创新投入，却显著提升了公司的创新产出，表明融资融券制度具有“创新激励效应”，能够显著提升公司的创新效率。Alon et al.（2015）的研究显示，资本市场上对冲基金积极干预公司的前后5年期内研发支出显著下降，但创新产出和质量并没有降低。唐清泉和巫岑（2015）发现银行业竞争性的市场结构有助于缓解企业R&D投资的融资约束，该影响分别在民营、高科技、小型企业中表现更加显著。徐宁和徐向艺（2012）的检验结果显示，控制权激励与技术创新动态能力之间存在显著的倒U形关系。He & Tian（2013）发现每增加一个跟踪上市公司的证券分析师，公司的专利产出会减少18.2%，专利质量会下降29.4%。余明桂等（2017）则发现分析师的关注程度越高，企业后期专利产出越多。Luong et al.（2015）利用2000—2010年除美国之外26个经济体的公司层面数据，发现境外机构投资者与企业创新有正向因果关系。李文贵和余明桂（2015）发现非国有股权比例与民营化企业的创新活动显著正相关。在不同的非国有股权中，个人持股比例和法人持股比例更高的民营化企业更具创新性，但外资持股比例和集体持股比例对民营化企业的创新不具有显著影响。Bernstein（2015）通过使用专利指标，发现IPO之后，公司内部创新的质量下降，然而，公司上市后会吸引新的人力资本和外部创新。这表明，上市改变了公司追求创新的策略。Aghion（2013）发现机构所有权对企业创新能力有促进作用。Chang et al.（2015）指出，非高管员工股票期权（Non-executive employee stock options）对公司创新有积极作用。Merih & Tian（2015）以1990—2006年所有美国企业为样本，考察了企业并购行为对企业创新产出的影响。结果表明，并购数量与并购完成后的新专利产出数量有很强的正向相关性。

（二）研究假设

已有文献表明卖空对企业研发投资的影响存在两种对立的观点。首先，卖空机制有可能促进企业的研发投资。现代公司股东与经理之间的委托代理关系，造成公司经理有牟取私利的动机(Jensen & Meckling, 1976)，包括建造企业帝国(Jensen, 1986; Stein, 2003)、提高个人声誉(Narayanan, 1985; Bebchuk & Stole, 1993)等。因此，存在扩大经营规模的激励，从而会滥用企业自由现金流产生过度投资行为(Jensen, 1986)，而对过度投资的滥用则又是以牺牲研发投资为代价进行的(He & Tian, 2014)；同时，道德风险模型指出缺乏外部监管的企业经理还可能会倾向于推卸责任(Grossman & Hart, 1988; Harris & Raviv, 1988)，而将更多的资金投资于缺乏挑战性的常规项目以享受平静的生活(Bertrand & Mullainathan, 2003)。而这种由于代理问题所导致的创新项目投资不足能够被卖空交易者的外部监管所抵消(Karpoff & Lou, 2010; Massa et al., 2015a, 2015b; Fang et al., 2014)，因为一旦卖空交易者意识到企业高管有所懈怠，如压缩长期的创新项目，他们就会立刻卖空该公司的股票，导致负向的市场反应和对高管的约束行动，包括减少薪酬和促使高管更换。结果是高管被驱动努力工作，并投资能够提升价值的创新项目以最大化企业价值。因此，卖空交易者可以通过对高管积极的监督促进研发创新的开展。另外，Holmstrom(1989)指出，研发创新活动由于涉及许多不可验证和未知的方法，有很高的失败概率，因此决定了研发过程的风险性与长期性的特点。因而，企业对研发项目进行投资可能会遭遇较大的信息不对称问题(Bhattacharya & Ritter, 1983)，导致投资者低估研发项目的价值，高管则会倾向于减少长期创新项目的投资，而把更多的努力放在常规项目上以获取更快、更稳定的回报，导致典型的经理人短视问题。而卖空者相对于其他股票市场参与者来说，会花费更多的资源用于信息收集，从而他们就为上述研发投资不足问题提供了一种潜在的补救，通过积极地收集关于企业基本面的信息使股票价格更有效率，既然企业层面的信息包括创新活动的信息能够被及时地反映在股票价格中，那么面临更多潜在卖空者的企业可能会更愿意从事提升企业价值的创新活动。卖空交易能够通过缓解代理问题和信息不对称问题促进企业研发创新投资的提升。

其次，卖空机制可能也会抑制企业的研发投资。有证据显示，企业高管通常对卖空交易持反对态度（De Angelis et al.，2015），而卖空者也经常被指责对企业股票产生了巨大的价格压力（Mitchell et al.,2004），迫使企业高管集中于短期活动，加剧了高管的短视问题（He & Tian，2013，2014）。Graham et al.（2005）对美国401家企业进行的调查显示，绝大多数的首席财务官（CFO）声称，出于对自身财富、职业生涯和声誉的考虑，他们会为了短期盈利目标而牺牲企业的长期价值。实际上大量的研究都证明，如果企业无法达到预期的盈利目标，那么高管的奖金会减少，甚至导致离职的概率上升（Matsunaga & Park，2001；Mergenthaler et al.，2011）。Masso（2011）认为创新过程具有长期性、风险性、特殊性和不可预测性等特征，因此对失败的承受是推动和培育创新至关重要的因素，其构建的理论模型说明对研发者的巨大压力和对错误较低的容忍度会导致较低的创造力和较少的创新。而卖空交易者对短期失败的承受具有天然的厌恶，因为他们的主要工作就是去识别绩效差的企业，卖空这些股票以反映负面信息，并获取交易利润（He & Tian，2014）。因此，当高管感受到卖空压力时，他们会减少那些有风险但对企业具有长期价值的项目以减少自身可能的风险暴露；这样不受限制的卖空活动加大了股票价格的下跌压力（Goldstein & Guembel，2008），进而可能会导致高管的风险承担激励下降（De Angelis et al.，2015），结果是关注短期股票价格并将其作为经营绩效的企业高管在卖空交易的压力下为了保持股票价格，而通过削减长期性、风险性但却是创新项目的投资来牺牲企业的长期价值。

基于以上分析，我们提出如下两个对立的假设：

假设 6-1a（治理效应假设）：在其他条件都相同的情况下，股票卖空机制会促进企业的研发投资。

假设 6-1b（压力效应假设）：在其他条件都相同的情况下，股票卖空机制会抑制企业的研发投资。

大量的研究表明，企业的研发投资还会受到其他内部与外部治理机制的影响（He & Tian，2013；Atanassov，2013；Chang et al.，2015；李春涛和宋敏，2010；鲁桐和党印，2014），那么，在治理机制不同的企业，股票卖空机制对研发投资的效应存在怎样的差异？一般认为，良好的治理机制能够有效约束企业高管的不端行为，由于卖空交易者是通过自身对信息进行搜寻与分析，比其他市场参与者更快地识别被高估的股票来获利，显然，当企业治理机制不完善导致信息不对称程度越高和委托代理问题越严重时，股票价格偏离其内在价值而被高估的程度也越大，卖空交易者通过其自身信息收集活动得到的获利空间也就越大（Massa et al.，2015a），因此，卖空交易者倾向于选择治理机制不完善的企业进行做空。相反，当企业的治理机制比较完善时，其对股票卖空交易者的吸引力会大大降低，对其卖空的头寸数量也会小于治理机制不完善的企业。我们可以设想，如果股票卖空机制能够促进企业的研发投资而存在治理效应，这一效应在治理机制较为完善的企业就会变得不太重要，即股票卖空机制与其他治理机制之间是相互替代的关系。而如果股票卖空机制能够抑制企业的研发投资而存在压力效应，那么完善的治理机制又可以抑制这一效应，减少股票卖空交易对研发投资的不利影响。因此，基于以上分析，我们提出如下假设：

假设 6-2：无论股票卖空机制对企业研发投资存在治理效应还是压力效应，在其他条件都相同的情况下，这一效应在治理机制不完善的企业更加显著。

第二节　股票卖空机制影响企业研发投资的实证研究

一、实证研究设计

（一）模型设置与变量定义

实证检验中常见的卖空变量包括卖空头寸(*Short Interest*)和可贷出证券数量(*Lendable Shares*)，但如果直接检验股票卖空数量对上市公司研发投资水平的影响可能会有潜在的内生性问题。首先，股票卖空与研发投资之间可能存在双向因果关系，即股票卖空可能会影响企业的研发投资水平，而企业的研发投资水平也可能影响被卖空股票的数量。其次，上市公司的研发投资和股票卖空数量也可能会受到共同因素的影响，如企业的绩效水平可能会同时影响股票被卖空的数量和企业研发投资水平。为了控制可能的内生性问题，我们考虑采用自然实验框架下的双重差分模型(Difference-in-Differences Model)对相关假设进行检验，以得到更稳健的实证结果。

2010 年 3 月中国正式推出融资融券试点制度，逐步开放了股票的卖空管制，在此之前，所有上市公司的股票都不允许卖空，融资融券制度开始实行以后，进入融资融券试点的上市公司股票可以被卖空，而没有进入试点的上市公司，其股票仍然不允许进行卖空交易，这标志着中国股票市场“单边市”的结束，也为我们的研究提供了一个难得的自然实验环境。与发达资本市场所有股票都可以被卖空不同，融资融券试点只允许部分股票作为标的证券，其他大部分股票并不能卖空，这为我们的研究提供了天然的实验组和控制组。通过检验进入融资融券试点的上市公司与没有进入融资融券试点的上市公司在该制度实施前后研发投资水平是否存在显著差异，我们就可以验证股票卖空机制会怎样影响企业的研发投资。

但是融资融券试点制度采取分阶段扩容的方式，标的证券由2010年3月试点制度开始启动时的90只，逐渐扩大至2014年9月的900只。由于很多上市公司进入融资融券试点的时间并不一致，如果我们直接以2014年9月的全部试点标的证券作为实验组，其余股票作为控制组，那么实证结果不可避免会存在偏差。因此我们的样本区间设定为2007—2014年，将2010—2011年视为一个总的事件观测期，检验所有在此期间进入融资融券试点的上市公司在这之前的观测时段(2007—2009年)与之后的观测时段(2012—2014年)的研发投资水平是否存在显著差异。具体的计量模型如下：

$$R\&D_{i,t}=\alpha+\beta_1 Short_{i,t}+\beta_2 Pilot_{i,t}+\beta_3 Short_{i,t}\times Pilot_{i,t}+\beta'_4 X_{i,t}+\varepsilon_{i,t} \quad (6-1)$$

其中，*R&D* 表示企业 i 在观测期 t 的研发投资水平，参照《企业会计准则第6号——无形资产(2006)》，企业自行进行的研究开发项目，应当区分研究阶段与开发阶段的支出。研究阶段是指企业为获取新的技术和知识等进行的有计划的调查，开发阶段是指在进行商业性生产或使用前，将研究成果或其他知识应用于某项计划或设计，以生产出新的或具有实质性改进的材料、装置、产品等。这一支出主要在财务报告附注“支付其他与经营活动有关的现金流量”项目中披露，通常的名称包括研发费用、研究开发费用、技术研究费用、技术开发费用、科研经费、研发支出、科研试验费用、咨询费用等，我们通过查阅上市公司年报附注按照上述字段手工筛选和收集相关项目的数据，在实证检验过程中，我们定义 *R&D*1 为研发支出与公司总资产的比值，*R&D*2 为研发支出与公司营业总收入的比值。

在模型(6-1)中，*Short* 是表示卖空前后时段的事件虚拟变量，事件观测期以后的 2012—2014 年取 1，事件观测期以前的 2007—2009 年取 0。*Pilot* 是表示样本属性的组别虚拟变量，如果上市公司在事件期(2010—2011 年)内进入了融资融券试点，并且从来没有被剔除出试点名单，则将其归为“实验组”，*Pilot* 取 1，在事件期及之后(2010—2014 年)始终没有进入融资融券试点的上市公司则作为“控制组”，*Pilot* 取 0。交乘项 *Short×Pilot* 是反映卖空事件期企业 i 是否进入融资融券试点的变量，β_3 就是双重差分系数，对于 β_3 有如下解释：

$$\beta_3=[E(Y\mid Short=1,\ Pilot=1)-E(Y\mid Short=0,\ Pilot=1)]-[E(Y\mid Short=1,\ Pilot=0)-E(Y\mid Short=0,\ Pilot=0)] \tag{6-2}$$

如果假设 6-1a 成立，则该系数应当显著大于 0，表示相对于不允许被卖空的上市公司，进入融资融券试点的上市公司，其研发投资水平显著提高。而如果假设 6-1b 成立，则该系数应当显著小于 0，表示相对于不允许被卖空的上市公司，进入融资融券试点的上市公司，其研发投资水平显著降低。

为了检验假设 6-2，我们在模型(6-1)的基础上增加反映上市公司治理机制的变量，构建三重差分模型(Difference-in-Difference-in-Differences Model)进行估计，所设定的模型如下：

$$R\&D_{i,t}=\alpha+\beta_1 Short_{i,t}+\beta_2 Pilot_{i,t}+\beta_3 Short_{i,t}\times Pilot_{i,t}+\beta_4 Governance_{i,t}+\beta_5 Short_{i,t}\times Pilot_{i,t}\times Governance_{i,t}+\beta'_6 X_{i,t}+\varepsilon_{i,t} \tag{6-3}$$

其中，*Governance* 是反映上市公司治理机制的变量，当上市公司治理机制不完善时，*Governance* 取值为 1，否则为 0。在实证检验过程中，我们采用上市公司的股权集中度和高管两职合一作为上市公司治理机制的代理变量，因此当上市公司属于股权集中度较低、董事长和总经理两职合一的样本时，*Governance* 取值为 1，否则为 0。

如果假设 6-2 成立，则当股票卖空机制能够发挥治理效应促进研发投资提高时，三项交乘项 *Short*×*Pilot*×*Governance* 的系数应当显著大于 0；反之，当股票卖空机制能够发挥压力效应导致研发投资降低时，三项交乘项 *Short*×*Pilot*×*Governance* 的系数应当显著小于 0。

本章所设模型中的 *X* 是由多个控制变量构成的向量，根据现有的研究（He & Tian，2013；Massa et al.，2015b），主要包括企业规模、资产收益率、资产负债率、销售收入增长率、有形资产比率、企业年龄、独立董事比率、两职合一、企业第一大股东持股比例、管理层持股比例、股票收益率、董事会规模等，在实证检验过程中，我们也控制了年度效应和行业效应。本章模型所涉及的具体变量符号和定义见表 6-1。

表 6-1　变量定义

变量名称	变量符号	定义
研发投资	*R&D1*	研发支出/总资产
	R&D2	研发支出/营业总收入
事件虚拟变量	*Short*	2012—2014 年取 1，2007—2009 年取 0
组别虚拟变量	*Pilot*	实验组为 1，控制组为 0
企业规模	*Size*	总资产的自然对数
资产负债率	*Lever*	企业总负债/总资产
有形资产比率	*Col*	有形资产总额/总资产
资产收益率	*Roa*	净利润/总资产
企业年龄	*Age*	（公司成立时间+1）的自然对数
第一大股东持股比例	*Top1*	第一大股东持股数量/企业股份总数
管理层持股比例	*Mshare*	管理层持股数量/企业股份总数
股票收益率	*Ret*	（本期收盘价-上期收盘价）/上期收盘价
独立董事比率	*Ind*	董事会中独立董事所占比率
两职合一	*Dual*	总经理、董事长由一人兼任为 1，否则为 0
董事会规模	*Board*	董事会人数的自然对数
企业成长	*Grow*	企业销售收入增长率

（二）数据来源与描述性统计

1. 样本选取与数据来源

本章选择中国沪深两市的 A 股上市公司年度财务数据作为研究样本，样本区间为 2007 年至 2014 年，公司财务数据来自国泰安 CSMAR 数据库，融资融券标的证券的信息来自沪深交易所网站，本章所需研发支出明细数据通过阅读各上市公司年报附注手工收集，年报来自中国证监会指定信息披露网站——巨潮资讯网。我们按照以下标准对数据进行了筛选：①删除了商业银行、保险公司等金融类上市公司；②删除了 ST、*ST 公司；③删除了资不抵债的公司；④删除了在统计逻辑上明显错误的样本，如企业总产值为负、从业人数为负等；⑤删除了相关年份研发投资、资产、主营业务收入等关键变量缺失的样本。共获得 7260 个样本观测值。为了防止数据的异常值或输入错误对实证结果的干扰，论文对主要连续变量两端的异常值按照 1%的水平进行了 winsorize 处理①。

2. 描述性统计与单变量 t 检验

表 6-2 列出了主要变量的描述性统计结果，可以看到上市公司 *R&D*1 的平均值为 0.0071，即研发投资平均占总资产的 0.71%，*R&D*2 的平均值为 0.0141，即研发投资平均占营业总收入的 1.41%，而且 *R&D*1 和 *R&D*2 的最小值均为 0，最大值分别为 0.0519 和 0.1290，说明上市公司之间的研发投资水平差别较大，*R&D*1 与 *R&D*2 的 25 分位数和中位数均为 0，说明很多上市公司没有任何的研发投资。

---

① 即对所有处于 0~1%分位数的连续变量极端值，令其等于 1%的分位数，对所有处于 99%~100%分位数的连续变量极端值，令其等于 99%的分位数。

表 6-2　主要变量的描述性统计

变量	N	Mean	SD	Min	P25	P50	P75	Max
*R&D*1	7064	0.0071	0.0117	0	0	0	0.0111	0.0519
*R&D*2	7063	0.0141	0.0249	0	0	0	0.0217	0.1290
Size	7064	21.7176	1.2934	19.1178	20.8246	21.5072	22.3738	25.7493
Lever	7064	0.4484	0.2132	0.0154	0.2774	0.4515	0.6232	0.9970
Col	7064	0.9437	0.0623	0.6599	0.9289	0.9613	0.9831	1.0000
Roa	7064	0.0350	0.0486	-0.1606	0.0118	0.0322	0.0600	0.1581
Age	7064	2.6332	0.4088	0.6931	2.3979	2.7081	2.8904	7.6084
*Top*1	7064	0.4860	0.9762	-0.8693	-0.0937	0.2392	0.8168	11.9469
Mshare	7064	35.9718	15.1339	3.6220	23.7997	34.0557	46.4298	89.4086
Ret	7064	0.1091	0.1983	0	0	0.0002	0.1108	0.8918
Ind	7064	0.3686	0.0538	0.0909	0.3333	0.3333	0.4000	0.7143
Dual	7064	0.2173	0.4124	0	0	0	0	1.0000
Board	7064	2.1670	0.2056	1.3863	2.0794	2.1972	2.1972	2.8904
Grow	7064	0.1929	0.6689	-0.8131	-0.0446	0.0869	0.2433	5.7700

表 6-3 列出了实验组和控制组样本在卖空前后研发投资水平差异的单变量 t 检验结果，在卖空之后，控制组的 *R&D*1 和 *R&D*2 分别上升了 0.0101 和 0.0206，而且均在 1%的水平下显著。实验组的研发投资水平 *R&D*1 和 *R&D*2 分别上升了 0.0050 和 0.0076，而且也均在 1%的水平下显著，第(7)列给出了实验组和控制组在卖空前后研发投资变化的差异，差异水平分别为-0.0050 和-0.0130，而且均在 1%的水平下显著，从这一结果可以看出，允许被卖空的上市公司在卖空制度实施以后，其研发投资水平的增长显著低于不允许被卖空的上市公司。但是 t 检验只反映了卖空前后被解释变量时间趋势以及其他各种事件的平均影响，不足以做出准确判断，下文我们将在控制了企业特征、年度效应和行业效应之后，采用双重差分模型对相关问题进行更严格的检验。

表 6-3 单变量 t 检验

	Pilot=0		*Pilot*=1		*Differences*		*DID*
	Short=0 (1)	*Short*=1 (2)	*Short*=0 (3)	*Short*=1 (4)	(5)=(2)-(1)	(6)=(4)-(3)	(7)=(6)-(5)
*R&D*1	0.0008	0.0110	0.0013	0.0064	0.0101*** (36.7909)	0.0050*** (9.0869)	-0.0050*** (-6.89)
*R&D*2	0.0015	0.0222	0.0023	0.0099	0.0206*** (34.2556)	0.0076*** (8.4294)	-0.0130*** (-8.24)

注：***表示1%的显著性水平。

二、实证结果分析

（一）卖空机制与研发投资

表 6-4 列出了股票卖空与企业研发投资相关关系的检验结果，其中，第(1)至第(3)列为股票卖空对 *R&D*1 的回归结果，第(4)至第(6)列为股票卖空对 *R&D*2 的回归结果。所有回归中的事件虚拟变量 *Short* 的系数均在 1%的水平下显著为正，这一结果与表 6-3 单变量 t 检验的结果一致，说明上市公司整体的研发投资水平在卖空前后呈上升的趋势，在第(1)列和第(4)列中，我们没有加入任何控制变量，也没有控制年度效应和行业效应，交乘项 *Short*×*Pilot* 的系数分别为-0.0051 和-0.0131，并且均在 1%的水平上显著。在第(2)列和第(5)列中，我们只控制年度效应与行业效应，交乘项 *Short*×*Pilot* 的系数仍然在 1%的水平下显著为负。当我们同时控制了公司特征变量之后，第(3)列 *Short*×*Pilot* 的系数在 5%的水平下显著为负，第(6)列 *Short*×*Pilot*的系数则仍然在 1%的水平下显著为负。以上结果表明，在融资融券制度实施以后，允许被卖空股票的上市公司，其研发投资的增长水平显著低于不能够被卖空股票的上市公司，股票卖空机制抑制了企业的研发投资，这一结果与假设 6-1b 的预期一致。

表 6-4　卖空与研发投资

变量	(1) *R&D1*	(2) *R&D1*	(3) *R&D1*	(4) *R&D2*	(5) *R&D2*	(6) *R&D2*
Short	0. 0101 * * * (47. 6243)	0. 0096 * * * (28. 4499)	0. 0092 * * * (19. 9609)	0. 0206 * * * (44. 8248)	0. 0195 * * * (26. 8938)	0. 0167 * * * (17. 2766)
Pilot	0. 0006 * (1. 8439)	0. 0007 * * (2. 1280)	0. 0026 * * * (6. 0164)	0. 0008 (1. 2847)	0. 0008 (1. 2504)	0. 0052 * * * (6. 2371)
Short×Pilot	-0. 0051 * * * (-8. 7059)	-0. 0038 * * * (-7. 0885)	-0. 0013 * * (-2. 2270)	-0. 0131 * * * (-13. 0551)	-0. 0102 * * * (-10. 5930)	-0. 0046 * * * (-4. 3674)
Size			-0. 0009 * * * (-7. 3133)			-0. 0010 * * * (-4. 3494)
Lever			-0. 0037 * * * (-5. 6588)			-0. 0205 * * * (-14. 2961)
Col			0. 0032 * (1. 8457)			-0. 0006 (-0. 1443)
Roa			0. 0116 * * * (4. 2033)			-0. 0170 * * * (-2. 7806)
Age			-0. 0012 * * * (-3. 7783)			-0. 0022 * * * (-3. 1440)
Ret			0. 0003 * * (2. 0964)			0. 0012 * * * (3. 3738)
Top1			-0. 0000 (-0. 8093)			-0. 0000 (-0. 9647)
Mshare			0. 0119 * * * (13. 2519)			0. 0301 * * * (14. 7564)
Ind			-0. 0014 (-0. 6012)			0. 0095 * (1. 8666)
Dual			0. 0004 (1. 2544)			0. 0012 * (1. 6556)
Board			0. 0009 (1. 3614)			0. 0020 (1. 5421)
Grow			-0. 0003 * (-1. 9188)			-0. 0006 * * (-2. 0174)
Constant	0. 0008 * * * (9. 9452)	-0. 0031 * * * (-10. 8267)	0. 0168 * * * (4. 7815)	0. 0015 * * * (9. 1321)	-0. 0075 * * * (-14. 7198)	0. 0251 * * * (3. 6227)
Year	No	Yes	Yes	No	Yes	Yes
Industry	No	Yes	Yes	No	Yes	Yes
Observations	7907	7898	7064	7904	7895	7063
Adjusted R^2	0. 165	0. 273	0. 339	0. 153	0. 276	0. 382

注：* * *、* *、* 分别表示 1%、5%、10%的显著性水平；括号中的数字为 t 值，标准误经过了 Robust 特别调整。

（二）卖空机制、公司治理与研发投资

表6-5和表6-6列出了在公司治理机制不同的上市公司，股票卖空机制对企业研发投资的不同影响。表6-5以上市公司的股权集中度大小作为公司治理机制的代理变量，在第(1)列和第(4)列的总样本回归中，交乘项 *Short×Pilot×Governance*1 的系数均在1%的水平下显著为负，表明在股权集中度较低的上市公司，股票卖空机制对企业研发投资的抑制效应更强，这与假设6-2的预期一致。子样本的回归结果同样也支持假设6-2，在第(2)列和第(5)列股权集中度较低的子样本中，交乘项 *Short×Pilot* 的系数均在1%的水平下显著为负，而在第(3)列和第(6)列股权集中度较高的子样本中，交乘项 *Short×Pilot* 的系数均不显著，这同样表明股票卖空机制在股权集中度较低的上市公司对企业研发投资的效应更强，而且也说明交乘项 *Short×Pilot* 的系数在两个子样本中的差异不仅具有经济意义上的显著性，还具有统计意义上的显著性。

表6-5　卖空、股权集中度与研发投资

变量	(1) R&D1 总样本	(2) R&D1 股权集中度低	(3) R&D1 股权集中度高	(4) R&D2 总样本	(5) R&D2 股权集中度低	(6) R&D2 股权集中度高
Short	0.0084*** (17.6707)	0.0108*** (11.6111)	0.0083*** (15.8303)	0.0147*** (14.8683)	0.0198*** (9.7694)	0.0146*** (14.0296)
Pilot	0.0021*** (4.5177)	0.0042*** (4.3213)	0.0019*** (4.0281)	0.0037*** (4.0436)	0.0105*** (5.4024)	0.0033*** (3.7091)
Short×Pilot	0.0003 (0.3752)	-0.0053*** (-4.9028)	0.0002 (0.3225)	-0.0013 (-1.0284)	-0.0126*** (-6.1486)	-0.0015 (-1.2261)
*Governance*1	-0.0015*** (-4.1837)			-0.0039*** (-5.4734)		
Short× *Governance*1	0.0027*** (5.3400)			0.0070*** (6.5652)		
Pilot× *Governance*1	0.0020** (2.4191)			0.0062*** (3.7695)		

续表

变量	(1) *R&D*1 总样本	(2) *R&D*1 股权集中度低	(3) *R&D*1 股权集中度高	(4) *R&D*2 总样本	(5) *R&D*2 股权集中度低	(6) *R&D*2 股权集中度高
Short×*Pilot*×*Governance*1	-0.0059*** (-4.7977)			-0.0123*** (-5.4496)		
Constant	0.0169*** (4.8130)	0.0167** (2.1194)	0.0151*** (3.8790)	0.0261*** (3.7713)	0.0179 (1.1270)	0.0245*** (3.2522)
Control	Yes	Yes	Yes	Yes	Yes	Yes
Year	Yes	Yes	Yes	Yes	Yes	Yes
Industry	Yes	Yes	Yes	Yes	Yes	Yes
Observations	7064	2085	4979	7063	2085	4978
Adjusted R^2	0.342	0.358	0.332	0.385	0.411	0.366

注：***、**分别表示1%、5%的显著性水平；括号中的数字为t值，标准误经过了Robust特别调整。

在表6-6中，我们以是否两职合一作为公司治理机制的代理变量，在第(1)列和第(4)列总样本的回归中，交乘项*Short*×*Pilot*×*Governance*2的系数均在5%的水平下显著为负，表明在两职合一的上市公司，股票卖空压力对高管研发投资的抑制效应更强，这也与假设6-2的预期一致。子样本的回归结果同样也支持假设6-2，在第(2)列两职合一的上市公司子样本中，交乘项*Short*×*Pilot*的系数在10%的水平下显著为负，而在第(3)列非两职合一的上市公司子样本中，交乘项*Short*×*Pilot*的系数为负但不显著，在第(5)列两职合一的上市公司子样本中，交乘项*Short*×*Pilot*的系数为-0.0128，并且在5%的水平下显著为负，而在第(6)列非两职合一的上市公司子样本中，交乘项*Short*×*Pilot*的系数虽然在1%的水平下显著为负，但系数值仅为-0.0033，这都表明股票卖空机制在两职合一的上市公司对企业研发投资的效应更强，而且也说明交乘项*Short*×*Pilot*的系数在两个子样本中的差异是显著的。

表 6-6 卖空、两职合一与研发投资

变量	(1) *R&D1* 总样本	(2) *R&D1* 两职合一	(3) *R&D1* 非两职合一	(4) *R&D2* 总样本	(5) *R&D2* 两职合一	(6) *R&D2* 非两职合一
Short	0.0088*** (18.7286)	0.0116*** (9.4403)	0.0088*** (17.7691)	0.0157*** (16.0511)	0.0227*** (8.4329)	0.0154*** (15.2304)
Pilot	0.0021*** (5.2667)	0.0069*** (2.9621)	0.0019*** (4.8317)	0.0043*** (5.5749)	0.0112** (2.1862)	0.0045*** (5.9754)
Short×Pilot	-0.0007 (-1.1179)	-0.0047* (-1.7989)	-0.0008 (-1.3591)	-0.0032*** (-2.9997)	-0.0128** (-2.4421)	-0.0033*** (-3.0958)
Governance2	-0.0017*** (-3.8263)			-0.0036*** (-4.2279)		
Short× *Governance2*	0.0026*** (4.3815)			0.0061*** (4.9814)		
Pilot× *Governance2*	0.0041** (2.1691)			0.0076** (1.9768)		
Short×Pilot× *Governance2*	-0.0047** (-2.0015)			-0.0098** (-2.2142)		
Constant	0.0177*** (5.0532)	0.0192* (1.8867)	0.0181*** (4.9931)	0.0272*** (3.9541)	0.0133 (0.6264)	0.0291*** (4.2000)
Control	Yes	Yes	Yes	Yes	Yes	Yes
Year	Yes	Yes	Yes	Yes	Yes	Yes
Industry	Yes	Yes	Yes	Yes	Yes	Yes
Observations	7064	1535	5529	7063	1535	5528
Adjusted R^2	0.340	0.296	0.333	0.383	0.348	0.372

注：***、**、*分别表示1%、5%、10%的显著性水平；括号中的数字为t值，标准误经过了 Robust 特别调整。

（三）作用机制分析

实证结果的分析表明中国股票市场的卖空机制抑制了上市公司的研发投资，这一部分我们进一步分析卖空可能通过哪些作用机制来抑制研发投资。

1. 被收购威胁

我们首先考虑的作用机制是卖空交易可能提高了企业的被收购

威胁程度，由于较差的信息透明度会导致企业内部人和外部投资者之间的信息不对称程度加剧（Bhattacharya et al.，2010；Kravet & Shevlin，2010），同时也加大了潜在投标者逆向选择的成本（He & Tian，2013），Amel-Zadeh & Zhang（2010）研究发现，信息透明度越差的企业，越不可能成为被收购的目标。而卖空交易的出现代表了一种潜在的能缓解信息不对称问题的外部市场机制（Massa et al.，2015b），许多研究证明，卖空交易具有价格发现功能，相对于其他市场参与者，卖空交易者通过对信息的搜寻与分析，能够更快地识别被高估的股票（Dechow et al.，2001；Pownall & Simko，2005；Drake et al.，2011；Engelberg et al.，2012；Boehmer et al.，2012），因此，卖空交易通过提高企业的信息透明度加大了企业被收购的可能性。Stein（1988）强调股东会倾向于低估投资创新项目的公司股票价值，而被收购压力的增大则又会促使高管为了当前的利润以保持股票不被低估而牺牲长期的绩效（如研发投资），即为了保护现有股东免于恶意收购的风险，企业高管会在较难被市场理解的研发项目上投入较少的金钱、努力和人力资本，而在能够迅速产生较多回报的常规项目上投资更多，结果研发项目无论在质量上还是数量上都会下降。Shleifer & Summers（1988）也强调当收购威胁较大时，高管相对于股东的权力较小，导致没有激励去创新投资。因此，收购威胁可能是股票卖空机制抑制企业研发投资的一种潜在作用机制。

为了检验是否存在卖空交易通过提高企业被收购的威胁程度抑制研发投资的机制，我们参照 Cremers et al.（2009）、He & Tian（2013）的方法，按照以下 Logit 模型估计每个企业被收购可能性的大小：

$$Target_{i,t+1}=\alpha+\beta_1 Q_{i,t}+\beta_2 PPE_{i,t}+\beta_3 \mathrm{Ln}Cash_{i,t}+\beta_4 Block_{i,t}+\beta_5 \mathrm{Ln}MV_{i,t}+\beta_6 Lever_{i,t}+\beta_7 Roa_{i,t}+Year_t+Industry_j+\varepsilon_{i,t} \quad (6-4)$$

其中，*Target* 是一个虚拟变量，如果上市公司 i 在时刻 t 的兼并收购事件中成为被收购目标，则 $Target_{i,t}$ 等于 1，否则为 0，兼并收购事件来自国泰安 CSMAR 数据库。*Q* 指 TobinQ 值，为公司价值除以资产重置成本，*PPE* 是公司的厂房设备等固定资产，*Cash* 为企业现金加上短期投资除以总资产，*MV* 为企业权益的市场价值，*Block* 为机构投资者的虚拟变量，如果机构投资者的持股比例大于等于 5%，*Block* 等于 1，否则为 0，*Lever* 为企业的资产负债率，*Roa* 为资产收益率。我们控制了时间效应和行业效应，通过 Logit 模型回归得到各变量的估计系数，然后计算每个企业 *Target* 的预期值，作为衡量上市公司被收购威胁的代理变量。

我们将 *Target* 的预期值作为双重差分模型的被解释变量，检验允许卖空的上市公司被收购威胁程度是否比不允许卖空的上市公司显著提高，然后，再检验控制企业被收购威胁的情况下卖空机制对研发投资的效应，如果交乘项 *Short*×*Pilot* 的系数和 t 值显著小于没有控制被收购威胁的情况，则可以认为被收购威胁是卖空机制抑制企业研发投资的潜在作用机制。

2. 真实的盈余管理

Massa et al.（2015b）的跨国分析和 Fang et al.（2016）的自然实验证据都发现，股票卖空机制能够抑制企业的应计盈余管理水平。但已有的研究都显示公司不仅可以通过应计项目操控盈余，也可以通过真实活动操控盈余（Roychowdury，2006；Cohen et al.，2008；李增福等，2011），而且在操纵利润的时候，公司会替代性地采用两种盈余管理方式（Zang，2012）。与应计的盈余管理相比，真实的盈余管理是通过适时性的财务决策来改变所报告的盈余，操作方式较为隐蔽，存在于企业日常经营活动中，它改变经济活动实质，并对改变后的经济活动按照会计准则进行确认、计量和列报，既不会引起审计师和外部监管者的关注，也不会有违反公认会计准则的法律风险（Cohen & Zarowin，2010；Cohen et al.，2008），而减少研发支出就是高管为满足短期盈余目标而经常采取的真实盈余管理手段（He & Tian，2013）。Bushee（1998）提供的证据也证明，当企业高管感觉到压力时，会削减研发投资来进行盈余管理。因此，在应计的盈余管理受到限制的情况下，高管就会采用隐蔽性更强的真实盈余管理来操纵利润，真实的盈余管理也可能是股票卖空机制抑制企业研发投资的一种潜在作用机制。

为了检验是否存在卖空交易通过提高企业真实的盈余管理抑制研发投资的机制，我们参照 Roychowdhury（2006）的方法，认为真实的盈余管理活动由三部分组成，即经营活动的异常现金流（*EM_ CFO*）、异常产品成本（*EM_ PROD*）和异常酌量性费用（*EM_ DISEXP*），具体的计量模型如下：

$$\frac{CFO_{i,t}}{A_{i,t-1}}=\alpha_0+\alpha_1\frac{1}{A_{i,t-1}}+\alpha_2\frac{SALES_{i,t}}{A_{i,t-1}}+\alpha_3\frac{\Delta SALES_{i,t}}{A_{i,t-1}}+\varepsilon_{i,t} \quad (6-5)$$

$$\frac{PROD_{i,t}}{A_{i,t-1}}=\alpha_0+\alpha_1\frac{1}{A_{i,t-1}}+\alpha_2\frac{SALES_{i,t}}{A_{i,t-1}}+\alpha_3\frac{\Delta SALES_{i,t}}{A_{i,t-1}}+\alpha_4\frac{\Delta SALES_{i,t-1}}{A_{i,t-1}}+\varepsilon_{i,t} \quad (6-6)$$

$$\frac{DISEXP_{i,t}}{A_{i,t-1}}=\alpha_0+\alpha_1\frac{1}{A_{i,t-1}}+\alpha_2\frac{SALES_{i,t-1}}{A_{i,t-1}}+\varepsilon_{i,t} \quad (6-7)$$

其中，*CFO* 为公司经营活动现金流，*PROD* 为公司的生产成本，由产品销售成本和存货变化之和构成，*DISEXP* 为公司的酌量性费用，由营业费用与管理费用之和构成，*A* 仍为年末总资产，*SALES* 和 Δ*SALES* 分别为公司年度销售额及其增量。与应计的盈余管理一样，我们利用模型（6-5）、模型（6-6）、模型（6-7）对样本分年度、分行业进行回归，通过模型回归得到的因变量预测值与实际值的差额，就是该公司的异常现金流（*EM_ CFO*）、异常产品成本（*EM_ PROD*）和异常酌量性费用（*EM_ DISEXP*），考虑到公司可能同时采用上述三种方法进行真实的盈余管理，而这三种方法的调整方向又不一致，如当公司采用真实的盈余管理向上调增利润时，将呈现出更低的经营活动现金流、更高的生产成本和更低的酌量性费用，所以我们参照 Zang(2012)的方法，将三个真实盈余管理指标合成为一个真实盈余管理总和(*REM*)来测度真实盈余管理的程度，计算公式为：

$$REM_{i,t}=EM\_PROD_{i,t}-EM\_CFO_{i,t}-EM\_DISEXP_{i,t} \quad (6-8)$$

我们将 *REM* 作为双重差分模型的被解释变量，检验允许卖空的上市公司真实盈余管理的水平是否比不允许卖空的上市公司显著提高，然后，再检验控制真实盈余管理的情况下卖空机制对研发投资的效应，如果交乘项 *Short×Pilot* 的系数和 t 值显著小于没有控制真实盈余管理的情况，则可以认为真实的盈余管理是卖空机制抑制企业研发投资的潜在作用机制。

3. 作用机制结果分析

表 6-7 是对卖空交易抑制企业研发投资作用机制的检验结果，在第(1)列以被收购威胁 *Target* 作为被解释变量的回归中，交乘项 *Short×Pilot* 的系数在 1%的水平下显著为正，表明允许卖空的上市公司被收购威胁程度相比不允许卖空的上市公司显著提高，而在考虑被收购威胁情况下的卖空机制与研发投资的回归结果中，第(2)列交乘项 *Short×Pilot* 的系数为-0.0010(t 值为-1.8464)，第(3)列交乘项 *Short×Pilot* 的系数为-0.0040(t 值为-3.7928)，相比表 6-4 没有控制被收购威胁的情况，交乘项 *Short×Pilot* 的系数和 t 值均显著下降，检验结果证明被收购威胁可以部分解释卖空机制对企业研发投资的抑制。在第(4)列以真实的盈余管理 *REM* 作为被解释变量的回归中，交乘项 *Short×Pilot* 的系数在 10%的水平下显著为正，表明允许卖空的上市公司真实的盈余管理水平相比不允许卖空的上市公司显著提高，而在考虑真实盈余管理情况下的卖空机制与研发投资的回归结果中，第(5)列交乘项 *Short×Pilot* 的系数为-0.0005(t 值为-0.8023)，第(6)列交乘项 *Short×Pilot* 的系数为-0.0027(t 值为-2.5617)，相比表 6-4 没有控制真实盈余管理的情况，交乘项

Short×*Pilot*的系数和 t 值也均显著下降，检验结果同样证明真实的盈余管理可以部分解释卖空机制对企业研发投资的抑制。

表 6-7 作用机制检验结果

变量	(1) *Target*	(2) *R&D1*	(3) *R&D2*	(4) *REM*	(5) *R&D1*	(6) *R&D2*
Short	0. 0719*** (38. 7072)	0. 0105*** (18. 7553)	0. 0199*** (17. 1141)	-0. 0302 (-1. 2139)	0. 0088*** (18. 4615)	0. 0154*** (15. 9129)
Pilot	-0. 0287*** (-11. 0594)	0. 0021*** (4. 6546)	0. 0038*** (4. 3245)	-0. 0200 (-0. 5924)	0. 0022*** (4. 9227)	0. 0040*** (4. 8024)
Short×*Pilot*	0. 0103*** (2. 9954)	-0. 0010* (-1. 8464)	-0. 0040*** (-3. 7928)	0. 0850* (1. 7813)	-0. 0005 (-0. 8023)	-0. 0027** (-2. 5617)
Target		-0. 0172*** (-4. 3414)	-0. 0447*** (-5. 5827)			
REM					-0. 0021*** (-6. 6276)	-0. 0027*** (-5. 1581)
Constant	0. 7992*** (44. 8404)	0. 0308*** (6. 2765)	0. 0592*** (6. 0903)	-0. 4779** (-2. 4782)	0. 0115*** (3. 3451)	0. 0141** (2. 1387)
Control	Yes	Yes	Yes	Yes	Yes	Yes
Year	Yes	Yes	Yes	Yes	Yes	Yes
Industry	Yes	Yes	Yes	Yes	Yes	Yes
Observations	7064	7064	7063	6431	6431	6430
Adjusted R^2	0. 795	0. 343	0. 385	0. 095	0. 347	0. 389

注：***、**、*分别表示 1%、5%、10%的显著性水平；括号中的数字为 t 值，标准误经过了 Robust 特别调整。

（四）稳健性检验

1. 样本选择偏误处理

中国证监会对融资融券的试点企业并不是随机选择的，因此，如果研究中所用的两组样本(实验组和控制组)在融资融券制度实施以前的研发投资本身就存在差异，那么，实证检验时可能存在样本选择偏误问题。对此，我们同样采用倾向得分匹配法(Property Score Matching，PSM)来筛选控制组样本，以减少样本选择偏误问题。具体做法是：首先，基于企业规模（*Size*）、资产收益率（*Roa*）、杠杆率（*Leverage*）、销售收入增长率（*Grow*）、有形资产比率（*Col*）、企业年龄（*Age*）、独立董事比率（*Ind*）、两职合一（*Dual*）、企业第一大股东持股比例（*Top*1）、管理层持股比例（*Mshare*）、股票收益率（*Ret*）、董事会规模（*Board*）、研发支出、年度、行业等变量，通过 Logit 模型对样本企业是否会进入融资融券试点进行倾向打分；其次，采用最邻近匹配法进行样本匹配，得到经过筛选后的控制组样本。重新对模型（6-1）进行检验，在控制了企业特征与年度、行业效应之后，交乘项 *Short×Pilot* 的系数仍然显著为负①，而经过筛选之后的控制组与实验组之间除了能否卖空之外，在其他方面没有显著差异，这些都说明，卖空机制能够抑制企业的研发投资。

2. 共同趋势检验

在双重差分估计中，最理想的状况是实验组和控制组之间在事件发生之前具有共同的时间趋势（Common Trend）（Angrist & Pischke, 2008），如果在事件发生之前，不同组别之间具有不同的时间效应，那么实证结果就不能很好地控制随时间改变的异质性所造成的估计偏误。虽然我们会尽可能多地控制可观测特征，并且会利用倾向得分匹配法提高样本的匹配质量，但为了稳健起见，我们会进一步验证实验组与控制组之间的共同趋势，具体采用的方法是在模型（6-1）的实证中加入融资融券制度实施之前各年（2007—2009 年）的虚拟变量与组别虚拟变量 *Pilot* 的交乘项，以检验实验组和控制组之间是否具有不同的时间效应，如果交乘项的系数不显著，则可以认为共同趋势假设能够得到满足。由于虚拟变量之间的共线性问题，有一些年度虚拟变量在估计中被舍弃，我们发现距融资融券制度开始实施最近的 2008 年和 2009 年虚拟变量与组别虚拟变量的交乘项

① 由于篇幅有限，本章的稳健性检验结果没有列出。

系数都是不显著的，说明实验组和控制组之间在融资融券制度实施之前具有共同的时间趋势，因此，我们也可以信任前文没有控制组别之间不同时间效应的实证结果。

（五）股票卖空机制与研发投资效率分析

当然，只关注研发投资数量的变化可能并不能说明企业就偏离了最优的研发投资水平，因此，我们也考虑检验卖空机制对企业研发投资效率的影响。对于研发投资效率，我们按照 Massa et al.(2015a)的做法，先计算企业实际研发投资与由一系列企业特征决定的预期研发投资之间的差额，然后对每一家上市公司生成一个过度投资或投资不足的虚拟变量，预期正常的研发投资水平参照 Massa et al.(2015a)的模型进行估计：

$$\frac{R\&D_{i,t}}{Asset_{i,t-1}}=\alpha+\beta_1 \mathrm{Ln}Asset_{i,t}+\beta_2 Age_{i,t}+\beta_3 SalesG_{i,t}+\beta_4 Lever_{i,t}+\beta_5 BM_{i,t}+\beta_6 Cash_{i,t}+\varepsilon_{i,t} \tag{6-9}$$

其中，*R&D* 为企业的研发支出；*Asset* 为企业的总资产；*Age* 为企业年龄；*SalesG* 为企业营业收入变动的自然对数；*Lever* 为企业的资产负债率；*BM* 为企业的账面市值比；*Cash* 为企业的现金和现金等价物与总资产的比值。我们把样本上市公司先按照行业分类，再对样本分行业进行回归，通过模型回归得到的因变量预测值即表示预期正常的研发投资，然后计算实际研发投资与预期正常研发投资之间的差额。此外，为了结论的稳健性，我们也按照上市公司所在省份划分为中、东、西部三个区域，然后对样本分行业、分区域进行回归，再得到实际值与预期值的差额。接着我们分年度将计算所得研发投资的差额排序，将大于75%分位数的样本定义为过度投资，将小于25%分位数的样本定义为投资不足，介于两者之间的为正常投资，然后以正常的研发投资作为基准，用多项 Logit 模型估计卖空对研发出现过度投资和投资不足概率的影响。估计模型如下：

$$Prob(Over\text{-}investment_{i,t},\ Under\text{-}investment_{i,t}\ vs.\ Normal\text{-}investment_{i,t})=$$

$$\alpha+\beta_1 Short_{i,t}+\beta_2 Pilot_{i,t}+\beta_3 Short_{i,t}\times Pilot_{i,t}+\beta'_4 X_{i,t}+\varepsilon_{i,t} \quad (6-10)$$

多项 Logit 模型中的被解释变量为上市公司研发出现过度投资或投资不足的概率，解释变量 *Short*、*Pilot*，交乘项 *Short*×*Pilot* 和控制变量 *X* 的定义都与模型(6-1)一致。表 6-8 是卖空与研发投资效率的实证结果，第(1)列和第(2)列是按照行业分类得到的过度投资和投资不足的结果，第(3)列和第(4)列则是按照行业与区域分类得到的过度投资和投资不足的结果。可以看到，第(1)列和第(3)列交乘项 *Short*×*Pilot* 的系数均不显著，而第(2)列和第(4)列交乘项 *Short*×*Pilot* 的系数则均显著为正。这一结果说明，卖空制度实施之后，相对不允许卖空的公司，进入融券卖空试点的上市公司出现研发投资不足的概率显著增加，而研发过度投资则没有显著差异。

表 6-8　卖空与研发投资效率的实证结果

变量	(1)	(2)	(3)	(4)
	行业		行业/区域	
	Prob (*Over-investment*)	*Prob* (*Under-investment*)	*Prob* (*Over-investment*)	*Prob* (*Under-investment*)
Short	0.1486 (0.9960)	0.2102 (1.0702)	0.1726 (1.2176)	0.2115 (1.1758)
Pilot	-0.0845 (-0.4419)	0.3531 (1.6036)	-0.1060 (-0.6829)	0.1544 (0.8423)
Short×*Pilot*	0.3447 (1.5832)	0.5584** (2.1552)	0.1391 (0.7579)	0.3915* (1.8207)
Constant	3.1768*** (2.5958)	1.1552 (0.6483)	2.8367*** (2.7732)	1.7662 (1.3223)
Control	Yes			
Year	Yes			
Industry	Yes			
Region	Yes			
Observations	7010		7010	
Pseudo R^2	0.1687		0.1536	

注：***、**、* 分别表示 1%、5%、10%的显著性水平；括号中的数字为 t 值，标准误经过了 Robust 特别调整。

本章小结

本章研究了股票卖空机制对上市公司研发投资的影响。结果发现，在融资融券制度实施前后的观测期内，允许被卖空股票的上市公司，其研发投资的增长水平显著低于不允许卖空的上市公司，这表明股票卖空机制抑制了中国企业的研发投资；同时我们发现，在股权集中度较低、董事长和总经理两职合一等治理机制不完善的上市公司，股票卖空交易对企业研发投资的抑制效应更显著；进一步的研究发现，股票卖空机制是通过提高企业被收购的威胁程度，促使企业通过真实的盈余管理等作用渠道抑制了企业的研发投资；最后，我们检验了卖空机制对研发投资效率的影响，发现允许卖空的上市公司更可能出现研发投资不足。我们还采用倾向得分匹配法筛选控制组样本，检验了共同趋势假定，以上一系列稳健性检验表明，实证的结果均保持一致。本章的研究结果为股票卖空机制对企业决策行为的影响提供了新的证据，也丰富和拓展了企业研发投资的相关研究。

正如本章所揭示的，在股票卖空的压力下，经理层会为了提高短期业绩而放弃有助于公司长远发展的研发投资。因此，如何减少企业高管的短期行为，怎样激励他们为了企业的长远发展而努力，应当是政策制定者的重要研究课题。本章的实证结果也表明，完善的公司治理机制能够减弱股票卖空压力对研发投资的抑制作用，提高被收购威胁程度和真实的盈余管理水平是卖空抑制研发投资的潜在作用机制，因此，合理地规范上市公司的治理机制，构建良好的外部治理环境，同时出台反恶意收购和抑制真实盈余管理的监管政策，能够有效地化解卖空机制对企业研发投资的不利影响。

第七章

股票卖空机制与企业金融化行为

第一节　股票卖空机制影响企业金融化行为的理论分析

一、问题的提出

实体企业是国民经济的主要支柱，实体企业的振兴既为经济发展提供了内在的动力支持，也为产业升级与经济结构调整创造了必要条件。但近年来，由于市场需求的变化，实体投资收益率不断下滑，导致众多的企业脱离原有主营业务而涉足金融活动，大量企业将资金配置于金融资产来跨行业套利，即非金融企业金融化。国泰安数据库统计数据显示，中国非金融上市公司所持有的金融资产数量由 2007 年的 2547 亿元上升至 2016 年的 15006 亿元，配置金融资产的非金融上市公司数量由 2007 年的 672 家增加至 2016 年的 1055 家（戚聿东和张任之，2018）。2016 年非金融上市公司平均超过 20% 的利润来自金融渠道获利（张成思和张步昙，2016）。同时金融资产的持有方式也呈现多元化趋势，从传统的股票和债券到参股金融机构、委托贷款、购买理财信托产品等，金融资产的配置种类也越来越复杂化（戚聿东和张任之，2018）。

“脱实向虚”是当前中国经济发展中面临的严峻问题，实体企业过度金融化所带来的产业“空心化”、资产“金融化”正在逐步弱化实体经济的基础性作用，导致实体经济与虚拟经济之间产生严重的结构性失衡，且风险联动性大大增强，为经济平稳发展埋下重大安全隐患。党的十九大报告提出要“深化金融体制改革，增强金融服务于实体经济的能力”。2017 年国务院第五次全国金融工作会议也多次强调“金融工作要围绕服务实体经济、防控金融风险”，这些政策导向说明了国家对企业金融化问题的重视，这就使实体企业金融化问题成为当前理论界与实务界需要重点关注和值得探讨的重要话题之一。

虽然实体企业金融化问题已经被决策层和学术界所关注，但现有文献大多集中于金融化的度量以及金融化的经济后果等方面，而较少有学者关注实体企业金融化的影响因素。仅有的几篇文献从宏观经济环境（胡奕明等，2017）、经济政策不确定性（彭俞超等，2018）、机构投资者（刘伟和曹瑜强，2018）、税收负担（庞凤喜和刘畅，2019）、CEO 的金融背景（杜勇等，2019）等方面对企业金融化的影响进行了研究。然而，作为资本市场重要制度设计的股票卖空机制，又会对企业金融化行为产生怎样的影响？目前还缺少这方面的研究。因此，本章拟分析和检验中国的融资融券制度对上市公司金融化行为的影响。具体来说，我们想要回答以下三个问题：第一，融资融券制度怎样影响上市公司的金融化水平？第二，这种效应在不同类型企业之间是否存在差异？第三，融资融券制度影响企业金融化的作用机制是什么？

本章使用 2007—2018 年中国 A 股上市公司的数据，借助中国证监会 2010 年实行的融资融券试点制度，采用多时点双重差分模型（Multi-Period DID Model），实证检验了融资融券制度对上市公司金融化行为的影响，结果发现，在融资融券试点制度实施以后，与不允许卖空的公司相比，融资融券标的企业的金融化水平显著上升。同时发现，股票卖空机制对企业金融化的效应在非国有、高管持股比例较高、股权集中度较低、市场化程度较低和行业竞争度较低的样本中更显著。进一步的研究发现，股票卖空机制是通过提高企业的融资约束和被收购的威胁程度等作用渠道促使企业更多地进行金融资产配置。在进行一系列内生性处理和稳健性检验的基础上，实证结果依然显著。本章可能在以下几个方面丰富了已有文献：

第一，本章从上市公司金融化投资的视角，扩展了卖空对企业投资影响的研究，实证表明，股票卖空机制能够影响企业的投资决策，但相关研究主要集中在企业的固定资产投资和研发投资等方面，如 Grullon et al.（2015）、靳庆鲁等（2015）讨论了卖空机制对企业固定资产投资规模的影响；Chang et al.（2015）、Nezafat et al.（2015）、王仲兵和王攀娜（2018）讨论了卖空机制对企业投资效率的不同影响；Massa et al.（2015a）、刘飞等（2020b）则讨论了卖空机制对企业研发投资的不同影响。本章则以企业金融资产配置的相对规模和绝对规模衡量金融化投资水平，全面研究股票卖空机制对中国上市公司金融化的影响及其作用机制，扩展了卖空对企业投资影响的研究，也为分析卖空机制在资本市场上扮演的角色提供了新的证据。

第二，本章的研究也丰富了企业金融化影响因素的文献，现有文献从宏观经济环境（胡奕明等，2017）、经济政策不确定性（彭俞超等，2018）、税收负担（庞凤喜和刘畅，2019）、金融部门人力资本配置（戴静等，2020）、机构投资者（刘伟和曹瑜强，2018）、CEO 的金融背景（杜勇等，2019）、企业社会责任（顾雷雷等，2020；孟庆斌和侯粲然，2020）等方面对企业金融化的影响因素进行了研究。但是，这些都是从企业的外部环境和内部治理的角度出发，鲜有学者研究资本市场的交易机制对企业金融化的影响，而本章重点考察了资本市场股票卖空机制对企业金融化的作用，也丰富了企业金融化影响因素的研究。

本章的研究结论也具有重要的政策含义，引导经济“脱虚向实”、着力提高金融对实体经济的支持力度、防范系统性金融风险、维护金融稳定是当前我国经济发展过程中要着力解决的重大问题。本章以股票卖空机制对企业金融化的影响为主要研究对象，系统地讨论资本市场股票卖空机制下经济“脱实向虚”的问题，有助于从理论上澄清有关股票卖空机制的争议，为进一步推进和优化中国资本市场的机制设计提供理论依据，同时，也为如何从机制上引导经济“脱虚向实”提供了政策参考。

二、理论分析与研究假设

（一）企业金融化的文献回顾

目前的研究主要围绕非金融企业金融化的动机和经济后果展开探讨。关于企业金融化的动机，主要有两种代表性观点：一是“蓄水池”理论和预防动机，即企业持有金融资产的目的是流动性储备，以防止现金流冲击带来的资金链断裂风险（胡奕明等，2017）；二是“投资替代”理论和投机动机，即企业金融化的目的是追求利润最大化，当金融投资收益率较实体经济投资收益率更高时，企业会以金融资产投资替代实体经济投资（Orhangazi，2008；Demir，2009）。

基于不同的动机解释，企业金融化的经济后果也不相同，基于预防动机，相关文献认为企业金融化对实体投资具有正向推动作用，企业能够通过出售金融资产降低财务困境成本，进而增加实业投资，而且金融资产价格上升会改善企业资产负债表，进而有利于企业再融资并投资实体经济（Smith & Stulz，1985；Stulz，1996）。但2008年国际金融危机后，非金融企业金融化有助于实体经济发展的观点受到挑战，更多学者开始反思企业金融化的发展趋势，认为企业金融化与实体经济之间存在负相关关系，基于投机动机的企业金融化将在一定程度上对实体经济产生“挤出”效应。Orhangazi（2008）发现美国非金融企业金融化对实业投资率具有显著的负向影响；Demir（2009）对阿根廷、墨西哥和土耳其的研究以及Tori & Onaran（2017）对英国的研究结果也都印证了“挤出效应”观点。

还有一些学者从金融危机与系统性风险的角度讨论了企业金融化的后果，Stockhammer & Grafl(2010)将金融危机归咎于企业金融化导致的虚拟经济过度发展。Demir(2009)认为，传统行业利润率下降与企业金融化之间存在因果关系。当传统生产性行业利润进入下行区间时，资本逐利的天性使其逐渐转移至其他渠道以获取更高的利润率，使经济重心逐渐从商品生产转移至金融活动上来。Palley(2010)探讨了实体企业金融化对融资结构的影响，认为企业过度金融化引致的融资结构失衡会导致债务规模扩大，尤其是企业负债率上升，金融脆弱性加剧，最终引发金融危机。Foster(2010)则认为，经济学家关于生产性投资与金融投资紧密联系的假定未必正确，两者之间可能存在相当程度的背离，在金融体系不成熟的条件下，这种背离往往会导致投机性泡沫出现、经济繁荣消失。Epstein(2005)认为金融化的分配效应会加大贫富差距，使资源配置向金融部门倾斜。在经济增长停滞、产品市场竞争趋于激烈的背景下，非金融部门不得不削减工资福利支出或者逐步转向金融部门，最终引发实体经济规模收缩和金融危机。

目前，关于中国企业金融化经济后果的结论较为一致，即企业金融化具有“挤出”效应，降低了企业的实业投资率(张成思和张步昙，2016)，损害了实体企业主业的发展(杜勇等，2017)，抑制了企业的技术创新能力(王红建等，2017；谢家智等，2014)，降低了企业价值(戚聿东和张任之，2018)，提升了股价崩盘的概率(彭俞超等，2018)，对企业经营收益率形成冲击(宋军和陆旸，2015)。而胡海峰等(2020)研究发现，企业金融化与生产效率存在显著的倒 U 形关系，即适度的金融化能够推动企业生产效率的改进，过度的金融化则阻碍企业生产效率的提升。

关于企业金融化的影响因素，从宏观角度来看，宏观环境对企业金融化有一定的影响，包括国内外经济发展模式的转变、金融市场的发展状况以及国家相关政策等都会导致非金融企业金融化的现象。Demir(2007)认为由于国内经济环境的不确定性和波动性、金融投资与实业投资收益的差距等因素，企业为避免资金断裂风险会将资金投入金融领域。彭俞超等(2018)通过实证分析表明，经济政策不确定性上升显著抑制了企业金融化趋势。胡奕明等(2017)研究发现，企业金融资产配置行为与广义货币M2周期变量和法定准备金率显著正相关；杨筝等(2017)讨论了货币政策与企业交易性金融资产配置的关系，结果也显示，当货币政策趋于宽松时，企业会显著提高交易性金融资产的配置水平，说明交易性金融资产配置具有预防动机；但杜勇等(2017)的研究结论则正好相反，认为宽松的货币政策会加剧企业金融化对实体经济的“挤出”效应；张成思和张步昙(2016)也认为企业金融化趋势弱化了货币政策提振实体经济的效果；此外，刘贯春等(2018)则发现宽松货币政策的宏观经济环境下，金融资产配置对企业杠杆率的影响被弱化。

从微观角度来看，刘伟和曹瑜强(2018)发现机构投资者持股驱动了实体企业金融化；闫海洲和陈百助(2018)发现公司持有总体金融资产组合与风险金融资产之间有正向的关系，特别是那些公司治理水平较差、管理层过度自信和具有多元化经营特征的企业更倾向于持有更多的风险金融资产；庞凤喜和刘畅(2019)发现微观税负能够显著提高工业企业金融资产配置水平；杜勇等(2019)研究发现CEO金融背景对企业金融化具有显著的正向影响，即聘请具有金融背景的CEO能够促进企业金融化，并且CEO的非银行金融背景产生的作用更为强烈；彭俞超、黄志刚(2018)的研究结果表明，经营风险越低的企业，其金融化程度会越高；戴静等(2020)以金融部门人力资本配置为出发点，研究发现金融部门的人力资本水平越高，实体企业金融资产配置越多；顾雷雷等(2020)、孟庆斌和侯粲然(2020)的研究结果则表明，企业社会责任提高了企业的金融资产配置水平。

（二）理论分析与研究假设

作为一种交易机制，股票卖空机制能够发现企业的负面信息，并且有助于负面信息及时反映到股票价格当中，还能够通过外部治理效应约束企业管理层的机会主义行为和短视化倾向（Grullon et al.，2015；Massa et al.，2015a）。按照这一逻辑，股票卖空机制有可能降低企业的金融化水平，首先，过度的金融化从本质上来说是一种资源的错配，当企业将大量资金配置于金融资产或投资于房地产等虚拟经济时，必然会对企业的实体投资与创新投资形成挤出效应，从而对企业的长期价值造成损害。但由于这种损害的长期性和隐蔽性，普通投资者可能难以察觉。而卖空交易者凭借拥有的专业优势和信息挖掘能力，则能够识别和发现企业过度金融化的负面影响，并通过卖空行为反映到股票价格当中，从而抑制管理层的短视行为，促使企业将更多资源投资于能够促进长期发展的实体经济领域，客观上优化了资源的有效配置。

其次，现代公司股东与经理之间的委托代理关系，造成公司经理有牟取私利的动机和机会主义行为（Jensen & Meckling，1976），因此，存在短时间内迅速提升企业利润率的激励，甚至不惜以利润操纵等方式进行短期投机（Liu et al.，2019），而相比传统的资本投资和研发投资，金融化投资周期更短，投机性更强，有助于迅速改善企业的短期业绩，所以，滥用金融化投资可能成为企业管理层牟取个人私利的主要手段。而股票卖空机制则可以通过“事前威慑”，引导投资者“用手投票”并促使股东采取措施加强公司治理（Massa et al.，2015b；刘飞，2020a），震慑企业高管的机会主义行为。因此，股票卖空机制也可以通过改善公司治理抑制企业的金融化。

但是，股票卖空机制也可能提高企业的金融化水平，首先，卖空交易者的行为会在证券市场传播恐慌情绪，增加投资者的悲观预期，使股票投资者要求更高的投资回报，导致企业权益融资的成本上升，由于股票市场与债券市场的连通性，债券融资的成本也会随之上升，进而使企业外部融资环境恶化，融资约束加剧（Meng et al.，2020），而企业金融化的“蓄水池”功能则有助于缓解企业的融资约束困境，因此，股票卖空机制有可能通过融资约束提高企业的金融化水平。

其次，股票卖空机制对企业也可能形成股价下跌压力，迫使企业高管集中于短期活动，助长高管的短视行为（He & Tian，2014）。由于卖空交易者的主要工作就是去识别绩效差的企业，卖空这些股票以反映负面信息，并获取交易利润（He & Tian，2014）。因此不受限制的卖空活动会加剧股票价格的下跌压力（Goldstein & Guembel，2008）。而且，有研究显示，卖空交易者并不能真正识别关于企业的负面信息，从而扭曲企业正常的有助于价值提升的投资项目的评估，导致基于企业基本面信息的股票价格被低估（Meng et al.，2020），甚至会增大公司被恶意收购的风险。出于对自身财富、职业生涯和声誉的考虑，允许卖空公司的高管通常会格外重视短期业绩，因此，投资周期更短的金融资产就可能成为企业扩大利润来源的主要手段。

最后，在卖空压力下，维持公司股票价格水平，防止被收购的风险，以维护自身职业安全（Massa et al.，2015b；Fang et al.，2016），都会驱使公司高管进行盈余管理。相比应计的盈余管理，真实的盈余管理更具有隐蔽性和灵活性，便于逃避外部的监督，可能是上市公司高管在面对股票卖空压力时所做的主要选择。金融化作为一种真实的盈余管理方式，在应计的盈余管理受到约束和监督的条件下，可能成为公司高管利润操纵的替代手段。

基于以上分析，本章提出如下两个对立的假设：

假设 7-1a：在其他条件都相同的情况下，股票卖空机制会抑制企业的金融化行为。

假设 7-1b：在其他条件都相同的情况下，股票卖空机制会促进企业的金融化行为。

第二节 股票卖空机制影响企业金融化行为的实证研究

一、实证研究设计

（一）模型设置与变量定义

与前面各章一致，我们仍然利用中国融资融券试点制度提供的“自然实验”环境进行本章的实证检验，融资融券试点制度开始于2010年3月，在此之前，所有上市公司的股票都不允许卖空，融资融券制度开始实行以后，进入融资融券试点的上市公司股票允许卖空，而没有进入试点的上市公司，其股票仍然不允许卖空。与发达的资本市场不同，融资融券试点只允许部分股票作为标的证券，这为本章的研究提供了天然的实验组和控制组。本章通过检验进入融资融券试点的上市公司与没有进入融资融券试点的上市公司在该制度实施前后金融化水平是否存在显著差异，来验证股票卖空机制怎样影响企业的金融化行为。

由于融资融券试点制度采取分阶段扩容的方式，很多上市公司进入融资融券试点的时间并不一致，并且试点过程中标的证券还会进行多次调整（调入或调出），这些都是针对不同的个股发生在不同时点上的。因此融资融券试点是一个多时点的外生的冲击，本章仍然借鉴 Bertrand & Mullainathan（2003）的方法，构造多时点双重差分模型（Multi-Period DID）进行检验，具体的计量模型如下：

$$Fin_{i,t}=\alpha+\beta Short_{i,t}+\gamma' X_{i,t}+\varepsilon_{i,t} \tag{7-1}$$

模型（7-1）中的被解释变量 Fin 表示企业的金融化水平，目前常用的衡量金融化水平的变量为金融资产配置的相对规模 $Fin1$，即（交易性金融资产+衍生金融资产+买入返售金融资产+发放贷款及垫款+

可供出售金融资产+持有至到期投资+投资房地产+长期股权投资)/总资产，本章还加入了金融资产配置的绝对规模 *Fin*2，即(交易性金融资产+衍生金融资产+买入返售金融资产+发放贷款及垫款+可供出售金融资产+持有至到期投资+投资房地产+长期股权投资)的自然对数。除了金融资产配置以外，本章还考虑以金融渠道获利 *Fin*3 作为企业金融化的代理变量，*Fin*3=(投资收益+公允价值变动收益+其他综合收益-营业利润)/营业利润的绝对值。当企业未通过金融渠道获利时，该值为-1，大于(小于)-1 的 *Fin*3 代表企业通过投资金融资产实现了获利(亏损)。

解释变量 *Short* 是表示卖空与否的虚拟变量，如果一家公司的股票在 *t* 年可以被卖空，则 *Short* 取值为 1，否则 *Short* 取值为 0。如果假设 7-1a 成立，*Short* 的系数应当显著为负，如果假设 7-1b 成立，则 *Short* 的系数应当显著为正。

模型(7-1)中的 *X* 是由多个控制变量构成的向量，主要包括企业规模、资产利润率、杠杆率、销售收入增长率、有形资产比率、企业年龄、独立董事比率、两职合一、企业第一大股东持股比例、管理层持股比例、股票收益率、董事会规模等。表 6-1 是主要的变量设置及定义。

表 7-1　变量定义

变量名称	变量符号	定义
企业金融化	*Fin*1	金融资产相对规模
	*Fin*2	金融资产绝对规模
	*Fin*3	金融资产获利
卖空虚拟变量	*Short*	如果上市公司在 *t* 年能够被卖空则为 1，否则为 0
企业规模	*Size*	总资产的自然对数
杠杆率	*Lever*	企业总负债/总资产
有形资产比率	*Col*	有形资产总额/总资产
资产利润率	*Roa*	净利润/资产平均值

续表

变量名称	变量符号	定义
企业年龄	*Age*	(公司成立时间+1)的自然对数
第一大股东持股比例	*Top*1	第一大股东持股数量/企业股份总数
管理层持股比例	*Mshare*	管理层持股数量/企业股份总数
股票收益率	*Ret*	(本期收盘价-上期收盘价)/上期收盘价
独立董事比率	*Ind*	董事会中独立董事所占比率
两职合一	*Dual*	总经理、董事长由一人兼任为 1，否则为 0
董事会规模	*Board*	董事会人数的自然对数
企业成长	*Grow*	企业销售收入增长率

（二）数据来源与描述性统计

本章选择中国沪深两市的 A 股上市公司年度数据作为研究样本，样本区间为 2007 年至 2018 年，融资融券标的证券的信息来自沪深交易所网站，公司财务数据来自国泰安 CSMAR 数据库。我们按照以下标准对数据进行了筛选：①删除了商业银行、保险公司等金融类上市公司；②删除了 ST、*ST 公司；③删除了资不抵债的公司；④删除了在统计逻辑上明显错误的样本，如企业总产值为负、从业人数为负等；⑤删除了相关年份金融资产、总资产、主营业务收入等关键变量缺失的样本。共获得 14909 个样本观测值。为了防止数据的异常值或输入错误对实证结果的干扰，论文对关键连续变量两端的异常值按照 1%的水平进行了 winsorize 处理①。

表 7-2 列出了主要变量的描述性统计结果，可以看到上市公司金融资产相对规模 *Fin*1 的平均值为 0.0655，说明上市公司金融化投资平均占总资产的 6%左右，但分布并不均衡，最小值为 0，说明有上市公司没有进行金融化投资，而最大值为 0.5198，即有的上市公司金融化投资占总资产的比例接近 52%。金融资产绝对规模 *Fin*2 是

① 即对所有处于 0~1%分位数的连续变量极端值，令其等于 1%的分位数，对所有处于 99%~100%分位数的连续变量极端值，令其等于 99%的分位数。

*Fin*1 的自然对数，由于金融资产为 0 无法取自然对数，会损失部分样本观测值，因此，凡是 *Fin*1 取 0 的样本，*Fin*2 也自动取 0。金融渠道获利 *Fin*3 的平均值为-0.5358，但依据前文的变量定义和该指标的标准化处理过程可知，大于-1 的均值实质上表示金融渠道获利对企业利润的贡献为正。

表 7-2 主要变量的描述性统计

变量	N	Mean	SD	Min	Median	Max
*Fin*1	14909	0.0655	0.1026	0	0.0240	0.5198
*Fin*2	14909	15.9023	6.9275	0	18.256	23.7005
*Fin*3	14909	-0.5358	1.1506	-2.1199	-0.9647	6.4194
Size	14909	22.0609	1.3532	19.3089	21.8133	26.0189
Lever	14909	0.4274	0.2072	0.0075	0.4313	0.9652
Col	14909	0.9389	0.0756	0.5479	0.9618	1
Roa	13882	0.0485	0.0468	-0.1503	0.0419	0.1678
Age	14909	2.6108	0.4378	0	2.7081	3.6636
Ret	13636	0.3590	0.8369	-0.8693	0.1514	9.1235
*Top*1	14909	36.4446	15.2222	3.3904	34.6843	89.9858
Mshare	14360	0.1298	0.2079	0	0.0009	0.8973
Ind	14848	0.3699	0.0549	0.0909	0.3333	0.8
Dual	14909	0.2297	0.4206	0	0	1
Board	14848	2.1699	0.2001	1.0986	2.1972	2.8904
Grow	13881	0.1989	0.4907	-0.7826	0.1245	5.5221

表 7-3 是主要变量的 *Pearson* 相关系数矩阵，从表 7-3 中可以看到，控制变量之间的相关系数绝大多数都小于 0.3，说明主要控制变量之间不存在很严重的多重共线性问题。

表 7-3　主要变量的 *Pearson* 相关系数矩阵

变量	*Fin1*	*Fin2*	*Fin3*	*Size*	*Lever*	*Col*	*Roa*	*Age*	*Top1*	*Mshare*	*Ret*	*Ind*	*Dual*	*Board*
Fin2	0. 42													
Fin3	0. 27	0. 15												
Size	0. 13	0. 49	0. 03											
Lever	0. 06	0. 39	0. 13	0. 58										
Col	0. 06	-0. 06	0. 02	-0. 03	0. 05									
Roa	-0. 02	-0. 09	-0. 36	-0. 08	-0. 37	-0. 02								
Age	0. 24	0. 29	0. 13	0. 26	0. 27	-0. 05	-0. 13							
Top1	0. 03	-0. 01	0. 01	-0. 13	-0. 02	-0. 04	0. 11	-0. 04						
Mshare	-0. 05	0. 00	-0. 07	0. 22	0. 07	0. 07	0. 06	-0. 14	-0. 03					
Ret	-0. 23	-0. 36	-0. 14	-0. 37	-0. 40	-0. 05	0. 15	-0. 32	0. 02	-0. 12				
Ind	0. 01	0. 00	0. 00	0. 06	-0. 01	-0. 01	-0. 04	-0. 05	-0. 01	0. 05	0. 10			
Dual	-0. 10	-0. 16	-0. 06	-0. 19	-0. 20	-0. 00	0. 07	-0. 11	0. 01	-0. 05	0. 27	0. 10		
Board	-0. 01	0. 14	0. 00	0. 26	0. 18	0. 01	0. 01	0. 06	-0. 04	0. 02	-0. 24	-0. 44	-0. 18	
Grow	-0. 06	-0. 01	-0. 12	0. 04	0. 06	-0. 08	0. 21	-0. 05	0. 11	0. 03	0. 04	-0. 00	0. 01	0. 00

二、实证结果分析

（一）主效应分析

在对本章模型进行检验时，我们仍然对标准误差在公司层面进行聚类(cluster)调整，采用稳健的标准差。表 7-4 列出了股票卖空机制与企业金融化相关关系的检验结果，其中，第(1)至第(3)列为卖空机制对金融化 *Fin*1 的检验结果，第(4)至第(6)列为卖空机制对金融化 *Fin*2 的检验结果，第(7)至第(9)列为卖空机制对金融化 *Fin*3 的检验结果。在第(1)列、第(4)列、第(7)列中，我们没有加入任何控制变量，也没有控制年度效应和行业效应，卖空变量 *Short* 的系数分别为 0.0308、2.3636 和 0.1532，并且均在 1%的水平上显著。在控制了年度效应与行业效应之后，第(2)列和第(5)列卖空变量 *Short* 的系数仍然在 1%的水平下显著为正，第(8)列卖空变量 *Short* 的系数则在 10%的水平下显著为正。当我们同时控制了公司特征变量之后，第(3)列和第(6)列卖空变量 *Short* 的系数在 1%的水平下显著为正，第(9)列卖空变量 *Short* 的系数则在 5%的水平下显著为正。以上结果表明，在融资融券制度实施以后，允许被卖空股票的上市公司，其金融化水平显著高于不能够被卖空股票的上市公司，股票卖空机制提升了企业的金融化水平，这一结果与假设 7-1b 的预期是一致的。

表 7-4　卖空机制与企业金融化

变量	(1) *Fin*1	(2) *Fin*1	(3) *Fin*1	(4) *Fin*2	(5) *Fin*2	(6) *Fin*2	(7) *Fin*3	(8) *Fin*3	(9) *Fin*3
Short	0.0308*** (6.9899)	0.0267*** (5.4601)	0.0108*** (3.4202)	2.3636*** (28.6494)	1.9062*** (22.0480)	0.2331*** (3.5385)	0.1532*** (4.1634)	0.0737* (1.7420)	0.1074** (2.5596)
Size			0.0118*** (4.7565)			1.1537*** (32.2166)			0.0043 (0.2410)
Lever			−0.1130*** (−7.1584)			−1.4500*** (−6.5094)			−0.3122*** (−2.8974)
Col			0.1193*** (5.8789)			1.1049*** (3.1717)			0.5275*** (3.2528)

续表

变量	(1) Fin1	(2) Fin1	(3) Fin1	(4) Fin2	(5) Fin2	(6) Fin2	(7) Fin3	(8) Fin3	(9) Fin3
Roa			-0.0779* (-1.9493)			-2.1291*** (-3.2908)			-9.3298*** (-30.4876)
Age			0.0498*** (9.3819)			0.8086*** (8.3346)			0.1734*** (5.2596)
Ret			0.0090*** (6.4292)			0.1690*** (6.6149)			0.0419** (2.2432)
Top1			-0.0003* (-1.8475)			-0.0042* (-1.7344)			-0.0030*** (-3.0726)
Mshare			-0.0562*** (-6.8842)			-0.9817*** (-4.8587)			-0.3650*** (-5.4603)
Ind			0.0041 (0.1099)			-0.3677 (-0.6299)			0.0645 (0.2301)
Dual			-0.0071** (-1.9990)			-0.1221* (-1.7188)			-0.0436 (-1.4561)
Board			-0.0448*** (-3.6880)			-0.5682*** (-3.2868)			-0.0708 (-0.7360)
Grow			-0.0080*** (-4.0397)			-0.1407*** (-4.0907)			-0.0670*** (-3.2935)
Constant	0.0607*** (27.9099)	0.1029*** (8.3577)	-0.2315*** (-3.8290)	18.1934*** (383.8547)	19.2072*** (89.4324)	-7.2785*** (-8.1281)	-0.5598*** (-33.6081)	-0.4157*** (-4.8628)	-0.5958 (-1.2939)
Year	No	Yes	Yes	No	Yes	Yes	No	Yes	Yes
Industry	No	Yes	Yes	No	Yes	Yes	No	Yes	Yes
Observations	14909	14891	13038	14909	14891	13038	14909	14891	13038
R-squared	0.012	0.103	0.183	0.147	0.275	0.520	0.002	0.030	0.161

注：***、**、*分别表示1%、5%、10%的显著性水平；括号中的数字为双尾检验的t值，其中标准误差经过公司聚类（cluster）调整。

（二）异质性检验

在总效应检验的基础上，本章通过进一步寻找调节变量，检验股票卖空机制对企业金融化效应的异质性。根据公司的治理特征及外部环境，本章选取了产权性质、股权集中度、高管持股比例、区域市场化进程和行业竞争度五个调节变量。

1. 产权性质

我们以企业的实际控制人性质将总样本分为两组，实际控制人为各级政府部门的是国有样本，其他为非国有样本。表 7-5 列出了在产权性质不同的上市公司，股票卖空机制对企业金融化的不同影响，其中第(1)列、第(3)列和第(5)列国有样本中，卖空变量 *Short* 的系数虽然为正，但均不显著，而在第(2)列非国有样本中，卖空变量 *Short* 的系数在 5%的水平下显著为正，在第(4)列和第(6)列非国有样本中，卖空变量 *Short* 的系数均在 1%的水平下显著为正。以上结果都说明，相比国有企业，股票卖空机制对企业金融化的促进作用在非国有企业中更显著。我们考虑可能的原因是，非国有企业(特别是民营企业)相比国有企业更容易遭遇融资约束的困境，因此在卖空压力下更有动机采取金融化的方式缓解融资压力。

表 7-5 卖空机制、产权性质与企业金融化

变量	(1) *Fin*1 国有样本	(2) *Fin*1 非国有样本	(3) *Fin*2 国有样本	(4) *Fin*2 非国有样本	(5) *Fin*3 国有样本	(6) *Fin*3 非国有样本
Short	0.0109 (1.6042)	0.0149** (2.5325)	0.1489 (1.6078)	0.3835*** (4.0912)	0.0512 (0.8504)	0.1850*** (3.0045)
Size	0.0098*** (2.9446)	0.0165*** (3.7902)	1.2053*** (26.8703)	1.0668*** (17.0836)	0.0230 (0.9738)	0.0059 (0.2100)
Lever	-0.1637*** (-6.4332)	-0.0819*** (-4.1817)	-2.1023*** (-6.8285)	-0.9244*** (-2.8445)	-0.5805*** (-3.8201)	-0.1550 (-1.0183)
Col	0.1704*** (4.8063)	0.0923*** (3.7999)	1.0829** (2.0911)	1.3412*** (2.9304)	0.7373*** (2.6827)	0.3078 (1.5712)
Roa	-0.1271* (-1.8348)	-0.0440 (-0.9915)	-3.4192*** (-3.5667)	-1.0761 (-1.2593)	-10.6632*** (-21.3663)	-8.3178*** (-21.0126)
Age	0.0815*** (6.6613)	0.0340*** (6.7046)	1.0504*** (6.2430)	0.6944*** (5.8207)	0.2211*** (3.4431)	0.1415*** (3.7133)
Ret	0.0089*** (4.1238)	0.0100*** (5.3707)	0.1225*** (3.4802)	0.2007*** (5.5094)	0.0241 (0.8492)	0.0607** (2.4421)
*Top*1	0.0001 (0.4792)	-0.0005*** (-3.2544)	0.0007 (0.1968)	-0.0081** (-2.5031)	-0.0020 (-1.2017)	-0.0028** (-2.3657)
Mshare	-0.0793** (-2.1086)	-0.0550*** (-5.7701)	-1.4202 (-1.3042)	-1.0282*** (-4.4620)	-0.3521 (-1.3353)	-0.3945*** (-5.1351)

续表

变量	(1) *Fin*1 国有样本	(2) *Fin*1 非国有样本	(3) *Fin*2 国有样本	(4) *Fin*2 非国有样本	(5) *Fin*3 国有样本	(6) *Fin*3 非国有样本
Ind	0.0235 (0.4446)	0.0339 (0.6504)	-0.1991 (-0.2617)	-0.4107 (-0.4670)	-0.5549 (-1.5665)	0.9047** (2.0098)
Dual	-0.0092 (-1.1479)	-0.0051 (-1.3010)	-0.1703 (-1.3672)	-0.1293 (-1.5129)	-0.0743 (-1.0874)	-0.0341 (-1.0176)
Board	-0.0487*** (-2.5942)	-0.0277* (-1.8153)	-0.5627** (-2.3517)	-0.4889* (-1.8435)	-0.1128 (-0.8195)	0.1006 (0.6971)
Grow	-0.0072** (-2.2489)	-0.0099*** (-4.3531)	-0.1314*** (-2.8438)	-0.1528*** (-3.2129)	-0.0336 (-0.8994)	-0.1072*** (-4.4600)
Constant	-0.3102*** (-3.3717)	-0.2887*** (-3.0094)	-8.9300*** (-7.2789)	-5.2705*** (-3.5580)	-0.9140 (-1.3335)	-0.8309 (-1.2047)
Year	Yes	Yes	Yes	Yes	Yes	Yes
Industry	Yes	Yes	Yes	Yes	Yes	Yes
Observations	5914	7124	5914	7124	5914	7124
R-squared	0.226	0.186	0.572	0.422	0.165	0.176

注：***、**、*分别表示1%、5%、10%的显著性水平；括号中的数字为双尾检验的t值，其中标准误差经过公司聚类(cluster)调整。

2. 股权集中度

我们以上市公司第一大股东持股比例衡量股权集中度，以年度第一大股东持股比例的中位数将总样本区分为两组。表7-6列出了在股权集中度不同的上市公司，股票卖空机制对企业金融化的不同影响，其中第(1)列、第(3)列和第(5)列股权集中度较高的样本中，卖空变量 *Short* 的系数均不显著，而在第(2)列、第(4)列和第(6)列股权集中度较低的样本中，卖空变量 *Short* 的系数均在1%的水平下显著为正。以上结果都说明，相比股权集中度较高的企业，股票卖空机制对企业金融化的促进作用在股权集中度较低的企业中更显著。我们考虑可能的原因是，第一大股东持股比例越高，越有助于抑制企业高管采取金融化手段损害企业利益的行为，因此，在卖空压力下金融化的水平相对较低。

表 7-6 卖空机制、股权集中度与企业金融化

变量	(1) *Fin*1 股权集中度高	(2) *Fin*1 股权集中度低	(3) *Fin*2 股权集中度高	(4) *Fin*2 股权集中度低	(5) *Fin*3 股权集中度高	(6) *Fin*3 股权集中度低
Short	0.0016 (0.2631)	0.0165*** (2.6521)	0.0818 (0.8864)	0.3540*** (3.9041)	-0.0280 (-0.5033)	0.2290*** (3.6596)
Size	0.0091*** (3.2106)	0.0146*** (3.6616)	1.1685*** (24.9538)	1.1108*** (20.6704)	0.0377* (1.8563)	-0.0240 (-0.8141)
Lever	-0.0906*** (-4.6931)	-0.1391*** (-5.9456)	-1.2493*** (-4.1908)	-1.6143*** (-5.1964)	-0.3082** (-2.4075)	-0.3651** (-2.1554)
Col	0.0922*** (3.2839)	0.1343*** (4.9297)	0.8623* (1.7329)	1.2871*** (2.7691)	0.5501*** (2.6602)	0.4288* (1.8195)
Roa	-0.0515 (-1.0627)	-0.0982* (-1.6842)	-2.5609*** (-2.8015)	-1.7914** (-2.0502)	-8.4291*** (-20.8227)	-10.0371*** (-22.5612)
Age	0.0482*** (6.3251)	0.0476*** (6.7191)	0.7760*** (5.8714)	0.8013*** (5.9544)	0.1732*** (4.5115)	0.1343** (2.3858)
Ret	0.0063*** (3.4699)	0.0109*** (4.9844)	0.1518*** (3.9625)	0.1667*** (4.6480)	0.0026 (0.1087)	0.0718*** (2.6110)
*Top*1	0.0004 (1.2316)	-0.0009** (-2.2744)	0.0021 (0.4325)	-0.0097 (-1.5302)	-0.0004 (-0.2407)	-0.0008 (-0.2765)
Mshare	-0.0447*** (-4.6862)	-0.0753*** (-5.4043)	-0.9250*** (-3.5049)	-1.1738*** (-3.9215)	-0.1567* (-1.8864)	-0.6082*** (-5.5189)
Ind	0.0210 (0.4346)	-0.0007 (-0.0127)	-0.0130 (-0.0160)	-0.6353 (-0.7987)	-0.3499 (-1.1449)	0.5224 (1.1167)
Dual	-0.0026 (-0.5563)	-0.0114** (-2.2911)	-0.1467 (-1.3197)	-0.1096 (-1.2569)	-0.0483 (-1.1849)	-0.0491 (-1.1490)
Board	-0.0287* (-1.7010)	-0.0550*** (-3.4389)	-0.4830* (-1.8557)	-0.5453** (-2.4986)	0.0511 (0.4125)	-0.1195 (-0.8346)
Grow	-0.0043 (-1.4657)	-0.0133*** (-4.8682)	-0.1019** (-2.2292)	-0.1807*** (-3.4072)	-0.0242 (-1.0152)	-0.1341*** (-3.8448)
Constant	-0.2306*** (-3.1286)	-0.2414*** (-2.6305)	-7.9070*** (-6.4926)	-6.3338*** (-4.9821)	-1.7100*** (-3.2457)	0.2253 (0.3029)
Year	Yes	Yes	Yes	Yes	Yes	Yes
Industry	Yes	Yes	Yes	Yes	Yes	Yes
Observations	6345	6693	6345	6693	6345	6693
R-squared	0.174	0.222	0.573	0.476	0.162	0.171

注：***、**、*分别表示1%、5%、10%的显著性水平；括号中的数字为双尾检验的t值，其中标准误差经过公司聚类(cluster)调整。

3. 高管持股比例

我们以年度高管团队持股比例的中位数为依据将总样本区分为两组，表 7-7 列出了在高管持股比例不同的上市公司，股票卖空机制对企业金融化的不同影响，第(1)列和第(2)列是以 *Fin*1 作为被解释变量的回归结果，在第(1)列高管持股比例较高的样本中，卖空变量 *Short* 的系数在 5%的水平下显著为正，而在第(2)列持股比例较低的样本中，卖空变量 *Short* 的系数虽然为正，但不显著。第(3)列和第(4)列是以 *Fin*2 作为被解释变量的回归结果，在第(3)列高管持股比例较高的样本中，卖空变量 *Short* 的系数在 1%的水平下显著为正，而在第(4)列持股比例较低的样本中，卖空变量 *Short* 的系数则在 10%的水平下显著为正，但是系数的绝对值远小于第(3)列高管持股比例较高的样本。第(5)列和第(6)列是以 *Fin*3 作为被解释变量的回归结果，在第(5)列高管持股比例较高的样本中，卖空变量 *Short* 的系数在 10%的水平下显著为正，而在第(6)列持股比例较低的样本中，卖空变量 *Short* 的系数则不显著。以上结果都说明，相比高管持股比例较低的企业，股票卖空机制对企业金融化的促进作用在高管持股比例较高的企业中更显著。我们考虑可能的原因是，高管持股比例越高，卖空对股价下跌造成的压力对其影响也越大，因此在卖空压力下金融化的水平相对较高。

表 7-7　卖空机制、高管持股与企业金融化

变量	(1) *Fin*1 持股比例高	(2) *Fin*1 持股比例低	(3) *Fin*2 持股比例高	(4) *Fin*2 持股比例低	(5) *Fin*3 持股比例高	(6) *Fin*3 持股比例低
Short	0.0115** (2.1045)	0.0099 (1.5684)	0.4255*** (4.0719)	0.1393* (1.7048)	0.1111* (1.8809)	0.0859 (1.5341)
Size	0.0147*** (4.3585)	0.0103*** (3.3511)	1.0706*** (20.0498)	1.1812*** (26.1424)	0.0520** (2.0356)	-0.0158 (-0.6787)
Lever	-0.0761*** (-4.6043)	-0.1531*** (-6.9146)	-0.8571*** (-2.9836)	-1.8408*** (-6.1690)	-0.3144** (-2.4586)	-0.4365*** (-2.7661)

续表

变量	(1) *Fin*1 持股比例高	(2) *Fin*1 持股比例低	(3) *Fin*2 持股比例高	(4) *Fin*2 持股比例低	(5) *Fin*3 持股比例高	(6) *Fin*3 持股比例低
Col	0.0687*** (3.4205)	0.1711*** (5.4188)	0.8400* (1.8154)	1.5358*** (3.2159)	0.3944*** (2.6035)	0.4906* (1.7833)
Roa	-0.0772* (-1.6514)	-0.0811 (-1.4142)	-1.6557* (-1.9116)	-2.6600*** (-3.0723)	-8.1919*** (-21.0069)	-10.4688*** (-23.3285)
Age	0.0271*** (5.7859)	0.0744*** (7.5357)	0.6698*** (5.5208)	0.9283*** (6.3257)	0.1023*** (2.8947)	0.2100*** (3.5115)
Ret	0.0075*** (4.1387)	0.0108*** (4.5232)	0.1740*** (4.6136)	0.1492*** (3.8777)	0.0726*** (3.2401)	0.0251 (0.8507)
*Top*1	-0.0005*** (-3.0351)	-0.0001 (-0.2422)	-0.0107*** (-3.3409)	0.0004 (0.1118)	-0.0020* (-1.7508)	-0.0032** (-2.2272)
Mshare	-0.0376*** (-4.5953)	-0.5926 (-0.5782)	-0.8431*** (-3.5549)	17.9352 (1.1715)	-0.2215*** (-3.1003)	-26.1878*** (-2.7763)
Ind	-0.0102 (-0.2199)	0.0261 (0.5248)	-0.5746 (-0.6958)	-0.2340 (-0.3223)	0.5001 (1.2011)	-0.2444 (-0.6970)
Dual	-0.0002 (-0.0627)	-0.0114* (-1.7996)	-0.0418 (-0.4707)	-0.1663 (-1.5386)	-0.0139 (-0.4425)	-0.0607 (-1.0512)
Board	-0.0281* (-1.8986)	-0.0531*** (-3.4863)	-0.3918* (-1.6888)	-0.6640*** (-3.0026)	-0.0470 (-0.3770)	-0.0311 (-0.2407)
Grow	-0.0060* (-1.8096)	-0.0102*** (-4.2373)	-0.1394** (-2.1999)	-0.1427*** (-3.5024)	-0.1044*** (-3.5943)	-0.0482* (-1.7288)
Constant	-0.2078*** (-2.8681)	-0.3012*** (-3.7505)	-5.2961*** (-4.0302)	-8.4381*** (-7.3723)	-1.5279** (-2.4783)	-0.0744 (-0.1141)
Year	Yes	Yes	Yes	Yes	Yes	Yes
Industry	Yes	Yes	Yes	Yes	Yes	Yes
Observations	6128	6910	6128	6910	6128	6910
R-squared	0.198	0.185	0.441	0.541	0.180	0.154

注：***、**、*分别表示1%、5%、10%的显著性水平；括号中的数字为双尾检验的t值，其中标准误差经过公司聚类(cluster)调整。

4. 区域市场化程度

我们参照王小鲁等(2017)编制的中国各地区市场化指数将总样本区分为两组，表7-8列出了在区域市场化程度不同的上市公司，股票卖空机制对企业金融化的不同影响，其中在第(1)列、第(3)列和第(5)列市场化程度较高的样本中，卖空变量 *Short* 的系数均为正，但不显著，而在第(2)列和第(6)列市场化程度较低的样本中，卖空变量 *Short* 的系数在5%的水平下显著为正，在第(4)列市场化程度较低的样本中，卖空变量 *Short* 的系数在1%的水平下显著为正。以上结果都说明，相比市场化程度较高的区域，股票卖空机制对企业金融化的促进作用在市场化程度较低的区域中更显著。我们考虑可能的原因是，市场化能够发挥外部治理的作用，在市场化程度较高的区域，更有助于抑制企业高管采取金融化手段损害企业利益的行为，因此在卖空压力下金融化的水平相对较低。

表 7-8　卖空机制、市场化程度与企业金融化

变量	(1) *Fin*1 市场化 程度高	(2) *Fin*1 市场化 程度低	(3) *Fin*2 市场化 程度高	(4) *Fin*2 市场化 程度低	(5) *Fin*3 市场化 程度高	(6) *Fin*3 市场化 程度低
Short	0.0030 (1.0663)	0.0117** (2.1973)	0.1067 (1.1651)	0.2769*** (2.6808)	0.0717 (1.3990)	0.1558** (2.2708)
Size	0.0117*** (3.7975)	0.0099** (2.5612)	1.1722*** (28.2222)	1.0990*** (19.4002)	0.0241 (1.1189)	-0.0186 (-0.6193)
Lever	-0.1171*** (-6.1448)	-0.0999*** (-4.0985)	-1.3044*** (-5.0717)	-1.5428*** (-4.4186)	-0.3402*** (-2.7145)	-0.2491 (-1.3405)
Col	0.1016*** (3.9430)	0.1323*** (4.8142)	1.1536*** (2.6337)	0.8957* (1.7841)	0.4088** (2.2266)	0.7863*** (2.8707)
Roa	-0.0929* (-1.8222)	-0.0476 (-0.8354)	-2.2196*** (-2.8436)	-2.0911** (-2.1109)	-8.9909*** (-23.7786)	-9.7596*** (-19.2355)
Age	0.0587*** (8.6135)	0.0364*** (4.5047)	0.8984*** (7.7977)	0.6600*** (4.0498)	0.1811*** (4.5712)	0.1649*** (2.8431)
Ret	0.0086*** (5.0569)	0.0079*** (3.4347)	0.1468*** (4.7574)	0.1682*** (3.5770)	0.0537*** (2.7160)	0.0195 (0.4397)
*Top*1	-0.0003 (-1.2655)	-0.0006** (-2.4835)	-0.0031 (-1.0379)	-0.0103*** (-2.6634)	-0.0027** (-2.3252)	-0.0038** (-2.4207)
Mshare	-0.0648*** (-6.0536)	-0.0618*** (-4.8343)	-1.0584*** (-4.1582)	-1.3604*** (-4.2746)	-0.3076*** (-3.8180)	-0.4684*** (-3.9741)

续表

变量	(1) *Fin*1 市场化程度高	(2) *Fin*1 市场化程度低	(3) *Fin*2 市场化程度高	(4) *Fin*2 市场化程度低	(5) *Fin*3 市场化程度高	(6) *Fin*3 市场化程度低
Ind	0.0025 (0.0530)	0.0283 (0.4838)	-0.5087 (-0.7377)	-0.1895 (-0.2094)	0.0963 (0.2831)	-0.0726 (-0.1572)
Dual	-0.0107** (-2.3220)	-0.0042 (-0.7261)	-0.1417* (-1.6649)	-0.1435 (-1.1857)	-0.0818** (-2.3126)	0.0208 (0.3800)
Board	-0.0327** (-2.0162)	-0.0571*** (-3.5037)	-0.6541*** (-3.1712)	-0.3443 (-1.3845)	-0.0189 (-0.1575)	-0.1041 (-0.7589)
Grow	-0.0067** (-2.4216)	-0.0081*** (-2.9944)	-0.0947** (-2.1997)	-0.1697*** (-3.2721)	-0.0449 (-1.5467)	-0.0874*** (-3.0419)
Constant	-0.2513*** (-3.1700)	-0.1545* (-1.9495)	-7.7857*** (-6.9017)	-5.7670*** (-4.2499)	-1.3184** (-2.3436)	-0.0555 (-0.0791)
Year	Yes	Yes	Yes	Yes	Yes	Yes
Industry	Yes	Yes	Yes	Yes	Yes	Yes
Observations	7666	5372	7666	5372	7666	5372
R-squared	0.217	0.160	0.562	0.478	0.164	0.176

注：***、**、*分别表示1%、5%、10%的显著性水平；括号中的数字为双尾检验的t值，其中标准误差经过公司聚类(cluster)调整。

5. 行业竞争度

我们以赫芬达尔指数衡量行业竞争度①，赫芬达尔指数反映了行业的市场集中程度，数值越小表示行业的竞争性越强，垄断性越弱；数值越大则表示行业的垄断性越强，竞争性越弱。以年度赫芬达尔指数的中位数将总样本区分为两组，表7-9列出了在行业竞争度不同的上市公司，股票卖空机制对企业金融化的不同影响，其中，第(1)列和第(2)列是以*Fin*1作为被解释变量的回归结果，在第(1)列行业竞争度较低的样本中，卖空变量*Short*的系数在5%的水平下显

① 赫芬达尔指数的计算公式为：$HHI = \sum (x_i/X)^2$，其中x_i为企业i的年度销售额，$X = \sum x_i$表示行业内所有企业的年度销售额总和。

著为正，而在第(2)列行业竞争度较高的样本中，卖空变量 *Short* 的系数虽然为正，但不显著。第(3)列和第(4)列是以 *Fin*2 作为被解释变量的回归结果，在第(3)列行业竞争度较低的样本中，卖空变量 *Short* 的系数在 1%的水平下显著为正，而在第(4)列行业竞争度较高的样本中，卖空变量 *Short* 的系数则在 10%的水平下显著为正。第(5)列和第(6)列是以 *Fin*3 作为被解释变量的回归结果，在第(5)列行业竞争度较低的样本中，卖空变量 *Short* 的系数在 10%的水平下显著为正，而在第(6)列行业竞争度较高的样本中，卖空变量 *Short* 的系数则不显著。以上结果都说明，相比行业竞争度较高的样本，股票卖空机制对企业金融化的促进作用在竞争度较低的行业中更显著。我们考虑可能的原因与市场化进程类似，行业竞争度对企业来说同样能够发挥外部治理的作用，在竞争度较高的行业，更有助于抑制企业高管采取金融化手段损害企业利益的行为，因此在卖空压力下金融化的水平相对较低。

表 7-9　卖空机制、行业竞争度与企业金融化

变量	(1) *Fin*1 行业竞争度低	(2) *Fin*1 行业竞争度高	(3) *Fin*2 行业竞争度低	(4) *Fin*2 行业竞争度高	(5) *Fin*3 行业竞争度低	(6) *Fin*3 行业竞争度高
Short	0.0123** (2.2005)	0.0095 (1.5857)	0.3216*** (3.6271)	0.2039* (1.7686)	0.1110* (1.9248)	0.0932 (1.6236)
Size	0.0071*** (2.8690)	0.0131*** (3.6322)	1.1412*** (27.4040)	1.1038*** (23.4945)	-0.0159 (-0.6718)	0.0345 (1.3441)
Lever	-0.0597*** (-3.6989)	-0.1545*** (-7.7390)	-0.9851*** (-3.8142)	-1.7080*** (-6.4952)	-0.1137 (-0.8350)	-0.5259*** (-3.4665)
Col	0.1201*** (4.9841)	0.1196*** (4.5001)	1.5554*** (3.2389)	0.7680* (1.8336)	0.5476** (2.4599)	0.5425** (2.3778)
Roa	-0.0720* (-1.6555)	-0.1179** (-2.3674)	-2.5637*** (-3.0757)	-2.6265*** (-3.5079)	-8.7668*** (-20.5870)	-9.9208*** (-24.3213)
Age	0.0399*** (6.3454)	0.0491*** (6.9972)	0.6884*** (5.6578)	0.7679*** (6.3253)	0.1120*** (2.7306)	0.2296*** (4.6318)

续表

变量	(1) *Fin*1 行业竞争度低	(2) *Fin*1 行业竞争度高	(3) *Fin*2 行业竞争度低	(4) *Fin*2 行业竞争度高	(5) *Fin*3 行业竞争度低	(6) *Fin*3 行业竞争度高
Ret	0.0084*** (4.5235)	0.0053*** (2.8973)	0.1289*** (3.9038)	0.1221*** (3.9213)	0.0313 (1.0949)	0.0562** (2.3598)
*Top*1	-0.0001 (-0.5547)	-0.0004* (-1.8358)	-0.0008 (-0.2840)	-0.0060** (-1.9930)	-0.0031** (-2.4774)	-0.0028** (-2.0236)
Mshare	-0.0517*** (-5.1669)	-0.0676*** (-6.1285)	-0.9314*** (-3.4732)	-1.2210*** (-4.5369)	-0.3772*** (-4.2860)	-0.3342*** (-3.5112)
Ind	0.0080 (0.2157)	0.0172 (0.3944)	-0.1439 (-0.2012)	0.0469 (0.0736)	-0.2994 (-0.8815)	0.3929 (0.9339)
Dual	-0.0033 (-0.6831)	-0.0078* (-1.7471)	-0.0345 (-0.3562)	-0.1683* (-1.9107)	-0.0738* (-1.9262)	-0.0143 (-0.3295)
Board	-0.0304** (-2.2586)	-0.0431*** (-2.9834)	-0.4357** (-2.0200)	-0.4932** (-2.4690)	-0.1569 (-1.2256)	0.0124 (0.0964)
Grow	-0.0092*** (-3.7575)	-0.0046** (-2.0141)	-0.1253*** (-2.8220)	-0.0816** (-2.1197)	-0.0503 (-1.5720)	-0.0831*** (-3.3044)
Constant	-0.1726*** (-2.6123)	-0.2414*** (-3.1230)	-7.5491*** (-7.1438)	-5.5145*** (-4.9132)	0.3130 (0.5220)	-1.6999*** (-2.6034)
Year	Yes	Yes	Yes	Yes	Yes	Yes
Industry	Yes	Yes	Yes	Yes	Yes	Yes
Observations	6506	6532	6506	6532	6506	6532
R-squared	0.160	0.204	0.524	0.522	0.159	0.169

注：***、**、*分别表示1%、5%、10%的显著性水平；括号中的数字为双尾检验的t值，其中标准误差经过公司聚类(cluster)调整。

（三）作用机制检验

实证结果的分析表明中国股票市场的卖空机制提升了上市公司的金融化水平，这一部分我们进一步分析卖空机制可能通过哪些作用机制来提升企业的金融化水平。

1. 融资约束

我们首先考虑的作用机制是股票卖空可能提高了企业的融资约

束程度，导致企业采取金融化的手段缓解融资约束。Meng et al.(2020)发现卖空交易者在发掘和传播企业的负面信息时，会加剧投资者的悲观预期，从而要求更高的股权与债权投资回报，提升了企业的外部融资成本；而且，有研究显示，卖空交易者并不能真正识别关于企业的负面信息，从而扭曲企业正常的有助于价值提升的投资项目的评估(Subrahmanyam & Titman，2002；Khanna & Sonti，2004；Goldstein et al.，2013)，导致企业可抵押资产的净值下降，这些都会导致企业面临更严重的融资约束问题，在此情况下，金融化投资能够发挥"蓄水池"功能，帮助企业缓解融资约束。因此，股票卖空机制可能恶化企业的融资约束状况，进而促使企业采取金融化的方式缓解融资约束。

为了检验是否存在卖空交易通过提高企业融资约束促进企业金融化的机制，我们参照 Kaplan & Zingales(1997)、魏志华(2014)的方法，按照以下方法构建中国上市公司的 *KZ* 指数，来衡量各企业的融资约束程度：

首先，对全样本各公司的经营性净现金流/上期总资产($Cashflow_{i,t}/Asset_{i,t-1}$)、现金股利/上期总资产($Div_{i,t}/Asset_{i,t-1}$)、现金持有/上期总资产($Cash_{i,t}/Asset_{i,t-1}$)、资产负债率($Lever_{i,t}$)和托宾 Q($Q_{i,t}$)等指标分年度确定中位数。如果经营性净现金流/上期总资产低于中位数，则 KZ_1 取 1，否则取 0；如果现金股利/上期总资产低于中位数，则 KZ_2 取 1，否则取 0；如果现金持有/上期总资产低于中位数，则 KZ_3 取 1，否则取 0；如果资产负债率高于中位数，则 KZ_4 取 1，否则取 0；如果 Tobin's Q 高于中位数，则 KZ_5 取 1，否则取 0。其次，计算 *KZ* 指数，令 $KZ=KZ_1+KZ_2+KZ_3+KZ_4+KZ_5$。再次，采用顺序逻辑回归(Ordered Logistic Regression)，将 *KZ* 指数作为被解释变量，对 $Cashflow_{i,t}/Asset_{i,t-1}$、$Div_{i,t}/Asset_{i,t-1}$、$Cash_{i,t}/Asset_{i,t-1}$、$Lever_{i,t}$和 $Q_{i,t}$ 进行回归，估计出各变量的回归系数。最后，运用上述回归模型的估计结果，我们可计算出每一家上市公司融资约束程度的 *KZ* 指数，*KZ* 指数越大，意味着上市公司面临的融资约束程度越高。

表 7-10 是对股票卖空通过融资约束促进企业金融化作用机制的检验结果，在第(1)列以融资约束 *KZ* 作为被解释变量的回归结果中，卖空变量 *Short* 的系数在 1%的水平下显著为正，表明允许卖空的上市公司融资约束程度相比不允许卖空的上市公司显著提高，而在考虑融资约束的情况下卖空机制与金融化的回归结果中，第(2)列卖空变量 Short 的系数为 0.0073(t 值为 2.4690)，第(3)列卖空变量 Short 的系数为 0.1839(t 值为 2.3154)，第(4)列卖空变量 Short 的系数为 0.0885 (t 值为 1.8748)，相比表 7-4 没有控制融资约束的情况，卖空变量 Short 的系数和 t 值均显著下降，检验结果证明融资约束的变化可以部分解释卖空机制对企业金融化的影响。

表 7-10　卖空机制、融资约束与企业金融化

变量	(1) *KZ*	(2) *Fin*1	(3) *Fin*2	(4) *Fin*3
Short	0.9060*** (4.5722)	0.0073** (2.4690)	0.1839** (2.3154)	0.0885* (1.8748)
KZ		0.0013*** (3.3538)	0.0103** (2.1421)	0.0137*** (4.2472)
Size	-0.9521*** (-8.8774)	0.0117*** (4.8183)	1.1529*** (32.0904)	0.0127 (0.6627)
Lever	6.0757*** (17.0772)	-0.1124*** (-6.8349)	-1.4473*** (-6.2111)	-0.3672*** (-3.1652)
Col	0.2653 (0.3397)	0.1161*** (5.6852)	1.1318*** (3.1590)	0.4768*** (2.8189)
Roa	4.5168*** (2.5899)	-0.0639 (-1.5416)	-1.9846*** (-2.9555)	-9.3764*** (-29.2475)
Age	-0.1946 (-1.5808)	0.0486*** (8.9886)	0.7904*** (7.9254)	0.1821*** (5.3310)
Ret	2.2841*** (10.6361)	0.0061*** (3.4503)	0.1758*** (5.3908)	-0.0128 (-0.5266)

续表

变量	(1) *KZ*	(2) *Fin*1	(3) *Fin*2	(4) *Fin*3
*Top*1	-0.0096*** (-2.5954)	-0.0003* (-1.8254)	-0.0043* (-1.7537)	-0.0029*** (-2.9746)
Mshare	-2.3819*** (-9.1977)	-0.0562*** (-6.8985)	-1.0063*** (-4.9267)	-0.3314*** (-4.8661)
Ind	0.3169 (0.3624)	0.0039 (0.1024)	-0.4381 (-0.7290)	-0.0037 (-0.0128)
Dual	-0.0274 (-0.2256)	-0.0076** (-2.1189)	-0.1368* (-1.8632)	-0.0414 (-1.3303)
Board	-0.5649* (-1.8298)	-0.0448*** (-3.6972)	-0.5265*** (-2.9145)	-0.0434 (-0.4250)
Grow	1.8970*** (4.0715)	-0.0095*** (-3.8363)	-0.1687*** (-4.1404)	-0.0910*** (-3.9026)
Constant	24.0542*** (10.6783)	-0.2257*** (-3.8251)	-7.1839*** (-7.9218)	-0.7759 (-1.6132)
Year	Yes	Yes	Yes	Yes
Industry	Yes	Yes	Yes	Yes
Observations	13038	13038	13038	13038
R-squared	0.282	0.183	0.529	0.162

注：***、**、*分别表示1%、5%、10%的显著性水平；括号中的数字为双尾检验的t值，其中标准误差经过公司聚类(cluster)调整。

2. 被收购威胁

我们考虑的另一个作用机制是卖空交易可能提高了企业的被收购威胁程度，导致企业采取金融化的手段维持股价稳定和提升短期利润。Amel-Zadeh & Zhang(2010)的研究显示，信息透明度越差的企业，越不可能成为被收购的目标。因为较差的信息透明度会导致企业内部人和外部投资者之间的信息不对称程度加剧(Bhattacharya et al.，2010；Kravet & Shevlin，2010)，同时也会加大潜在投标者逆向选择的成本(He & Tian，2013)，而卖空交易的出现则能够缓解信息的不对称(Massa et al.，2015b)，许多研究证明，卖空交易具有价格发现功能，相对于其他市场参与者，卖空交易者通过对信息的搜寻与分析，能够更快地识别被高估的股票（Dechow et al.，2001；Pownall & Simko，2005；Drake et al.，2011；Engelberg et al.，2012；Boehmer et al.，2012），因此，卖空交易通过提高企业的信息透明度加大了企业被收购的可能性。而为了缓解被收购的压力，企业经理层需要维持企业的短期利润和股票价格，但由于公司经营业绩的改善并不是一蹴而就，而是受企业自身以及宏观环境等多方面因素的影响，因此，企业就有动机通过盈余管理来调节企业的短期利润，金融资产配置因其周期较短，拉升利润的成效较为明显，有可能成为企业主要的利润操纵手段。

为了检验是否存在卖空交易通过提高企业被收购的威胁程度促进企业金融化的机制，我们参照 Cremers et al.（2009）、He & Tian（2013）的方法，按照以下 Logit 模型估计每个企业被收购可能性的大小：

$$Target_{i,t+1} = \alpha + \beta_1 Q_{i,t} + \beta_2 PPE_{i,t} + \beta_3 \mathrm{Ln}Cash_{i,t} + \beta_4 Block_{i,t} + \beta_5 \mathrm{Ln}MV_{i,t} + \beta_6 Lever_{i,t} + \beta_7 Roa_{i,t} + Year_t + Industry_j + \varepsilon_{i,t} \quad (7-2)$$

其中，*Target* 是一个虚拟变量，如果上市公司 i 在时刻 t 的兼并收购事件中成为被收购目标，则 $Target_{i,t}$ 等于 1，否则为 0，兼并收购事件来自国泰安 CSMAR 数据库。*Q* 指托宾 Q 值，为公司价值除以资产重置成本，*PPE* 为公司的厂房设备等固定资产，*Cash* 为企业现金加上短期投资除以总资产，*MV* 为企业权益的市场价值，*Block* 为机构投资者的虚拟变量，如果机构投资者的持股比例大于等于 5%，*Block* 等于 1，否则为 0，*Lever* 为企业的资产负债率，*Roa* 为资产收益率。我们也控制了时间效应和行业效应。通过 Logit 模型回归得到各变量的估计系数，然后计算每个企业 *Target* 的预期值，作为衡量上市公司被收购威胁的代理变量。

我们将 *Target* 的预期值作为双重差分模型的被解释变量，检验允许卖空的上市公司被收购威胁程度是否比不允许卖空的上市公司显著提高，然后，再检验控制企业被收购威胁的情况下卖空机制对企业金融化的效应，如果卖空变量 *Short* 的系数和 t 值显著小于没有控制被收购威胁的情况，则可以认为被收购威胁是卖空机制促进企业金融化的潜在作用机制。

表 7-11 是对股票卖空通过被收购威胁促进企业金融化作用机制的检验结果，在第(1)列以被收购威胁 *Target* 作为被解释变量的回归中，卖空变量 *Short* 的系数在 1%的水平下显著为正，表明允许卖空的上市公司被收购威胁程度相比不允许卖空的上市公司显著提高，而在考虑被收购威胁情况下的卖空机制与金融化的回归结果中，第(2)列卖空变量 *Short* 的系数为 0. 0097(t 值为 2. 5025)，第(3)列卖空变量 *Short* 的系数为 0. 2116(t 值为 2. 4430)，第(4)列卖空变量 *Short* 的系数为 0. 0901(t 值为 1. 9698)，相比表 7-4 没有控制被收购威胁的情况，卖空变量 *Short* 的系数和 t 值均显著下降，检验结果证明被收购威胁的变化可以部分解释卖空机制对企业金融化的影响。

表 7-11　卖空机制、被收购威胁与企业金融化

变量	(1) *Target*	(2) *Fin1*	(3) *Fin2*	(4) *Fin3*
Short	0. 0057*** (5. 0459)	0. 0097** (2. 5025)	0. 2116** (2. 4430)	0. 0901** (1. 9698)
Target		0. 1581*** (2. 6601)	1. 6009** (2. 1771)	3. 5003*** (6. 5227)
Size	-0. 0130*** (-21. 4203)	0. 0120*** (4. 6237)	1. 1664*** (31. 1811)	0. 0399* (1. 8719)
Lever	-0. 0867*** (-26. 1835)	-0. 1069*** (-6. 2831)	-1. 4258*** (-6. 0831)	-0. 0230 (-0. 1889)
Col	-0. 0198*** (-3. 3679)	0. 1329*** (5. 9552)	1. 1487*** (3. 0742)	0. 6026*** (3. 1813)
Roa	-0. 2769*** (-24. 5145)	-0. 0147 (-0. 3253)	-1. 6079** (-2. 2847)	-8. 5124*** (-25. 5235)

续表

变量	(1) *Target*	(2) *Fin*1	(3) *Fin*2	(4) *Fin*3
Age	0.0012 (0.8981)	0.0546*** (8.7579)	0.8407*** (7.9575)	0.1913*** (4.7499)
Ret	-0.0003 (-0.4453)	0.0090*** (5.0647)	0.2046*** (6.0590)	0.0196 (0.7197)
*Top*1	-0.0000 (-1.3475)	-0.0003* (-1.7401)	-0.0047* (-1.8526)	-0.0029*** (-2.7181)
Mshare	-0.0289*** (-10.8938)	-0.0515*** (-5.7587)	-0.8346*** (-3.9587)	-0.2295*** (-2.8341)
Ind	0.0080 (1.0231)	0.0135 (0.3284)	-0.3375 (-0.5530)	0.0743 (0.2399)
Dual	-0.0014 (-1.3612)	-0.0064 (-1.5666)	-0.1004 (-1.3282)	-0.0413 (-1.2312)
Board	0.0038 (1.5117)	-0.0458*** (-3.5407)	-0.5322*** (-2.8647)	-0.0087 (-0.0796)
Grow	0.0135*** (10.5093)	-0.0094*** (-3.5503)	-0.1574*** (-3.5404)	-0.1200*** (-4.6994)
Constant	0.8125*** (53.0452)	-0.3345*** (-4.4044)	-8.3297*** (-7.3142)	-3.4316*** (-5.2676)
Year	Yes	Yes	Yes	Yes
Industry	Yes	Yes	Yes	Yes
Observations	13038	13038	13038	13038
R-squared	0.874	0.188	0.527	0.163

注：***、**、*分别表示1%、5%、10%的显著性水平；括号中的数字为双尾检验的t值，其中标准误差经过公司聚类(cluster)调整。

(四)稳健性检验

1. 关键变量的替代

本章的稳健性检验首先是为实证检验中的关键变量寻找其他替代变量，主要包括：

(1)金融化指标的替代。由于部分企业并未进行金融化投资，我们也设置了企业金融化的虚拟变量，代表企业是否配置了金融资产，以此来测度企业参与金融化的倾向。此外，我们也在金融资产配置的相对规模和绝对规模的计算中减去长期股权投资，金融渠道获利的计算中减去联营收益。在对关键变量进行替换之后，实证结果基本没有变化。

(2)分组方式的改变。在异质性检验中，本章还以国有股比例，公司前三位大股东持股比例之和，董事、监事和高管持股比例重新对样本进行分组，对于市场化进程的替代变量，我们参照王小鲁等(2017)的数据，直接采用各地区金融业市场化程度来代替。对于产品市场竞争程度，我们以各行业上市公司数量来代替。重新对样本分组之后进行检验，实证结果也基本没有变化。

2. 内生性诊断

尽管融资融券试点是一个独立的外生冲击，但我们的检验结果仍然有可能受到逆向因果的影响，有可能是已有的向前趋势导致了企业金融化的上升，而不是卖空的作用。因此，本章仍然参照Bertrand & Mullainathan(2003)的方法，构造如下模型，对卖空影响企业金融化的结果进行内生性诊断。

$$Fin_{i,t}=\alpha+\beta_1 Before_{i,t-3}+\beta_2 Before_{i,t-2}+\beta_3 Before_{i,t-1}+\beta_4 Current_{i,t}+\beta_5 After_{i,t+1}+\beta_6 After_{i,t+2}+\beta_7 After_{i,t+3}+\gamma' X_{i,t}+\varepsilon_{i,t} \qquad (7-3)$$

其中，$Before_{i,t-3}$、$Before_{i,t-2}$、$Before_{i,t-1}$均为虚拟变量，如果观测值是标的公司加入融资融券标的之前的第 3 年、第 2 年和第 1 年的数据，则$Before_{i,t-3}$、$Before_{i,t-2}$和$Before_{i,t-1}$取值为 1，否则为 0；如果观测值是标的公司加入标的当年的数据，则$Current_{i,t}$取值为 1；同理，$After_{i,t+1}$、$After_{i,t+2}$和$After_{i,t+3}$也是虚拟变量，如果观测值是标的公司加入融资融券标的之后的第 1 年、第 2 年和第 3 年，则$After_{i,t+1}$、$After_{i,t+2}$和$After_{i,t+3}$取 1，否则为 0；其他变量定义与模型(7-1)相同。如果模型(7-1)的回归不存在逆向因果关系，那么$Before_{i,t-3}$、$Before_{i,t-2}$和$Before_{i,t-1}$的系数应该均不显著，而$Current_{i,t}$、$After_{i,t+1}$、

$After_{i,t+2}$和$After_{i,t+3}$的系数至少应该有一个显著为正。内生性诊断的回归结果显示，所有回归中 *Before* 的系数均不显著，在以 *Fin*1 作为被解释变量的回归中，$Current_{i,t}$和$After_{i,t+1}$、$After_{i,t+2}$、$After_{i,t+3}$的系数均显著为正，在以 *Fin*2 作为被解释变量的回归中，$After_{i,t+1}$、$After_{i,t+2}$、$After_{i,t+3}$的系数均显著为正，而在以 *Fin*3 作为被解释变量的回归中，$After_{i,t+1}$的系数显著为正。

3. 样本选择偏误处理

中国证监会对融资融券的试点并不是随机选择的，因此，如果融资融券标的证券与非标的证券在该制度实行以前的金融化本身就存在差异，那么，实证检验时可能存在样本选择偏误问题。对此，我们同样采用倾向得分匹配法（Property Score Matching，PSM）来筛选控制组样本，以减少样本选择偏误问题。具体做法是：首先，基于企业规模（*Size*）、资产收益率（*Roa*）、杠杆率（*Leverage*）、销售收入增长率（*Grow*）、有形资产比率（*Col*）、企业年龄（*Age*）、独立董事比率（*Ind*）、两职合一（*Dual*）、企业第一大股东持股比例（*Top*1）、管理层持股比例（*Mshare*）、股票收益率（*Ret*）、董事会规模（*Board*）、金融化相对规模（*Fin*1）、年度、行业等变量，通过 Logit 模型对样本企业是否会进入融资融券试点进行倾向打分；其次，采用最邻近匹配法进行样本匹配，得到经过筛选后的控制组样本。我们利用倾向得分匹配法为实验组筛选控制组之后，重新对相关模型进行检验，在控制了企业特征与年度、行业效应之后，实证结果没有明显改变，而经过筛选之后的控制组与实验组之间除了能否卖空之外，在其他方面没有显著差异，这些都说明本章的实证结果是稳健的。

本章小结

本章使用 2007—2018 年中国 A 股上市公司的数据，借助中国证监会 2010 年实行的融资融券试点制度，采用多时点双重差分模型

(Multi-Period DID Model)，实证检验了融资融券制度对上市公司金融化行为的影响，结果发现，在融资融券试点制度实施以后，与不允许卖空的公司相比，融资融券标的企业的金融化水平显著上升。同时发现，股票卖空机制对企业金融化的效应在非国有、高管持股比例较高、股权集中度较低、市场化程度较低和行业竞争度较低的样本中更显著。进一步的研究发现，股票卖空机制是通过提高企业的融资约束和被收购的威胁程度等作用渠道促使企业更多地进行金融资产配置。在进行一系列内生性处理和稳健性检验的基础上，实证结果依然显著。

正如本章所揭示的，在股票卖空的压力下，上市公司的金融化水平会显著上升，导致经济的“脱实向虚”。因此，如何将股票卖空机制的压力效应转化为治理效应，怎样激励他们专注于实体经济，应当是政策制定者的重要研究课题。本章的实证结果也表明，在非国有、股权集中度较低、高管持股比例较高、市场化程度较低和行业竞争度较低的样本中，股票卖空机制对企业金融化的效应更显著。因此，给非国有企业以必要的扶持、调整企业的股权结构、优化企业高管的激励机制、提升区域的市场化程度、提高行业的竞争度能够有效抑制股票卖空机制对企业金融化的效应。同时发现，融资约束和被收购威胁的上升是股票卖空机制提升企业金融化的潜在作用机制，因此，合理地规范我国的金融体系，为企业构建良好的外部融资环境，同时出台反恶意收购的监管政策，能够有效地化解卖空机制对企业金融化的影响。

第八章

研究结论与政策建议

一、研究结论

在对股票卖空机制及其公司治理效应的文献进行梳理与总结的基础上，本书对中国的融券卖空制度进行了回顾与分析，对股票卖空机制怎样影响上市公司的信息透明度、高管在职消费、薪酬辩护、研发投资和金融化行为进行了理论分析，并基于上市公司的微观数据进行了实证研究。研究结论如下：

1. 股票卖空机制的治理效应能够显著提升企业的信息透明度

本书研究了股票卖空机制对上市公司股价同步性的影响，检验了股票卖空机制对公司信息透明度的治理效应。在检验了卖空的"事前威慑"效应和"事后惩罚"效应的基础上，实证结果发现，卖空机制能够显著降低上市公司的股价同步性，增强其信息透明度。同时本书发现，在机构投资者持股比例较低、盈余管理水平较高的上市公司，股票卖空交易对企业股价同步性的降低效应更加显著；进一步的研究发现，股票卖空机制通过吸引证券分析师跟踪和投资者关注等作用渠道，降低了企业的股价同步性。

2. 股票卖空机制能够显著抑制上市公司高管攫取非货币性私有收益的行为

本书研究了股票卖空机制对上市公司高管非货币性私有收益的影响，检验了卖空机制对公司高管的治理效应。通过对高管在职消费的检验发现，与不能卖空的上市公司相比，允许卖空的上市公司高管在职消费水平显著降低，说明股票卖空压力能够抑制公司高管的私有收益。进一步的研究发现，在信息不对称程度和委托代理问题较严重的上市公司，在市场化程度较高的区域和产品市场竞争程度较低的行业，股票卖空机制对高管在职消费的抑制效应更加显著，进一步说明股票卖空机制对公司来说是一种潜在的外部治理机制，而这种机制能否发挥作用有赖于外部的市场环境。

3. 股票卖空机制不能抑制上市公司高管攫取货币性私有收益的行为，而且卖空所施加的价格压力效应会导致企业高管利用真实的盈余管理为自身的薪酬正当性进行辩护

在对高管在职消费检验的基础上，本书进一步研究股票卖空机制对上市公司高管攫取货币性私有收益的影响。在对高管超额薪酬的检验中，本书发现允许卖空的上市公司，其高管的超额薪酬水平相比不能卖空的上市公司高管会显著提高，通过实验组变换和工具变量模型的检验，都证明了这一结果的稳健性。进一步的研究发现，被卖空上市公司的高管会通过提高薪酬—业绩的敏感度为自身的薪酬进行结果正当性辩护，而这种辩护行为更多的是通过真实的盈余管理进行的，具体表现为：卖空对高管薪酬—业绩敏感度的影响在真实盈余管理程度较高的上市公司更加显著，在应计盈余管理程度较高的上市公司则没有显著差异；允许卖空的上市公司与不能卖空的上市公司相比，其剔除了应计操作性业绩之后的薪酬—业绩敏感度仍显著上升，而其剔除了真实操作性业绩之后的薪酬—业绩敏感度则没有显著差异。最后，本书也检验了卖空对上市公司盈余管理方式选择的影响，结果发现，允许卖空的上市公司与不允许卖空的上市公司相比，其应计的盈余管理显著下降，而真实的盈余管理则显著上升。因此，本书的研究结论表明，股票卖空机制不能抑制高管利用超额薪酬攫取私有收益的行为。

4. 股票卖空机制所施加的价格压力效应会抑制企业的研发投资

在对高管私有收益(在职消费与超额薪酬)检验之后，本书又研究了股票卖空机制对上市公司研发投资的影响。结果发现，在融资融券制度实施前后的观测期内，允许卖空的上市公司，其研发投资的增长水平显著低于不允许卖空的上市公司，这表明股票卖空机制抑制了中国企业的研发投资。同时本书发现，在股权集中度较低、董事长和总经理两职合一等治理机制不完善的上市公司，股票卖空交易对企业研发投资的抑制效应更加显著。进一步的研究发现，股票卖空机制通过提高企业被收购的威胁程度，促使企业通过真实的盈余管理等作用渠道抑制企业的研发投资。最后，本书检验了卖空机制对研发投资效率的影响，发现允许卖空的上市公司更可能出现研发投资不足。

5. 股票卖空机制会导致企业的金融化水平上升

此外，本书还研究了股票卖空机制对企业金融化的影响。结果发现，在融资融券试点制度实施以后，与不允许卖空的公司相比，融资融券标的企业的金融化水平显著上升。同时发现，股票卖空机制对企业金融化的促进效应在非国有、高管持股比例较高、股权集中度较低、市场化程度较低和行业竞争度较低的样本中更显著。进一步的研究发现，股票卖空机制通过提高企业的融资约束和被收购的威胁程度等作用渠道，促使企业更多地进行金融资产配置。

二、政策建议

本书的实证结果具有强烈的政策意义，早在融资融券试点之初，政策制定者就期望通过放松卖空管制，改变中国股票市场“单边市”的局面，起到价格发现、稳定市场、增强流动性和管理风险的作用。在这种背景下，如果卖空机制能够发挥外部治理的作用，规范和优化内部治理尚不完善的上市公司行为，将从根本上提高股票定价效率，促进资本市场的平稳健康发展。但是股票卖空机制对企业行为同时具有治理效应和压力效应，其能够通过“事前威慑”和“事后惩罚”对企业内部人行为形成约束，但也可能由于过度压力而损害企业的利益。

中国资本市场具有显著的特点，如股权结构集中、外部经理人市场不发达，这些特点决定了治理效应和压力效应两种竞争性假设在新兴资本市场的适用性可能与成熟资本市场存在差异；治理效应的发生需要股票市场、投资者和上市公司满足相应的条件，我国融资融券本身的制度设计和资本市场的运行机制也有许多阻碍因素，由此造成中国式融券卖空治理效应的局限和扭曲。因此，我们需要研究能够抑制压力效应、发挥治理效应的条件和因素。基于此，结合本书的实证结果，我们提出如下政策建议：

1. 进一步深化金融体制改革，完善融券卖空制度

由于中国上市公司的信息披露制度和公司治理机制还很不完善，股票市场上的信息不对称程度也很严重，高管的在职消费又经常伴随着特权、奢侈与浪费，是一种不落腰包的腐败，损害着国家、企业和投资人的权益。而本书的实证结果发现，股票卖空机制能够发挥公司治理效应、增强企业的信息透明度、抑制企业高管利用在职消费攫取私有收益的行为。因此对于证券管理部门来讲，应该适当增加融券标的股票的数量，降低融券交易的门槛和成本，扩大股票卖空的市场份额，最大限度地发挥卖空对于优化资本市场信息环境、提高资本市场信息效率和约束高管行为的积极作用，促进资本市场的良性发展。

2. 改进企业的内部治理机制

本书的实证结果证明，企业高管会为了提高短期业绩而放弃有助于公司长远发展的研发投资，还可能滥用金融化投资。因此，如

何减少企业高管的短期行为，怎样激励他们为了企业的长远发展而努力，应当是政策制定者的重要研究课题。本书的实证结果也表明，完善的公司治理机制能够减弱股票卖空压力对研发投资的抑制作用，因此，规范上市公司的治理机制，调整内部股权结构和规范高管薪酬体系，能够有效地化解卖空机制对企业的不利影响。

3. 在实施股票卖空机制的同时，还应配合其他的监管措施

Allen & Gale(1991)认为，在没有约束的卖空环境下，卖空交易行为可能会恶化市场的稳定状况。而本书的研究结论表明，股票卖空机制并不能抑制高管利用超额薪酬攫取私有收益的行为，还可能会加剧高管薪酬辩护和真实盈余管理等机会主义行为，抑制企业的研发投资，造成经济的脱实向虚。因此，证券监管部门也应反思卖空机制的缺陷，应当出台反恶意收购和抑制真实盈余管理的监管政策，以保障股票卖空机制发挥治理效应，进而促进中国资本市场的良性发展。

4. 优化企业的外部治理环境

本书的实证结论发现，在市场化程度较高的区域和外部竞争度较高的行业，股票卖空机制对高管在职消费的抑制作用更强，而对企业金融化的促进作用较弱，也就是说，良好的外部治理环境有助于强化卖空机制的治理效应、弱化其压力效应。因此，提升我国的区域市场化水平、适度增强行业的竞争度、构建良好的外部治理环境，也应当是政策制定者重点关注的方向。

参考文献

[1] Adithipyangkul, P., Zhang, T., Alon, I. Executive Perks: Compensation and Corporate Performance in China [J]. Asia Pacific Journal of Management, 2011, 28(2): 401-425.

[2] Alchian, A. Uncertainty, Evolution, and Economic Theory[J]. Journal of Political Economy, 1950, 58(1): 211-221.

[3] Allen, F., Gale, D. Arbitrage, Short Sales and Financial Innovation[J]. Econometrica, 1991, 59(4): 1041-1068.

[4] Amel-Zadeh, A., Zhang, Y. The Economic Consequences of Financial Reporting Quality for the Market for Corporate Control: Evidence from Financial Restatements[R]. Unpublished Working Paper, 2010.

[5] Amore, M., Schneider, C., Zaldokas, A. Credit Supply and Corporate Innovations [J]. Journal of Financial Economics, 2013, 109(3): 835-855.

[6] An H., Zhang, T. Stock Price Synchronicity, Crash Risk, and Institutional Investors[J]. Journal of Corporate Finance, 2013(21): 1-15.

[7] Andrews, A., Linn, S. C., Yi, H. Corporate Governance and Executive Perquisites: Evidence from the New SEC Disclosure Rules [R]. Working Paper, Wayne State University, 2011.

[8] Atanassov Julian. Do Hostile Takeovers Stifle Innovation? Evidence from Antitakeover Legislation and Corporate Patenting [J]. The Journal of Finance, 2013, 68(3): 1097-1131.

[9] Autor, D. H. Outsourcing at Will: The Contribution of Unjust Dismissal Doctrine to the Growth of Employment Outsourcing [J]. Journal of Labor Economics, 2003, 21(1): 1-42.

[10] Bebchuk, L. A., J. M. Fried and D. I. Walker. Managerial Power and Rent Extraction in the Design of Executive Compensation[J]. University of Chicago Law Review, 2002(69): 751-846.

[11] Bebchuk, L. A., J. M. Fried. Executive Compensation as an Agency Problem[J]. Journal of Economic Perspectives, 2003(17): 71-92.

[12] Bebchuk, L. A., L. A. Stole. Do Short - Term Objectives Lead to Under- or Overinvestment in Long-Term Projects[J]. Journal of Finance, 1993, 48(2): 719-729.

[13] Bena, J., Li, K. Corporate Innovations and Mergers and Acquisitions[J]. Journal of Finance, 2014, 69(5): 1923-1960.

[14] Ben-Nasr, H., Cosset, J. C. State Ownership, Political Institutions, and Stock Price Informativeness: Evidence from Privatization [J]. Journal of Corporate Finance, 2014, 29(9): 179-199.

[15] Bertrand, M., Mullainathan, S. Enjoying the Quiet Life? Corporate Governance and Managerial Preferences [J]. Journal of Political Economy, 2003, 111(5): 1043-1075.

[16] Bhattacharya, N., Desai, H., Venkataraman, K. Earnings Quality and Information Asymmetry: Evidence from Trading Costs[R]. Unpublished Working Paper, 2010.

[17] Bhattacharya, S., Ritter, J. Innovation and Communication: Signalizing with Partial Disclosure [J]. Review of Economic Studies, 1983, 50(2): 331-346.

[18] Boehmer, E., Jones, C. M., Zhang, X. What do Short Sellers Know? [R]. Working Paper, EDHEC-Risk Institute, 2012.

[19] Boehmer, E., Jones, C. M., Zhang, X. Which Shorts are Informed? [J]. The Journal of Finance, 2008, 63(2): 491-527.

[20] Boubaker, S., Mansali, H., Rjiba, H. Large Controlling Shareholders and Stock Price Synchronicity[J]. Journal of Banking & Finance, 2014, 40(1): 80-96.

[21] Bris, A., Goetzmann, W. N., Zhu, N. Efficiency and the Bear: Short Sales and Markets Around the World[J]. The Journal of Finance, 2007, 62(3): 1029-1079.

[22] Brown, J., Krull, L. Stock Options, R&D, and the R&D Tax Credit[J]. The Accounting Review, 2008, 83(3): 705-734.

[23] Bushee, B., Gerakos, J., Lee, L. F. Corporate Jets and Private Meetings with Investors[R]. SSRN Working Paper, Available at SSRN: http://ssrn.com/abstract=2141878.

[24] Bushee, B. The Influence of Institutional Investors on Myopic R&D Investment Behavior[J]. The Accounting Review, 1998, 73(3): 305-333.

[25] Cai, H., Fang, H., Xu, L. C. Eat, Drink, Firms, Government: An Investigation of Corruption from Entertainment and Travel Costs of Chinese Firms[J]. The Journal of Law and Economics, 2011 (54): 55-78.

[26] Chan Kalok, Allaudeen Hameedb. Stock Price Synchronicity and Analyst Coverage in Emerging Markets[J]. Journal of Financial Economics, 2006, 80(1): 115-147.

[27] Chan, C. Y., Li, K. A., Lin, C. L. Executive Perquisites and Voluntary Disclosure[R]. Working Paper, 2014.

[28] Chang, E. C., Lin, T. C., Ma, X. Does Short Selling Discipline Overinvestment? [R]. Social Science Electronic Publishing, 2015.

[29] Chang, E. C., T. C. Lin and X. Ma. Does Short – Selling Threat Discipline Managers in Mergers and Acquisitions Decisions? [R]. Working Paper, 2015.

[30] Chang, Xin, Kangkang Fu, Angie Lowa, Wenrui Zhang. Non-Executive Employee Stock Options and Corporate Innovation[J]. Journal of Financial Economics, 2015, 115(1): 168-188.

[31] Chava, Sudheer, Oettl, Alexander, Subramanian, Ajay, Subramanian, Krishnamurthy, V. Banking Deregulation and Innovation [J]. Journal of Financial Economics, 2013, 109(3): 759-774.

[32] Chen, Z., Dong, G. N., Gu, M. The Causal Effects of Margin Trading and Short Selling on Earnings Management: A Natural Experiment from China[R]. Social Science Electronic Publishing, 2016.

[33] Chen, D., Li, O., Liang, S. Do Managers Perform for Perks? [R]. SSRN Working Paper, Available at SSRN: http://ssrn. com/abstract=1562003, 2010.

[34] Chen, X., Cheng, Q., Luo, T., Yue, H. Short Sellers and Corporate Disclosures[R]. Working Paper, 2014.

[35] Christophe, S. E., M. G. Ferri and J. Hsieh. Informed Trading before Analyst Downgrades: Evidence from Short Sellers[J]. Journal of Financial Economics, 2009(95): 85-106.

[36] Christophe, S. E., Ferri, M. G., Angel, J. J. Short-selling Prior to Earnings Announcements[J]. The Journal of Finance, 2004, 59(4): 1845-1876.

[37] Clinch, G., Li, W., Zhang, Y. Short Selling and Firms' Disclosure of Bad News: Evidence from Regulation SHO[R]. Social Science Electronic Publishing, 2015.

[38] Cohen, D. A., P. Zarowin. Accrual-Based and Real Earnings

Management Activities around Seasoned Equity Offerings[J]. Journal of Accounting and Economics, 2010, 50(1): 2-19.

[39] Cohen, D. A., A. Dey., T. Z. Lys. Real and Accrual-Based Earnings Management in the Pre- and Post-Sarbanes-Oxley Period[J]. The Accounting Review, 2008, 83(3): 757-787.

[40] Conyon, M. J., Fang, J. X., He, L. Executive Perks and the Horizon Effect in China[R]. Working Paper, 2014.

[41] Core, J. E., W. Guay and D. F. Larcker. The Power of the Pen and Executive Compensation[J]. Journal of Financial Economics, 2008(88): 1-25.

[42] Cornaggia, J., Mao Yifei Tian, X., Wolfe, B. Does Banking Competition Affect Corporate Innovation? [J]. Journal of Financial Economics, 2015, 115(1): 189-209.

[43] Cornett, M. M., A. J. Marcus, H. Tehranian. Corporate Governance and Pay-for-Performance: The Impact of Earnings Management [J]. Journal of Financial Economics, 2008(87): 357-373.

[44] Cremers, M., Nair, V., John, K. Takeovers and the Cross-Section Returns[J]. Review of Financial Studies, 2009, 22(4): 1409-1445.

[45] Daske, H., Richardson, S., Tuna, I. Do Short Sale Transactions Precede Bad News Events? [R]. Working Paper, University of Pennsylvania, 2005.

[46] De Angelis, David, Grullon, G., Michenaud, S. The Effects of Short-Selling Threats on Incentive Contracts: Evidence from a Natural Experiment[EB/OL]. Rochester, NY: Social Science Research Network, Available from http://papers.ssrn.com/abstract=2238236, 2015.

[47] Dechow, P. M., Hutton, A. P., Meulbroek, L., et al. Short-sellers, Fundamental Analysis, and Stock Returns[J]. Journal of Fi-

nancial Economics, 1999, 61(1): 77–106.

[48] Dechow, P. M., Sloan, R. G., Sweeney, A. P. Detecting Earnings Management[J]. Accounting Review, 1995, 70(2): 193–225.

[49] Demir, F. Financial Liberalization, Private Investment and Portfolio Choice: Financialization of Real Sectors in Emerging Markets [J]. Journal of Development Economics, 2009, 88(2): 314–324.

[50] Demir, F. The Rise of Rentier Capitalism and the Financialization of Real Sectors in Developing Countries[J]. Review of Radical Political Economics, 2007(39): 351–359.

[51] Deng, X. H., Gao, L. The Monitoring of Short Selling: Evidence from a Natural Experiment[R]. Working Paper, 2014.

[52] Desai, H., Krishnamurthy, S., Venkataraman, K. Do Short Sellers Target Firms with Poor Earnings Quality? Evidence from Earnings Restatements[J]. Review of Accounting Studies, 2006, 11(1): 71–90.

[53] Desai, H., K. Ramesh, S. R. Thiagarajan, B. V. Balachandran. An Investigation of the Information Role of Short Interest in the NASDAQ Market[J]. The Journal of Finance, 2002(57): 2263–2287.

[54] Diether, K. B., Lee, K. H., Werner, I. M. Short – Sale Strategies and Return Predictability[J]. Review of Financial Studies, 2009a(22): 575–607.

[55] Diether, K. B., Lee, K. H., Werner, I. M. It's SHO Time! Short–Sale Price Tests and Market Quality[J]. The Journal of Finance, 2009b(64): 37–73.

[56] Drake, M., Rees, L., Swanson, E. Should Investors follow the Prophets or the Bears? Evidence on the Use of Public Information by Analysts and Short Sellers[J]. The Accounting Reviews, 2011, 86 (1): 101–130.

[57] Durnev, A., R. Morck, B. Yeung, P. Zarowin. Does Greater Firm－specific Return Variation Mean More or Less Informed Stock Pricing? [J]. Journal of Accounting Research, 2003, 41(5): 797-836.

[58] Edgerton, J. Agency Problems in Public Firms: Evidence from Corporate Jets in Leveraged Buyouts[J]. The Journal of Finance, 2011(67): 2187-2214.

[59] Efendi, J., Kinnery, M., Swanson, E. P. Can Short Sellers Predict Accounting Restatements? [R]. Working Paper, Texas: A&M University, 2005.

[60] Efendi, J., Swanson, E. P. Short Seller Trading in Companies with Accounting a Severe Accounting Irregularity [R]. Working Paper, University of Texas at Arlington and Texas A&M University, 2009.

[61] Engelberg, J., Reed, A., Ringgenberg, M. How are Shorts in Formed? Short Sellers, News, and Information Processing [J]. Journal of Financial Economics, 2012, 105(2): 178-260.

[62] Epstein, G. A. Financialization and the World Economy[M]. Northamton, MA: Edward Elgar, 2005.

[63] Fama, E. Agency Problems and the Theory of the Firm[J]. J. Pol. Econ, 1980(88): 103-288.

[64] Fang, V. W., Huang, A. H., Karpoff, J. M. Short Selling and Earnings Management: A Controlled Experiment[J]. Journal of Finance, 2016, 71(3): 1251-1294.

[65] Fang, V., Tian, X., Tice, S. Does Stock Liquidity Enhance or Impede Firm Innovation? [J]. Journal of Finance, 2014, 69(5): 2085-2125.

[66] Fernandes, N., Ferreira, M. A. Insider Trading Laws and Stock Price Informativeness [J]. Review of Financial Studies, 2009

(22): 1845-1887.

[67] Firth, M., P. M. Y. Fung, O. M. Rui. Corporate Performance and CEO Compensation in China[J]. Journal of Corporate Finance, 2006 (12): 693-714.

[68] Foster, J. B. The Financialization of Accumulation[J]. Monthly Review, 2010, 62(5): 1-17.

[69] Goldstein, I., A. Guembel. Manipulation and the Allocational Role of Prices[J]. Review of Economic Studies, 2008, 75(1): 133-164.

[70] Goldstein, I., Ozdenoren, E., Yuan, K. Trading Frenzies and their Impact on Real Investment[J]. Journal of Financial Economics, 2013, 109(2): 566-582.

[71] Graham, J., Harvey, C., Rajgopal, S. The Economic Implications of Corporate Financial Reporting[J]. Journal of Accounting and Economics, 2005, 40(1): 3-73.

[72] Grinstein, Y. Weinbaum, D. Yehuda, N. The Economic Consequences of Perk Disclosure[R]. SSRN Working Paper, Available at SSRN: http://ssrn.com/abstract=1108707, 2015.

[73] Grossman, S., Hart, O. One Share-One Vote and the Market for Corporate Control[J]. Journal of Financial Economics, 1988, 20(1-2): 175-202.

[74] Grossman, S. J., Hart, O. D. Takeover Bids, the Free-Rider Problem, and the Theory of the Corporation[J]. Bell Journal of Economics, 1980(11): 42-64.

[75] Grullon, G., Michenaud, S., Weston, J. P. The Real Effects of Short-Selling Constraints[J]. Review of Financial Studies, 2015, 28 (6): 1737-1767.

[76] Gul, F. A., Kim, J. B., Qiu, A. A. Ownership Concen-

tration, Foreign Shareholding, Audit Quality, and Stock Price Synchronicity: Evidence from China [J]. Journal of Financial Economics, 2010, 95(3): 425-442.

[77] Gul, F. A., Cheng, L. T. W., Leung, T. Y. Perks and the Informativeness of Stock Prices in the Chinese Market[J]. Journal of Corporate Finance, 2011(17): 1410-1429.

[78] Gunny, K. The Relation between Earnings Management Using Real Activities Manipulation and Future Performance: Evidence from Meeting Earnings Benchmarks[J]. Contemporary Accounting Research, 2010, 27(3): 855-888.

[79] Harris, M., Raviv, A. Corporate Governance: Voting Rights and Majority Rules[J]. Journal of Financial Economics, 1988, 20(1-2): 203-235.

[80] Hasan Iftekhar, Liang Song, Paul Wachtel. Institutional Development and Stock Price Synchronicity: Evidence from China [J]. Journal of Comparative Economics, 2014 , 42(1): 92-108.

[81] He, J., X. Tian. The Dark Side of Analyst Coverage: The Case of Innovation [J]. Journal of Financial Economics, 2013, 109 (3): 856-878.

[82] He, J., Tian, X. Short Sellers and Innovation: Evidence from a Quasi-Natural Experiment[R]. Working Paper, University of Georgia, 2014.

[83] Henry, T. R., Koski, J. L. Short Selling around Seasoned Equity Offerings [J]. Review of Financial Studies, 2010, 23 (12): 4389-4418.

[84] Hirshleifer, D., Teoh, S. H., Yu, J. J. Short Arbitrage, Return Asymmetry, and the Accrual Anomaly[J]. Review of Financial

Studies, 2011, 24(7): 2429-2461.

[85] Holmstrom, B. Agency Costs and Innovation[J]. Journal of Economic Behavior and Organization, 1989, 12(12): 305-327.

[86] Hsu, P., Tian, X., Xu, Y. Financial Development and Innovation: Cross Country Evidence[J]. Journal of Financial, 2014, 112(1): 116-135.

[87] Irvine, P., J. Pontiff. Idiosyncratic Return Volatility, Cash Flows, and Product Market Competition[J]. Review of Financial Studies, 2009(22): 1149-1177.

[88] Jensen, M. Agency Costs of Overvalued Equity[J]. Financial Management, 2005, 34(1): 5-19.

[89] Jensen, M. C., W. H. Meckling. Theory of the Firm: Managerial Behavior, Agency Costs and Ownership Structure[J]. Journal of Financial Economics, 1976, 3(4): 305-360.

[90] Jensen, M. C. Agency Costs of Free Cash Flow, Corporate Finance, and Takeovers[J]. American Economic Review, 1986, 76(2): 323-329.

[91] Jin, Li, Myers, S. C. R., Around the World: New Theory and New Tests[J]. Journal of Financial Economics, 2006, 79(2): 257-292.

[92] Kaplan, S. N., Zingales, L. Do Investment-Cash Flow Sensitivities Provide Useful Measures of Financing Constraints? [J]. Quarterly Journal of Economics, 1997, 112(1): 169-215.

[93] Karpoff, J. M., Lou, X. Short Sellers and Financial Misconduct[J]. The Journal of Finance, 2010, 65(5): 1879-1913.

[94] Kato, T., K. and C. X. Long. Executive Compensation, Firm Performance, and Corporate Governance in China: Evidence from Firms

Listed in the Shanghai and Shenzhen Stockexchanges[J]. Economic Development and Cultural Change, 2006, 54(4): 945-983.

[95] Ke Yun, Kin Lo, Jinfei Sheng, Jenny Li Zhang. Does Short Selling Mitigate Optimism in Financial Analyst Forecast? Evidence from a Randomized Experiment[R]. Working Paper, 2015.

[96] Keim, D. B., Madhaven, A. Anatomy of the Trading Process: Empirical Evidence on the Behavior of Institutional Traders[J]. Journal of Financial Economics, 1995(37): 371-398.

[97] Khanna, N., Sonti, R. Value Creating Stock Manipulation: Feedback Effect of Stock Prices on Firm Value[J]. Journal of Financial Markets, 2004, 7(3): 237-270.

[98] Kim, J. B., B. C. Sohn. Real Earnings Management and Cost of Capital[J]. Journal of Accounting and Public Policy, 2013, 32(6): 518-543.

[99] Kothari, S. P., A. J. Leone, C. E. Wasley. Performance Matched Discretionary Accrual Measures[J]. Journal of Accounting and Economics, 2005, 39(1): 163-197.

[100] Kravet, T., Shevlin, T. Accounting Restatements and Information Risk[J]. Review of Accounting Studies, 2010, 15(2): 264-294.

[101] Lee, L. F., Lowry, M., Shu, S. Investing in Connections: Corporate Jets and Firm Value[R]. Working Paper, Boston College, 2015.

[102] Li, Y., L. Zhang. Short Selling Pressure, Stock Price Behavior and Management Forecast Precision: Evidence from a Natural Experiment[J]. Journal of Accounting Research, 2015(53): 79-117.

[103] Liu, Fei, Jianhua Du, Chao Bian. Don't Touch My Cheese: Short Selling Pressure, Executive Compensation Justification, and Real Activity Earnings Management[J]. Emerging Markets Finance

and Trade, 2019, 55(9): 1969-1990.

[104] Liu, H., Swanson, P. E. Is Price Support for Overvalued Equity a Motive for Increasing Share Repurchases? [R]. Working Paper, 2015.

[105] Liu, M., Ma, T., Zhang, Y. Are Short Sellers Informed? Evidence from the 2007 - 2008 Subprime Mortgage Crisis [J]. The Financial Review, 2012, 47(1): 199-218.

[106] Ljungqvist, A., Qian, W. How Constraining are Limits to Arbitrage? Evidence from a Recent Financial Innovation [R]. National Bureau of Economic Research No. 19834, Available from http://www.nber.org/papers/w19834, 2014.

[107] Luo, W., Zhang, Y., Zhu, N. Bank ownership and Executive Perquisites: New Evidence from an Emerging Market [J]. Journal of Corporate Finance, 2011(17): 352-370.

[108] Manso, G. Motivating Innovation [J]. Journal of Finance, 2011, 66(6): 1823-1860.

[109] Marino, A. M., Zábojník, J. Work-Related Perks, Agency Problems, and Optimal Incentive Contracts [J]. The RAND Journal of Economics, 2008, 39(2): 565-585.

[110] Massa, M., B. Zhang, H. Zhang. Governance Through Threat: Does Short Selling Improve Internal Governance? [R]. Working Paper, INSEAD, 2013.

[111] Massa, M., F. Wu, B. Zhang, H. Zhang. Saving Long-term Investment from Short-Termism: The Surprising Role of Short Selling [R]. Working Paper, INSEAD, 2015a.

[112] Massa, M., B. Zhang, H. Zhang. The Invisible Hand of Short Selling: Does Short Selling Discipline Earnings Manipulation?

[J]. Review of Financial Studies, 2015b, 28(6): 1737-1767.

[113] Massa, M., Qian, W., Xu, W., Zhang, H. Competition of the Informed: Does the Presence of Short Sellers Affect Insider Selling? [J]. Journal of Financial Economics, 2015c, 118(2): 268-288.

[114] Matsunaga, S., Park, C. The Effect of Missing a Quarterly Earnings Benchmark on the CEO's Annual Bonus[J]. The Accounting Review, 2001, 76(3): 313-332.

[115] Meng Q., Li X., Chan K., Gao S. Does Short Selling Affect a Firm's Financial Constraints? [J]. Journal of Corporate Finance, 2020, 60(2): 1-28.

[116] Mergenthaler, R., Rajgopal, S., Srinivasan, S. CEO and CFO Career Penalties to Missing Quarterly Analyst Forecasts[R]. Unpublished Working Paper, 2011.

[117] Miller, E. M. Risk, Uncertainty, and Divergence of Opinion [J]. The Journal of Finance, 1977(32): 151-168.

[118] Mitchell, M., T. Pulvino, E. Stafford. Price Pressure Around Mergers[J]. Journal of Finance, 2004, 59(1): 31-63.

[119] Morck, R., B. Yeung, W. Yu. The Information Content of Stock Markets: Why Do Emerging Markets Have Synchronous Stock Price Movements? [J]. Journal of Financial Economics, 2000, 58 (1): 215-260.

[120] Morse, A., V. Nanda, A. Seru. Are Incentive Contracts Rigged by Powerful CEOs? [J]. Journal of Finance, 2011(66): 1779-1821.

[121] Murphy, K. Explaining Executive Compensation: Managerial Power Versus the Perceived Cost of Stock Options[J]. University of Chicago Law Review, 2002(69): 847-869.

[122] Nagel, S. Short Sales, Institutional Investors and the Cross-

Section of Stock Returns[J]. Journal of Financial Economics, 2005, 78(2): 277-309.

[123] Narayanan, M. P. Managerial Incentives for Short-Term Results[J]. The Journal of Finance, 1985, 40(5): 1469-1484.

[124] Nezafat Mahdi, Tao Shen, Qinghai Wang. The Real Effects of Short Selling Activities[R]. Working Paper, INSEAD, 2015.

[125] Orhangazi, Zgür. Financialisation and Capital Accumulation in the Non-financial Corporate Sector: A Theoretical and Empirical Investigation on the US Economy: 1973-2003[J]. Cambridge Journal of Economics, 2008, 32(6): 863-886.

[126] Palley, T. I. The Limits of Minsky's Financial Instability Hypothesis as an Explanation of the Crisis(Review) [J]. Monthly Review, 2010, 61(11): 28-43.

[127] Palmon, D., Yezegel, A. R&D Intensity and the Value of Analysts' Recommendations[J]. Contemporary Accounting Research, 2012, 29(2): 621-654.

[128] Phillips, Gordon, Alexei Zhdanov. R&D and the Incentives from Merger and Acquisition Activity[J]. Review of Financial Studies, 2013, 26(1): 34-78.

[129] Piotroski, J. D. The Influence of Analysts, Institutional Investors, and Insiders on the Incorporation of Market, Industry, and Firm-Specific Information into Stock Prices[J]. Accounting Review, 2004, 79(4): 1119-1151.

[130] Pownall, G., Simko, P. J. The Information Intermediary Role of Short Sellers[J]. Accounting Review, 2005, 80(3): 941-966.

[131] Rajan, R. G., Wulf, J. Are Perks Purely Managerial Excess? [J]. Journal of Financial Economics, 2006(79): 1-33.

[132] Roll, R. R^2[J]. Journal of Finance, 1988(43): 541-566.

[133] Roychowdhury, S. Earnings Management Through Real Activities Manipulation[J]. Journal of Accounting and Economics, 2006, 42(3): 335-370.

[134] Saffi, P. A. C., Sigurdsson, K. Price Efficiency and Short Selling[J]. Review of Financial Studies, 2011, 24(3): 821-852.

[135] Shleifer, Andrei, and Lawrence H. Summers. Breach of Trust in Hostile Takeovers[A]//A. J. Auerbach, ed. Corporate Takeovers: Causes and Consequences[M]. University of Chicago Press, Chicago, 1988.

[136] Sila, V., Gonzalez, A., Hagendorff, J. Independent Director Reputation Incentives and Stock Price Informativeness[J]. Journal of Corporate Finance, 2017(47): 219-235.

[137] Smith, C. W., Stulz, R. M. The Determinants of Firms' Hedging Policies[J]. Journal of Financial and Quantitative Analysis, 1985, 20(4): 391-405.

[138] Stockhammer, E., Grafl, L. Financial Uncertainty and Business Investment[R]. Department of Economics Working Paper, 2010, 22(4): 551-568.

[139] Stein, J. C. Agency Information and Corporate Investment[A]//G. Constantinides, M. Harris, R. Stulz(Eds.), Handbook of the Economics of Finance[M]. North-Holland: Amsterdam, 2003.

[140] Stein, J. Takeover Threats and Managerial Myopia[J]. Journal of Political Economy, 1988, 96(1): 61-80.

[141] Stulz, R. M. Rethinking Risk Management[J]. Journal of Applied Corporate Finance, 1996, 9(3): 8-25.

[142] Subrahmanyam, A., Titman, S. Feedback from Stock Prices

to Cash Flows[J]. Journal of Finance, 2001, 56(6): 2389-2413.

[143] Tori, D., Onaran, O. The Effects of Financialisation and Financial Development on Investment: Evidence from Firm-Level Data in Europe[R]. Greenwich Papers in Political Economy, 2017.

[144] Wang, Y. Margin Trading and Short Selling with Asymmetric Information[R]. Working Paper, 2015.

[145] Xiao, Gang. Legal Shareholder Protection and Corporate R&D Investment[J]. Journal of Corporate Finance, 2013(23): 240-266.

[146] Xu, N., Chan, K. C., Jiang, X., et al. Do Star Analysts Know More Firm-Specific Information? Evidence from China[J]. Journal of Banking & Finance, 2013, 37(1): 89-102.

[147] Xu, N. H., Li, X., Yuan, Q., Chan, K. C. Excess Perks and Stock Price Crash Risk: Evidence from China[J]. Journal of Corporate Finance, 2014(25): 419-434.

[148] Yermack, D. Flights of Fancy: Corporate Jets, CEO Perquisites, and Inferior Shareholder Returns[J]. Journal of Financial Economics, 2006, 80(1): 211-242.

[149] Yermack, D. Tailspotting: Identifying and Profiting from CEO Vacation Trips[J]. Journal of Financial Economics, 2014(113): 252-269.

[150] Zang, A. Y. Evidence on the Trade-off between Real Activities Manipulation and Accrual-Based Earnings Management[J]. The Accounting Review, 2012, 87(2): 675-703.

[151] 陈冬华，陈信元，万华林．国有企业中的薪酬管制与在职消费[J]．经济研究，2005(2)：92-101.

[152] 陈冬华，梁上坤，蒋德权．不同市场化进程下高管激励契约的成本与选择：货币薪酬与在职消费[J]．会计研究，2010

(11)：56-65.

[153] 陈晖丽，刘峰．融资融券的治理效应研究——基于公司盈余管理的视角[J]．会计研究，2014(9)：45-52.

[154] 陈胜蓝，卢锐．股权分置改革、盈余管理与高管薪酬业绩敏感性[J]．金融研究，2012(10)：180-192.

[155] 陈仕华，姜广省，李维安，王春林．国有企业纪委的治理参与能否抑制高管私有收益？[J]．经济研究，2014(10)：139-151.

[156] 陈怡欣，张俊瑞，汪方军．卖空机制对上市公司创新的影响研究——基于我国融资融券制度的自然实验[J]．南开管理评论，2018，21(2)：62-74.

[157] 褚剑，方军雄．中国式融资融券制度安排与股价崩盘风险的恶化[J]．经济研究，2016，51(5)：143-158.

[158] 戴静，刘贯春，许传华，张建华．金融部门人力资本配置与实体企业金融资产投资[J]．财贸经济，2020，41(4)：35-49.

[159] 杜勇，谢瑾，陈建英．CEO 金融背景与实体企业金融化[J]．中国工业经济，2019(5)：136-154.

[160] 杜勇，张欢，陈建英．金融化对实体企业未来主业发展的影响：促进还是抑制[J]．中国工业经济，2017(12)：113-131.

[161] 方军雄．高管超额薪酬与公司治理决策[J]．管理世界，2012(11)：144-155.

[162] 顾雷雷，郭建鸾，王鸿宇．企业社会责任、融资约束与企业金融化[J]．金融研究，2020(2)：109-127.

[163] 侯宇，叶冬艳．机构投资者、知情人交易和市场效率——来自中国资本市场的实证证据[J]．金融研究，2008(4)：131-145.

[164] 胡海峰，窦斌，王爱萍．企业金融化与生产效率[J]．世界经济，2020，43(1)：70-96.

[165] 胡军，王甄．微博、特质性信息披露与股价同步性[J].

金融研究，2015(11)：190-206.

[166] 胡奕明，王雪婷，张瑾．金融资产配置动机：“蓄水池”或“替代”？——来自中国上市公司的证据[J]．经济研究，2017，52(1)：181-194.

[167] 黄玖立，李坤望．吃喝、腐败与企业订单[J]．经济研究，2013(6)：71-84.

[168] 黄俊，郭照蕊．新闻媒体报道与资本市场定价效率——基于股价同步性的分析[J]．管理世界，2014(5)：121-130.

[169] 黄俊，黄超，位豪强，王敏．卖空机制提高了分析师盈余预测质量吗——基于融资融券制度的经验证据[J]．南开管理评论，2018，21(2)：135-148.

[170] 姜付秀，黄磊，张敏．产品市场竞争、公司治理与代理成本[J]．世界经济，2009(10)：46-59.

[171] 靳庆鲁，侯青川，李刚，谢亚茜．放松卖空管制、公司投资决策与期权价值[J]．经济研究，2015(10)：76-88.

[172] 李春涛，胡宏兵，谭亮．中国上市银行透明度研究——分析师盈利预测和市场同步性的证据[J]．金融研究，2013(6)：118-132.

[173] 李春涛，刘贝贝，周鹏．卖空与信息披露：融券准自然实验的证据[J]．金融研究，2017(9)：130-145.

[174] 李春涛，宋敏．中国制造业企业的创新活动：所有制和CEO激励的作用[J]．经济研究，2010(5)：55-67.

[175] 李春涛，王立威，周鹏．卖空与创新：中国制造业企业加入融券标的的自然实验[D]．中南财经政法大学金融学院工作论文，2015.

[176] 李春涛，赵一，徐欣，李青原．按下葫芦浮起瓢：分析师跟踪与盈余管理途径选择[J]．金融研究，2016(4)：144-157.

[177] 李丹，袁淳，廖冠民．卖空机制与分析师乐观性偏差——

基于双重差分模型的检验[J]. 会计研究，2016(9)：25-31.

[178] 李科，徐龙炳，朱伟骅. 卖空限制与股票错误定价——融资融券制度的证据[J]. 经济研究，2014(10)：165-178.

[179] 李增福，董志强，连玉君，应计项目盈余管理还是真实活动盈余？——基于我国2007年所得税改革的研究[J]. 管理世界，2011(1)：121-134.

[180] 李志生，陈晨，林秉旋. 卖空机制提高了中国股票市场的定价效率吗？——基于自然实验的证据[J]. 经济研究，2015a(4)：165-177.

[181] 李志生，杜爽，林秉旋. 卖空交易与股票价格稳定性——来自中国融资融券市场的自然实验[J]. 金融研究，2015b(6)：173-188.

[182] 廖士光，杨朝军. 卖空交易机制、波动性和流动性——一个基于香港股市的经验研究[J]. 管理世界，2005(12)：6-13.

[183] 林志帆，龙晓旋. 卖空威胁能否激励中国企业创新[J]. 世界经济，2019，42(9)：126-150.

[184] 刘飞，杜建华，ChaoBian. 股票卖空机制与企业研发投资[J]. 科研管理，2020a，41(2)：152-161.

[185] 刘飞，杜建华，ChaoBian. 股票卖空压力能否抑制高管的在职消费？——基于中国融资融券的自然实验证据[J]. 管理评论，2020b，32(1)：40-55.

[186] 刘贯春，张军，刘媛媛. 金融资产配置、宏观经济环境与企业杠杆率[J]. 世界经济，2018，41(1)：148-173.

[187] 刘伟，曹瑜强. 机构投资者驱动实体经济“脱实向虚”了吗[J]. 财贸经济，2018，39(12)：80-94.

[188] 鲁桐，党印. 公司治理与技术创新：分行业比较[J]. 经济研究，2014(6)：115-128.

［189］罗宏，黄文华．国企分红、在职消费与公司业绩［J］．管理世界，2008(9)：139-148.

［190］罗宏，曾永良，宛玲羽．薪酬攀比、盈余管理与高管薪酬操纵［J］．南开管理评论，2016(2)：19-31.

［191］罗宏，黄敏，周大伟，刘宝华．政府补助、超额薪酬与薪酬辩护［J］．会计研究，2014(1)：42-48.

［192］罗玫，陈运森．建立薪酬激励机制会导致高管操纵利润吗？［J］．中国会计评论，2010(1)：3-16.

［193］罗琦，王悦歌．真实盈余管理与权益资本成本——基于公司成长性差异的分析［J］．金融研究，2015(5)：178-191.

［194］孟庆斌，侯粲然．社会责任履行与企业金融化——信息监督还是声誉保险［J］．经济学动态，2020(2)：45-58.

［195］缪毅，胡奕明．内部收入差距、辩护动机与高管薪酬辩护［J］．南开管理评论，2016(2)：32-41.

［196］潘婉彬，武亚楠，陶利斌．知情交易者在公司 IPO 前五年扮演何种角色？［J］．经济管理，2013(3)：96-106.

［197］庞凤喜，刘畅．企业税负、虚拟经济发展与工业企业金融化——来自 A 股上市公司的证据［J］．经济理论与经济管理，2019(3)：84-94.

［198］彭俞超，韩珣，李建军．经济政策不确定性与企业金融化［J］．中国工业经济，2018(1)：137-155.

［199］彭俞超，黄志刚．经济“脱实向虚”的成因与治理：理解十九大金融体制改革［J］．世界经济，2018，41(9)：3-25.

［200］彭俞超，倪骁然，沈吉．企业“脱实向虚”与金融市场稳定——基于股价崩盘风险的视角［J］．经济研究，2018，53(10)：50-66.

［201］戚聿东，张任之．金融资产配置对企业价值影响的实证研究［J］．财贸经济，2018，39(5)：38-52.

[202] 权小锋，吴世农，文芳．管理层权力、私有收益与薪酬操纵[J]．经济研究，2010(11)：73-87.

[203] 权小锋，吴世农．投资者关注、盈余公告效应与管理层公告择机[J]．金融研究，2010(11)：90-107.

[204] 权小锋，尹洪英．中国式卖空机制与公司创新——基于融资融券分步扩容的自然实验[J]．管理世界，2017(1)：128-144.

[205] 宋军，陆旸．非货币金融资产和经营收益率的U形关系——来自我国上市非金融公司的金融化证据[J]．金融研究，2015(6)：111-127.

[206] 万华林．国外在职消费研究述评[J]．外国经济与管理，2007(9)：39-41.

[207] 王曾，符国群，黄丹阳，汪剑锋．国有企业CEO"政治晋升"与"在职消费"关系研究[J]．管理世界，2014(5)：157-171.

[208] 王红建，曹瑜强，杨庆，杨筝．实体企业金融化促进还是抑制了企业创新——基于中国制造业上市公司的经验研究[J]．南开管理评论，2017，20(1)：155-166.

[209] 王立章，王咏梅，王志诚．控制权、现金流权与股价同步性[J]．金融研究，2016(5)：97-110.

[210] 王攀娜，罗宏．放松卖空管制对分析师预测行为的影响——来自中国准自然实验的证据[J]．金融研究，2017(11)：191-206.

[211] 王小鲁，樊纲，余静文．中国分省份市场化指数报告[M]．北京：中国社会科学文献出版社，2017.

[212] 王仲兵，王攀娜．放松卖空管制与企业投资效率——来自中国资本市场的经验证据[J]．会计研究，2018(9)：80-87.

[213] 魏志华，曾爱民，李博．金融生态环境与企业融资约束——基于中国上市公司的实证研究[J]．会计研究，2014(5)：73-80+95.

[214] 肖浩，孔爱国．融资融券对股价特质性波动的影响机理研

究：基于双重差分模型的检验[J]. 管理世界，2014(8)：30-43.

[215] 肖奇，屈文洲．投资者关注、资产定价与股价同步性研究综述[J]. 外国经济与管理，2017，39(11)：120-137.

[216] 谢德仁，林乐，陈运森．薪酬委员会独立性与更高的经理人报酬—业绩敏感度——基于薪酬辩护假说的分析和检验[J]. 管理世界，2012(1)：121-140.

[217] 谢家智，王文涛，江源．制造业金融化、政府控制与技术创新[J]. 经济学动态，2014(11)：78-88.

[218] 辛清泉，谭伟强．市场化改革、企业业绩与国有企业经理薪酬[J]. 经济研究，2009(11)：68-81.

[219] 许红伟，陈欣．我国推出融资融券交易促进了标的股票的定价效率吗？——基于双重差分模型的实证研究[J]. 管理世界，2012(5)：52-61.

[220] 闫海洲，陈百助．产业上市公司的金融资产：市场效应与持有动机[J]. 经济研究，2018，53(7)：152-166.

[221] 杨筝，刘放，王红建．企业交易性金融资产配置：资金储备还是投机行为？[J]. 管理评论，2017，29(2)：13-25+34.

[222] 伊志宏，李颖，江轩宇．女性分析师关注与股价同步性[J]. 金融研究，2015(11)：175-189.

[223] 张成思，张步昙．中国实业投资率下降之谜：经济金融化视角[J]. 经济研究，2016，51(12)：32-46.

[224] 张璇，周鹏，李春涛．卖空与盈余质量——来自财务重述的证据[J]. 金融研究，2016(8)：175-190.

[225] 张俊瑞，白雪莲，孟祥展．启动融资融券助长内幕交易行为了吗？——来自我国上市公司的经验证据[J]. 金融研究，2016(6)：176-192.

[226] 郑志刚，孙娟娟，Rui Oliver. 任人唯亲的董事会文化和

经理人超额薪酬问题[J]. 经济研究，2012(12)：111-124.

[227] 朱红军，何贤杰，陶林．中国的证券分析师能够提高资本市场的效率吗——基于股价同步性和股价信息含量的经验证据[J]. 金融研究，2007(2)：110-121.

重要术语索引